当尼克松遇上毛泽东

改变世界的一周

SEIZE THE HOUR

WHEN NIXON MET MAO

〔加〕玛格雷特·麦克米兰◎著
温洽溢◎译

天津出版传媒集团
天津人民出版社

图书在版编目（CIP）数据

当尼克松遇上毛泽东：改变世界的一周 / (加) 麦克米兰著；温洽溢译. -- 天津：天津人民出版社，2017.1
ISBN 978-7-201-11226-8

Ⅰ. ①当… Ⅱ. ①麦… ②温… Ⅲ. ①中美关系－建立外交关系－史料 Ⅳ. ①D822.371.2

中国版本图书馆CIP数据核字（2017）第003522号

当尼克松遇上毛泽东：改变世界的一周
DANG NI KE SONG YU SHANG MAO ZE DONG：GAI BIAN SHI JIE DE YI ZHOU
［加］玛格雷特·麦克米兰 著

出　　版　天津人民出版社
出 版 人　黄　沛
地　　址　天津市和平区西康路35号康岳大厦
邮政编码　300051
邮购电话　（022）23332469
网　　址　http://www.tjrmcbs.com
电子信箱　tjrmcbs@126.com

策划编辑　马利敏　范　园
责任编辑　霍小青
特约编辑　马利敏　兰红新
装帧设计　吉冈雄太郎
责任校对　许　罡

制版印刷　北京中科印刷有限公司
经　　销　新华书店
开　　本　690×980毫米　1/16
印　　张　21.5
字　　数　220千字
版次印次　2017年1月第1版　2017年1月第1次印刷
定　　价：57.00元

目录
CONTENTS

序言

1972年2月的一个凛冽的早晨，尼克松步入毛泽东北京的书斋。随后，两人的对话，因翻译居间穿梭而滞碍，断断续续。两人虽非故旧，但彼此并不陌生，可想而知，两人对话的内容不出互表荣幸，互道恭维。尼克松、毛泽东提到他们共同的老朋友：远在台湾的蒋介石，以及促成这场会面有功的前巴基斯坦总统叶海亚·汗（Yahya Khan）。两人稍微谈及两国同仇敌忾的苏联。他们还语带诙谐，出言调侃随尼克松同行的基辛格，但对话的气氛大体上是严肃的。

尼克松有意引出他念兹在兹的事，不过毛泽东却总是岔开话题，虚无缥缈地高谈他所谓的“哲学”问题。一小时过去了，毛泽东看看手表，示意已谈论得够久。再次客套一番后，尼克松便退出毛泽东的书斋。两人的发言内容均未超出对方意料，也没有获得重大结论。然而，这场对谈却是近几年来最重要的事件之一。

尼克松总统与毛泽东主席都了然于胸，他们在1972年的那天创造了历史。他们两人深知，这次会晤乃至尼克松这整趟中国行的重要性，正是那悠远的寓意。尼克松毕竟是首位造访中国的美国总统，他的造访将终结两国长期孤立的互不承认状态。这是一场撼动“冷战”格局的大地震，突显东方集团不再顽固抗拒西方。

尼克松、毛泽东谈论的焦点之一是往事：特别是1949年新中国成立后造成两国对峙的诸多事件和议题。他们还畅谈政治，提到尼克松遭自家阵营右派分子的掣肘，以及民主党人对他的共和党政府的围剿，但两人并未在“文化大革命”的问题上多费唇舌。尼克松像个纠缠不休的访客，一再尝试把对话拉回他所关切的议题，譬如，亚洲乃至全世界未来的权力平衡。毛泽东这位和蔼的东道主则不愿随尼克松的话题起舞，始终泛泛而谈。礼貌性的话别后，尼、毛都以为几天后两人将再次会晤。事实上，那次之后他们就没再见面了，直到尼克松二度造访中国才遂其所愿。

国际关系本就侧重条约、军备控制、经济架构、国际法院的仲裁、双边或多边协商，但也讲究身段姿态。互换使节、公开声明、官式访问攸关国家的自我认知及对他国的定位。尽管这场会晤本身，以及随后尼克松逗留中国的这一周，只是重新确认已事先协商的内容，不过双方也有意借由这次访问，彰显中美关系乃至亚洲与西方世界漫长且风波不断的关系，已迈入新的纪元。尼克松访问中国震撼了美国盟友，且让中国为数不多的友邦心生不快，苏联则忐忑难安。我们所要追索的正是其中的底蕴。

中国与西方、中国与美国的关系几经重大转折。早在北美十三州反抗大英帝国之前，中国就已取道中亚，通过贸易的方式与罗马帝国间接接触。在欧洲中世纪时，少数勇气卓绝的旅人，包括马可·波罗在内，曾设法循陆路千里跋涉，想要亲眼见识中国神州。踵继其后的耶稣会传教士，前往中国劝化朝廷王公大臣改宗天主教，结果他们自己反倒穿扮起中国士大夫的装束。跟在传教士之后的是商人，在中国人眼里，他们的莽撞行径与土匪并无二致。这些洋商成群云集在华南沿海，争相采购中国的丝、茶叶、瓷器——最后洋商拿鸦片卖给中国人，以扭转严重失衡的贸易逆差。美国商人热切地恭逢其盛；来华传教士中亦不乏欲“拯救中国灵魂”的美国人。

迄至19世纪初，中国人仍志得意满地把洋人视为化外之民，仿佛能够亲近“中央王国”（Middle Kingdom），享受它鬼斧神工的产品，是他们莫大的殊荣。后来，西方强权挟其工业革命的成果，强行闯进神州大地，最终摧毁其帝国旧秩序，从而收敛、粉碎（尽管还是难以根绝）中国人夜郎自大的傲慢心态。及至19世纪末，统治中国的清王朝时势日蹙，中国恐有沦为列强殖民地之虞。

美国是毒瘤的一部分，但有时也会释放善意。它帮助中国免遭列强瓜分殆尽的命运。美籍传教士积极投入筹建学校、医院，对四面楚歌的中国，提供美国本土渐次涌现的援助。尽管如此，美国国内尚存在另一种迥异的中国观，脱胎自“黄祸”的古老明训，即东方世界企图颠覆美国强权和美国人生活模式的大阴谋。到目前为止，美国人对中国的态度，仍旧摆荡在着迷、怜悯和疑惧、嫌恶的两极之间。

中国人对美国的态度也历经类似的演进，从猜疑、敌视到对美国价值观的欣赏。第二次世界大战期间，美国是中国的盟邦，两国连手抗击窃占大半个中国领土的日本。大战结束之后，美国从援助中国陷入支持国民党、打击中国共产党的泥淖。当中国共产党于1949年赢得内战，他们有千百个理由疑虑、憎恨美国人。这样的情绪由中、美两军在朝鲜战争期间的对垒，进而上升为公开的叫嚣。

自此之后，双方彼此猜忌，无意弥补隙罅。中国新闻媒体和官方谴责美帝国主义。中国学童向满口獠牙、涓滴着无辜鲜血的“山姆大叔”

像丢掷小布袋，中国各大街头广场则布满仇恨抗议的巨幅标语。美国不甘示弱，以其人之道还治其人之身。美国支持偏安台湾的国民党政权，以及其代表全体中国的荒谬声明，阻挠中国——中华人民共和国加入联合国和其他国际组织。在奥林匹克竞技场上，代表中国的是来自台湾的运动员。美国总统时常语带轻蔑地谈论红色政权，并沿用台湾的说法，称呼人民共和国首都北京为北平。

双方偶尔会释放出善意的风向球，以化解日趋沉闷、令人厌烦的僵局，但最后总是横生枝节，往往让谩骂声浪又重起大作。然后，20世纪60年代的两起事件，更是令中、美原本冰封的关系雪上加霜。首先，毛泽东发动“文化大革命”，驻外人员全受召回国，以净化他们的阶级立场，中国因而几无外交可言；其次，美国一头栽进越南内政。随着美军大举增援南越，以及美国空军狂轰滥炸北越，中国不得不力挺北越，出面与敌人斡旋。

60年代的尾声带给中、美及两国领导人莫大震撼，一种新的现实主义观孕育而生。中国人，尤其重要的是毛泽东本人，体认到中国在世界上的孤立无援。中国的所有邻国之中，仅巴基斯坦友善以待，苏联则是虎视眈眈，在两国边界部署重兵，并明言不排除对中国动用核武器。美国虽不像中国孑然孤立，但也才刚认清自己并非全无弱点。越南一事让美国国内纷争不已、歧见丛生；在海外，无论敌友，也都怀疑美国身为超级强权的国威究竟如何。

尼克松总统与毛主席终结了两国的荒唐对峙。就时机而论，双方对彼此采取行动已到了瓜熟蒂落的时刻。两国内部都有强大声浪，认为建立关系可让彼此受惠，即便关系冷漠也胜过持续的互不承认。两方都可以对方为牌，来对抗他们共同的敌人：苏联。

但中美两国要尽释前嫌谈何容易。历史，特别是现代的历史，还在从中作梗，民族自尊仍是难以逾越的鸿沟。美国往往自比为山陵上的光明之城，有管理社会和经济的灵丹妙药，其所孕育的价值观普遍符合人类需要。中国人的认知也不遑多让。倘若传统中国王朝以世界中心自况，睥睨其他蛮夷之邦，新兴的共产党政权即以世界的革命先锋自诩，毛泽东思想乃是引领未来的唯一明灯。

1972 年 2 月尼克松中国行的布局，前后历时共三年，三年来不断旁敲侧击，小心翼翼地释放出不总是被接收的讯息，迂回接触，内部激辩，最终才换来面对面的协商。1971 年夏，尼克松的国家安全事务助理基辛格密访北京，随后又在秋天公开访问中国，为尼克松本人的来访做铺垫。基辛格与中国总理周恩来畅谈宏大策略，并针对阻挡两国友好的议题交换意见。基辛格与周恩来还触及尼克松造访的细节。是美国总统主动恳请访问中国，还是中国人对他发出邀请？这类问题在国际关系上至关重大，特别是当双方都认为这问题非同小可时。

中国领导阶层想让中国成为世界革命的中心，这时却惊觉世界无出其右的资本主义国家领导人即将到访。至于美国方面，其领导阶层也冒着国内保守阵营的口诛笔伐，以及可能惨遭中国羞辱的风险。双方均认为自己在进行一场豪赌。对任何一方来说，新关系势必扭转国际格局的均势状态，而且局势若进展顺利，将带来偌大利益。就美国而论，一个友善的中国能对负隅顽抗的北越产生压力，逼使北越出面协商，以终结越战。对中国而言，这样的关系有助于取得先进技术和必要的战略资讯。就两国而论，彼此皆可利用对方来反制潜在的敌人，以中国为例，这主要指的是日本和苏联，对美国而言，最大的威胁莫过于苏联。

历经“水门事件”丑闻之后长期沉寂、走到人生暮年的尼克松，依然坚称开启美国与中华人民共和国的关系大门，乃是他从事公职生涯以来的巅峰创举。尼克松认为，中美关系的改善不仅能遏制苏联力量的扩张，同时缔造了亚洲甚至全世界的稳定与和平。当尼克松即将离开上海、结束他开创时局的旅程时，曾举起酒杯意气风发地说：“我们在这里的一周，是改变世界的一周。”[1]或许有人并不苟同，认为此言太过夸大其词。尼克松与毛泽东在书斋里畅所欲言，今已冰消瓦解的“冷战”曾上演势力重组、美国与中国终于开始进行贸易往来及人员交流，难道真能左右当今的世界局势？

这当然对世界局势有影响。我们关切民主自由的价值观与宗教基本教义主义之间的潜藏矛盾，就如同我们必须关切恐怖主义。我们凝视着中东地区的风云诡谲，然而，我们千万不能忽略亚洲的存在。亚洲地区人口庞大、坐拥巨额财富，还有令人叹为观止的经济增长，它可望成为未来的新大陆。如今无论是科技的发展或权力的重心，都日渐向东方倾斜，亚洲将再度跃升为世界的中心。除非太平洋两大强权的美国和中国，一个是当今之世的超级强权，一个是未来的明日之星，能携手寻找出和平共处的良策，否则亚洲，乃至于全世界，将永无宁日。为理解中美关系的发展，我们必须回望1972年，追溯中美开启关系新页的关键时刻。

第一章 启 程

1972年2月17日星期四，尼克松总统夫妇来到白宫南侧的草坪，有架直升机正在待命。一小群人前来为尼克松夫妇中国行的首段航程饯别，其中包括副总统阿格纽（Spiro Agnew）及夫人，民主、共和两党的国会议员，尼克松的两个女儿特里西娅（Tricia）和朱莉（Juile）。美国的广播与电视直播了这简短的送行仪式。尼克松发表简单演说，表示他即将进行一次“和平之旅”。不过他也附带补充，自己不奢望在“预定逗留一周的会谈里，一次性地化解中华人民共和国与美利坚合众国之间存在二十年的敌意”。即便如此，尼克松还是不自觉地流露出乐观情绪：“如果我期待能为这趟行程留下一个注脚，那我愿意引述我国首批登月的航天员在月球留下的碑文：‘我们是为全体人类的和平而来。’”[1]这是典型的尼克松风格，兼具乐观语调和浮夸言辞。

在安德鲁空军基地，机内的尼克松随行人员，包括国务卿威廉·罗杰斯（William Rogers）、国家安全事务助理基辛格等，正通过电视观看送行仪式。基辛格的年轻幕僚温斯顿·洛德（Winston Lord）按捺不住地开玩笑说，如果这时飞机爆炸，他们将会目睹自己被炸到半空中去。在尼克松登机的当下，守候在一旁的其中一名记者，把一本印有中央情报局标志的中国地图集交给他。尼克松一边走上空军一号，一边以极戏谑的口吻对媒体说：“你觉得他们会让我带这东西入境吗？”尼克松以直言不讳、不改其志的反共立场而声名大噪，这时的他却即将扭转美国二十年来的外交政策，飞往北京，深入中国共产主义的权力中枢。随着飞机升空，尼克松在回忆录里说，他自觉像个探险家："我们正在从事一趟哲学发现之旅，这趟旅程犹如古老时代的地理大发现，前途未卜，亦堪称冒险患难。"[2]

尼克松正在进行一场豪赌。关于此行的结果，他只能期待国内的保守派不会大肆诟病，自由派则不至太失望。收到期待他大功告成的祝贺及诚挚关怀，尼克松满心开怀，不过也有点担忧。"我对基辛格说，我认为真正的问题在于美国人普遍感到无助，近乎天真地想要争取和平，甚至不惜付出任何代价。"基辛格一如既往地要尼克松宽心。美国民众因为总统的大胆创举而兴奋不已。[3]

尼克松也不确定中国方面能否克服几十年来对美国的深刻敌意，让他的中国行功德圆满。尽管此行的每个细节都曾与中国磋商，但直到临行那一刻，尼克松还是不确定他能否见到毛泽东。尼克松若未能与毛泽东见上一面就打道回府，那么他的中国行将被视为一种挫败，令美国颜面扫地。

结束中国行后，尼克松的人马总是坚称他们对尼、毛的会面本就信心满满。洛德说道："的确，我们打从心里知道，毛泽东一定会与尼克松见面的。"其实中国方面给美国的仅是闪烁其辞的保证，而不是言之凿凿的承诺。洛德回顾说："我们知道，我们只是单方面发表声明尼克松当然会与毛泽东见面。我们说，我们想知道尼克松何时能与毛泽东会面，不过我们知道这场会面势在必行。会面不成是很难以想象的情况。"[4]

尼克松之所以愿意下注，是因为他觉得这对美国至关重要。无论是青年从军为消磨时间而玩扑克牌（他还赢了不少钱），或者日后踏入政坛，尼克松向来就不怕冒险。他历经漫长且坎坷的从政之路，不是只为了做一个看守者。况且这时的美国也需要好消息。越战让美国损失惨重，虚耗生命、金钱、声誉，撕裂美国内部团结，同时赔上美国的海外影响力和威望。无力结束越战，更别提打赢越战，导致美国国力的衰颓。不过这也只是个中原委之一，美国自二战结束后迄至60年代初的军事和经济霸权，其实已难以为继了。

美国成就其世界霸权地位或可谓时势所趋。1945年之时，世界其他强权不是战败，就是如同英国一般，虽赢得战争，但亦已满目疮痍，于国际政治中已不再举足轻重。苏联虽拥有无与伦比的军事力量，1945年即能自制原子弹，但也难以从希特勒的入侵和战争的骇人损伤中复苏。尽管如此，60年代末，西欧诸国和日本已然恢复元气。苏联虽在经济方面尚难与美国分庭抗礼，但亦倾全国之力整备军武。新近独立的国家，诸如印度，在国际政治上动见观瞻。中国的潜力则尚有待观察；中国共产党虽一统中国大陆，但国家经济一片凋敝。不过，尽管如此，试图摆脱西方帝国宰制以自我解放的第三世界国家，还是师法中国革命，从中汲取灵感。

经历了1960年总统大选败于约翰·肯尼迪之手，以及1962年加州州长选战那更为难堪的挫败之后，整个60年代，尼克松都在耕耘他不被外界看好的政治生涯。尼克松持续在他最钟爱的公共政策领域，即外交关系，构思新见解。1967年夏，尼克松受邀前往加州，于波希米亚林园（Bohemian Grove）发表“湖滨演说”（Lakeside Speech），这类机构大概也只能在北美地区生存。显贵之人在精心雕琢的田园奢华环境里，享受文艺和质朴的冥思生活。尼克松日后表示，这是他政治生涯中最愉快的一次演讲——“是我迈向总统之路的第一个里程碑”。在后来以“尼克松主义”（Nixon Doctrine）闻名的理论中，尼克松称，美国已没有余力再为其他国家打仗了。美国虽应继续伸出援手，但美国的盟邦也必须设法自力更生。另一方面，世界局势的发展也有鼓舞人心的迹象。苏联虽不遗余力地想要赤化世界，但却不想与美国展开大战。再者，共产主义阵营的铜墙铁壁已开始松动，中国与苏联出现嫌隙。尼克松日后见到周恩来时，他告诉周恩来，在60年代离开公职岗位周游各国时，他就有了这番体悟。[5]

外界，特别是尼克松的支持者，总认为尼克松是20世纪后期唯一能够趁共产主义阵营分裂之际坐收渔利，并突破中美僵化关系的美国总统。这时，英雄与时势相得益彰。尼克松曾告诉访问者，要辨识一个领导人伟大与否，“就看他是否能够轻轻推动历史巨轮”。美国拒绝与亚洲大国、一个世界上人口最多的国家交往，是没有道理的。诚如1967年，尼克松在美国首屈一指的外交政策期刊《外交事务》（*Foreign Affairs*）撰文所述：“展望未来，我们不能再让中国永远孤立于国际大家庭之外，让中国活在自己的幻想里，滋生恨意，威胁邻邦。”在一个颇具启发性的比较中，尼克松表示与中国交往就好比同美国贫民区的黑人打交道：“必须压制两者潜藏的毁灭性力量，将其不法的元素导向合法的正途；并开启对话的渠道。”短期来说，仍必须遏制中国；但长期而论，还是应该把中国拉回国际大家庭。尼克松的文章并未流露出任何对中国共产主义的同情，也没有妄想中国与世界的关系能在一夕之间改变。直到当上总统后，尼克松的想法才渐趋乐观。在总统大选期间，尼克松反复提醒放任中国自绝于国际体系之外的危险。他甚至在1969年元月的就职演讲中迂回地说：“我们追求一个开放的世界，即观念的开放、商品和人员交流的开放，在这样的世界里，无论国家大小，没有人应活在忿忿不平的孤立中。”[6]

到了70年代初，美国与中国均了解世界局势已不同于以往，而他们都需要新的朋友。尼克松多年后写道：“对双方而言，关系的改善乃是时势所趋，与两国由谁主政无关。”美国政治已不再像50年代那般，美国人民也不再与中国共产主义势如水火，引以为患。[7]

况且尼克松在国内已争取到所需的政治资本。“冷战”期间，美国与共产党人周旋。二战刚刚结束后，美国舆论并未马上察觉来自苏联的威胁，然而一旦认知威胁的真实存在，美国人便认定共产党人无所不能，从理所当然的共产主义大本营苏联到欧洲、从亚洲到美国社会，处处都有共产党人的踪影。尼克松就是通过诉诸恐共心理而登上总统大位的，无论美国人对共产党的那些恐惧有多么不切实际。自从在加州政坛啼声初试，于1946年与民主党的自由派人士杰瑞·沃里斯（Jerry Voorhis）竞逐众议院席次开始，尼克松便严词贬抑角逐者对共产主义的立场太过软弱。尼克松的竞选造势充斥着含沙射影的中伤，以及建立在未经证实数据、消息之上的无的放矢，外界因此给了他一个“狡猾的狄克”（Tricky Dick）的封号，但这样的竞选策略每每奏效。美国人听信他叮嘱再三的严词示警，相信共产主义对美国与美国社会的威胁。美国人看尼克松立场强硬地对待世界各地的共产党人，无论是在莫斯科与苏联领导人赫鲁晓夫彼此自吹自擂，抑或是在委内瑞拉挺身对抗那些对他吐口水、试图把他的座车翻个四脚朝天的民众。

尼克松的另一项优势是他的不屈不挠、聪明才智，以及懂得掌握且善用历史潮流的能力。同时，他亦热衷外交政策。事实上，尼克松偏爱外交政策，更胜于与难缠的国会议员周旋，或者为盖学校、建高速公路这类细枝末节的琐事伤神。总统大选期间，尼克松在某次访谈中告诉记者白修德（Theodore White）：“我向来认为这个国家不需要总统也能运行内政。一个干练的内阁团队就足以打理国家内政。总统是用来处理外交的；国务卿不见得重要，外交政策是由总统决定的。”[8]

美国历任总统都会向国会发表“国情咨文”，尼克松则开始针对世界局势提出他的年度报告。同时，尼克松也清楚表明，打从他接任总统那一刻开始，他便有意强化国家安全事务委员会（National Security Council）的角色，委任国家安全事务委员会来规划白宫外交政策的重大议题。1969 年元月发表完就职演说后的当天早上，尼克松所发布的第一个人事任命案，就是宣布国家安全事务助理的人选，即基辛格。

尼克松所召集的第一个正式会议，则是他新规划的国家安全事务委员会。六周后，尼克松即展开就职后的首次外交行程，访问欧洲各国，会见其政要，其中包括他素来敬重的戴高乐。

尼克松与少数密友漫天闲聊时，往往在“伟大的领导人”这个议题上打转，而尼克松心目中伟大的领导人，有大无畏的开创精神，能够带领国家与他一同改变世界局势。戴高乐自然是其中之一。有不少美国总统，包括小布什在内，则崇奉丘吉尔。或者，巴顿将军（George Patton）也称得上伟大的领导人。乔治·史考特（George C. Scott）担纲主演的《巴顿将军》（*Patton*），是尼克松喜爱的电影之一，他的床边就摆了一本巴顿将军的自传。在尼克松眼中，如此伟大的领导者通常都是孤独的、被误解的，但他们仍然不屈不挠地为国家利益而奋斗。“没有疲累的决定，”他在一次电话交谈中告诉基辛格，“只有疲累的指挥官。”[9]

这个世界及其重大议题，对尼克松而言，正是领导人展现能力的场域，他为这一刻摩拳擦掌已久。担任副总统期间，尼克松频频出访，次数远超过历届副总统。60年代，在他仍是一介平民、尚未参选总统之前，尼克松就持续不辍地周游世界，与当地领袖会面，对美国外交官吹胡子瞪眼睛，仿佛他仍担任公职一般。有位在香港曾接待过尼克松的低级外交官员记得，尼克松“有无比的智识和好奇心”。尼克松提出一个又一个问题，“掏空我的脑袋，以及任何我所能告诉他有关中国的事物”。日后在尼克松政府主管东亚事务的助理国务卿马歇尔·格林（Marshall Green），1967年在印度尼西亚与尼克松会晤时曾有过一席长谈，尼克松还录下对话内容以供未来参考。“在我任职雅加达四年间，所有来访的权威人士之中，他是我印象中最熟悉外交事务的人。”[10]游历各国和无数次的提问与对话，使尼克松成为克林顿之前对外交政策最为游刃有余的总统。他和许多国家元首与外交部长也都有私人交情。

尼克松往往被外界视为现实主义者，总是冷静盘算良方美策，在危机四伏、风云诡谲的时局中促进美国的利益。事实上，尼克松经常被拿来与19世纪英国伟大的政治家巴麦尊爵士（Lord Palmerston）相提并论，而后者的言论至今仍被现实主义者奉为圭臬：“我们没有永远的盟友，也没有永久的敌人，唯有利益是永恒的。”尼克松在1970年提交给国会的报告中解释，政府外交政策的首要目标在于促进美国的利益。“外交政策愈是基于我国与其他国家利益的现实评量，我们在世界上所扮演的角色就愈有效率。我们不会卷入世界的纠纷，因为我们有所承诺。我们有所承诺，因为我们是世界的一分子。我们的利益决定我们的承诺，这个顺序不能颠倒。”尼克松中国行刚宣布不久，他对白宫的幕僚说，强权国家总是在追求他们的国家利益，“否则他们就会被懂得追求国家利益的强权耍着玩”。[11] 利益是可以吻合一致的，明智的政治人物要能认清这个道理，随时准备协商谈判。

尼克松选了三位他仰慕的前任总统肖像悬挂在白宫的阁员会议室。无论在战争期间或承平时代，艾森豪威尔都是一位杰出的领袖，他备受美国人的爱戴，这是尼克松望尘莫及的。老罗斯福是个战士，他不屈不挠、勇敢卓绝。尼克松时常赞叹地引述老罗斯福名言中那个面孔沾满血污、一脸疲惫的战士为典范：“他做事时全力以赴，他知道什么是热情奔放，什么是忠心耿耿，他把自己奉献给可贵的事业，在最好的情况下，他知道终将取得最大成就的胜利；在最坏的情况下，假使他失败了，至少他知道他失败得很英勇。”（尼克松在他的辞职演说中就引述了老罗斯福这段话。）其中尤以民主党总统威尔逊最令尼克松心仪。威尔逊不仅才智过人，还是个“身体力行的思考家”。在尼克松眼里，威尔逊同样致力于追求世界和平。“因为世人渴望和平，各国领袖畏惧战争，所以时局头一回站在和平这一边。”这段引言虽然出自尼克松的就职演说，但威尔逊也很可能说出这段话。尼克松在白宫挑选了一张威尔逊用过的办公桌。但如同尼克松其他的表态，这次表态又弄混了。日后证实，这张办公桌原属另一位威尔逊所有——亨利·威尔逊（Henry Wilson）。鞋匠出身的他，是尤利西斯·格兰特（Ulysses S.Grant，任期从 1869 至

1877 年）总统的副手。[12]

尼克松和许多保守派共和党支持者不一样，他不是一个孤立主义者。他认为美国在两次大战期间就应该加入国际联盟（League of Nations，联合国的前身），而美国于第二次世界大战后加入联合国是正确的决定。40 年代，他曾支持马歇尔计划援助西欧；他倾向让美国加入北大西洋公约组织；50 年代，他期望看到美国加入世界各地的同盟，以围堵共产主义。他确实担忧越战经历与国家精英对国内问题的专注，会使美国变得内向封闭。他相信美国曾经是也应该是世界的一股道德力量。诚如他对基辛格所说："国家一定要有伟大的想法，否则他们就不再伟大。"他的宏大愿景是率领美国打造整个世界的永久和平。在就职演说中（大部分由他亲自撰写），他同时呼吁美国同胞与全世界人民："让我们以此为目标：在和平不为人知的地方，使它受人欢迎；在和平脆弱不堪的地方，使它茁壮强大；在和平反复无常的地方，使它持之以恒。"[13]

自此之后，抨击尼克松的人经常驳斥这不过是尼克松愤世嫉俗的遁词，以掩饰他自己的道德空洞。这其实大谬不然。尼克松一生中确实做过许多不符合道德要求的事，但他不乏一颗向善的心。尼克松在他喜爱的黄色横条记事本上不时写下注记，鞭策自己要成为道德的表率、国家的良心。尼克松的行为举止虽然像他的父亲，喜欢大声嚷嚷，但他其实希望自己能更像圣人般的母亲。尼克松的母亲是个虔诚的贵格教派（Quaker）信徒，尼克松在浓浓的宗教氛围中长大成人。几十年来，尼克松的皮夹里一直放着 1953 年担任副总统时，母亲写给他的一张短笺："我知道你必定会如应当那样，维持你和创造者上帝的关系，因为诚如你所知道的，这毕竟是你一生中最重要的事。"[14]

就连对“精神史”不表苟同的历史学家，都会发现自己无法抗拒从精神分析的角度来解读尼克松。这是因为他情绪易感且性格矛盾。尼克松的录音带显示，这位独树一帜的政治人物，前一刻还滔滔不绝，言之有物地高谈阔论美国应该扮演的世界角色，下一秒钟则会痛斥他或真实或子虚乌有的政敌。（也多亏自始至终似乎被尼克松遗忘的这些录音带，我们才能一窥他讳莫如深、鲜为人知的深层内心。）这个人渴望成就伟业，自 1970 年起，他不断勉励自己“要成为这个国家，这个世界真正的第一等人”，但他同时也批评美国人的公共生活。他毫不留情地攻击对手。在早年的一次竞选期间，尼克松成功把道格拉斯女士（Helen Gahagan Douglas）抹红成共产党的同路人。日后，尼克松告诉英国记者：“我对这段往事感到遗憾，当时我年轻气盛。”可是，这段懊悔当年的说辞一经披露，尼克松旋即又暴跳如雷地否认。[15]

尼克松出身于美国的一个小镇，他常常自比为霍雷肖·阿尔杰（Horatio Alger）笔下的人物，总是在逆境之中力争上游。他提及年轻时的质朴价值观：鞠躬尽瘁、节俭自持、孝顺、庄重、端正。然而，他的财务状况，以及在佛罗里达州与加利福尼亚州积累的财富，却令人侧目。尼克松总爱与老百姓闲话家常，但有时也会说：“你必须略带邪恶，才能了解外面的群众。你必须清楚生活的黑暗面，才能了解他们。”尼克松心知肚明，一般美国中产阶级并不在乎他所醉心的领域——外交政策。“他们并不了解你正在进行的‘限制战略武器谈判’（Strategic Arms Limitation Talks, SALT）等细节，”尼克松发出此言，与其说是要表达心中的不快，毋宁说是一番自我解嘲，“他们只求事情冷却下来，无声无息。对他们来说，我们毫无建树。”[16]

尼克松痛恨60年代嬉皮一族的嗑药成风、拒绝工作和性开放。他羡慕甚至激赏约翰·肯尼迪，但也讥讽东岸的权贵和华盛顿乔治城（Georgetown）的知识分子。尼克松喜欢美国音乐剧，每次听到《旋转木马》（*Carousel*）这出剧，总会真情流露，热泪盈眶。《你不会踽踽独行》《*You'll Never Walk Alone*》这首歌最能触动尼克松的心弦。他最喜爱的电影之一是《环游世界八十天》（*Around the World in 80 Days*），看这部电影时，他会提醒白宫放映室里的观众："瞧，瞧这一幕。大象要出场了！"[17]

依某位熟悉尼克松的幕僚之见，他处心积虑想要淡化自己的知识分子气息，而去突显一个善良的老顽童的形象。尼克松老是讲一些拙劣的冷笑话。他满口运动经，但这绝非惺惺作态；他酷爱运动，尤其钟情美式足球。大学期间，他一年又一年地随球队转战，尽管鲜少能够上场比赛。清瘦的尼克松练球时必须面对身材壮硕的球员，但教练无意让他或他们松懈练习，有位职司防守的球员回忆说："所以，我得把这个小家伙撞翻。哦，我的天呀！他得承受得住。"[18]

尼克松向来以他钢铁般的意志和卓越的工作能力自豪。就像亚特拉（Charles Atlas，知名健身法研发者）广告中那个九十九磅重的弱小子，尼克松已向曾奚落过或低估过他的人证明他们目光如豆。尼克松告诉就读法学院时的挚友："如果你头脑还算灵活，当你已怒火中烧，你知道你可以通过优异的表现和旺盛的企图心，扭转他们的态度和自以为是。"但对尼克松十分熟稔的基辛格表示，尼克松相信自己终究是个倒霉鬼。某回，尼克松在西贡等飞机，他告诉随行的美国外交官说，飞机肯定会延误。"坏事总是找上我，一定会的。"对尼克松较为同情的传记作家汤姆·维克尔（Tom Wicker），观察1960年选战的尼克松说：“痛苦地意识到屈居下风和挫败，这个人以极严苛的标准克制自己，但一切却是那么一目了然。”[19]

尼克松选择的职业生涯带给他庞大的精神压力，这些压力时不时会压抑不住而爆发。当尼克松疲惫不堪、精神紧绷时，经常用酒来消解压力。尼克松有睡眠障碍的毛病，他的同僚对深夜来电早就习以为常。尼克松有位纽约的医生，晚年语带玄机地谈起尼克松的精神状态，以及与这位“如此压抑”的病人讨论病情有多困难。我们不清楚这些故事有几分真实，但有很多人觉得尼克松性格扑朔迷离，这倒是肯定的。有位白宫幕僚曾说，“他是我见过的最怪异的人”。向来在公众场合谨言慎行的基辛格，也曾告诉一位记者，他觉得尼克松这个人“怪异、不自然”。[20]

尼克松的传播主任贺伯·克莱恩（Herb Klein）说：“我不记得我曾见过他有哪一刻是彻底沉醉在快乐之中。”尼克松从未忘怀过往遭受的屈辱和挫败。在尼克松终于与周恩来会晤时，他告诉周恩来：“选战失利的痛苦其实胜过作战的肉体伤害。”后者只会伤及肉身，前者却让人痛彻灵魂。不过，逆境也会给人“力量与骨气”。尼克松对周恩来说，他期望他“人生中胜利的次数只比失败多一次”。[21]对陌生之人吐露这般心声，让人既摸不透又茅塞顿开。

在副总统任内他已经历苦痛。后来他在1960年和1968年两度争取党内总统提名，而他素来敬重的艾森豪威尔却不愿全力支持他，这也让他濒临崩溃。尽管尼克松对自己自我克制的功力引以为傲，他还是有勃然动怒或自怨自艾的失控片段。一个有名的例子是，1962年他竞选加州州长失利而当众崩溃；尼克松甚至还因败选而迁怒新闻媒体：“各位先生，你们再也不会见到尼克松对人发号施令了，因为这是我最后一次的记者会……”[22]

这当然不是尼克松的最后一场记者会。尼克松在《六次危机》（*Six Crises*）的书中谈论他政治生涯中，自认影响最为深远的事件，他写道：“一旦你卷入历史洪流，便难以置身事外。”为什么一个与陌生人相处会感到不自在的人，会选择政治为终身志业？尼克松曾对记者说：“我不容易与人称兄道弟，与人相处时，我真的很难让自己放松。”历经多次挫败，1960年以些微差距败给约翰·肯尼迪，加州州长选举一败涂地，当然还有让他黯然下台的“水门事件”，究竟是什么驱使他继续前进？哪一个才是真实的尼克松？是勃然大怒，命令幕僚开除下属和搞定政敌的那个人，还是在1970年的新年备忘录写下“冷静、坚强、有条不紊、克制、活力”，以自我惕励的那个人，抑或是助理记忆中那个“睿智、理想崇高、宽宏大量”的人？这位助理出身纽约，是个犹太裔的自由派律师，他大概很难想象，录音带里的尼克松竟会痛骂犹太人，俨然反犹太主义者。作家罗素·贝克（Russell Baker）曾为尼克松勾勒出一副令人印象深刻的形象：“尼克松就像是依序挂在壁橱里的一整排西装，举凡从煽动人心的反共主义者到老派作风的政治人物，都能从中找到剪裁合身的穿着。”[23]

尼克松在大学时代热爱表演。跑他新闻多年的记者们，一致感受到他随时都在演戏。尼克松可以魅力四射，群众往往为他的演讲所倾倒。与同党政治人物谈话时，尼克松常常流露出满腹经纶、一派威仪的姿态。但他的演技并不总是令人信服。在公众场合上，他经常大汗涔涔，举止僵硬，双手交错拧扭直到指头关节泛白。尼克松担任总统期间，他的幕僚试图创造机会，让他能表现出从容、随兴的风格，就像令尼克松又爱又恨的约翰·肯尼迪那般潇洒惬意。尼克松的幕僚长鲍勃·霍德曼（Bob Haldeman）送他一条爱尔兰猎犬，但他却必须用狗食饼干才能诱使这只猎犬亲近他。尼克松巡回太平洋时，幕僚打算在媒体前呈现他粗犷率直的形象，改变他向来西装革履的打扮。每当有访客拜会他的办公室时，尼克松为让访客有宾至如归之感，总是在递出纪念品时——可能是一枚别针或一支笔——笨拙地讲些冷笑话。有位资深的国务院官员说："他毫无个人魅力可言，全然不知如何适度保持人与人之间的距离。"然而，为过世的国会议员追赠国会荣誉勋章时（他往往视这类活动为畏途），他对待丧家总是直接又不讲究技巧。[24]

他很享受当总统的感觉，纵然他发现有些例行公事实在单调又沉闷，像是阁员会议。（他索兴就不再召开阁员会议了。）以一国之尊在海外受到盛大欢迎的感觉令他飘然陶醉。他热爱在白宫里起居度日。他甚至一度想让制服已相当高调的白宫警察，换上白金两色相间的新制服。（在媒体将之拿来与滑稽剧的戏服做比较后，这套新制服便悄悄地消失了；但当时精心设计的帽子，日后曾在摇滚演唱会上出现过。）[25]

尼克松知道他想呈现给大众的形象：具备约翰·肯尼迪般的魅力，并拥有丘吉尔、戴高乐的领导才能。"在危机中展现最好的一面。冷静、镇定。"这是尼克松希望媒体看到的人格特质，他如此告诉基辛格："坚定又灵活。"他必须深藏不露："永远像座冰山，只露出一角。"幕僚接获命令，必须强调用来指涉尼克松的"N"或"P"是如何不辞劳苦，一天只睡几个小时，而且全神贯注、精力充沛。这虽是实情，但也不总是如此。尼克松很容易分心。"P 突然热衷使用速记员用的录音机，"

霍德曼在某天的日记里这么写道，“洋洋洒洒振笔撰写备忘录。”尼克松会不断因琐碎的国宴细节和媒体的新近报道而小题大做。[26]

1972年中国行前夕，尼克松告诉霍德曼，“所有人都认为P十分称职，但没有人爱他、怕他或恨他，但他需要人们爱他、怕他与恨他”。不过，在某些圈子里，尼克松至少拥有后两者。尼克松曾怀疑，当他像“红皇后”（Red Queen，《爱丽丝梦游仙境》里的角色）命令幕僚开除某人或关闭某办公室时，就连幕僚团队都把他的话当成耳边风。废寝忘食和专心致志的形象若能奏效，尼克松想必乐于全力以赴，但他心知肚明，自己就是缺乏与生俱来的魅力，有时也为之气馁。[27]

尼克松对幕僚向来慷慨，但他似乎对幕僚并不十分亲近。举例来说，他从未想过要问霍德曼有几个孩子。霍德曼纵然是他的幕僚长，与总统朝夕共处，但尼克松却只有一次邀请霍德曼夫妇的聚餐，而且是与他和他太太共进纯粹社交的晚宴。那时的尼克松公务缠身，朋友少之又少。凡事未雨绸缪的霍德曼，还曾经想替尼克松找个朋友，找个他信得过的人。这令尼克松大为惊讶。但无论如何，尼克松已经有了个不折不扣的完美朋友贝比·雷博佐（Bebe Rebozo），他是“一个和气、懂得拿捏分寸的食客”，尼克松夸夸其谈时，他可以静静地坐上数个小时。[28]除此之外，尼克松还与谁亲近就不得而知了。他的一双女儿自然与他够亲近，或许还有妻子佩特（Pat）。

尼克松时常提起他的母亲，一个圣洁的人物，曾经历两个孩子早夭的丧子之痛。不过，她是个冷若冰霜的圣人，虽然无怨无悔地尽到为人母亲的职责，却从未公开对子女流露关爱之意。尼克松曾告诉颇同情他的传记作家强纳森·艾特肯（Jonathan Aitken），他的母亲不曾亲吻过他。

艾特肯大表意外，结果惹火了尼克松。尼克松感觉艾特肯的反应，活脱像是“那些可悲的弗罗伊德派精神分析师”。然而，母亲过世时，尼克松即倒卧在比利·格雷厄姆（Billy Graham，美国当代著名的基督教福音布道家）怀里啜泣。可以对尼克松很残酷的基辛格曾一度表示：“他总会成为令某些人爱戴的伟人。”[29]

在尼克松及其拥护者心目中，最有可能让尼克松名垂青史的领域非外交关系莫属。1972年2月启程离开华府的那天，尼克松飞往的目的地不仅是中国，这次出访是他所设想的改善美国世界地位的契机。或许，这趟中国行对尼克松而言，更重要的是它的历史评价。动身前一个月里，尼克松反复提到这点。他是首位踏上中国土地的美国在任总统，他即将前往的是世界上最神秘的国度。他告诉记者：“中国行好比登陆月球。”[30]而他决意不让这趟行程出任何差池。

基辛格在回忆录里写道：“我没见过哪位总统的出访经过如此精心筹划，我也没见过有哪位总统为出访而准备得如此小心谨慎。”尼克松还特地自巴黎邀来备受景仰但虚浮不实的安德烈·马尔罗（Andre Malraux），他与毛泽东有过短暂的偶晤，据称是个中国通。马尔罗向尼克松保证，假如戴高乐人在现场，也会对他的所作所为喝彩致意：“你即将从事本世纪最重要的大事之一。”基辛格就没那么买马尔罗的账了。“很遗憾的是，马尔罗对中国的了解太过时了。”但基辛格不得不承认马尔罗能言善道。白宫主管外交事务的媒体顾问约翰·史卡利（John Scali）不讳言道：“我觉得我是在听一个浪漫、目空一切的老家伙，将陈腐观点编织进他理想中那个世界的特殊架构。”无论如何，尼克松听得心醉神迷，甚至认为这位哲人脸庞的剧烈抽搐，使他的陈述听来令人痛楚："岁月并未让他的思想光辉或敏捷才思失色。"[31]而马尔罗也是约翰·肯尼迪的挚友。

中央情报局呈给总统有关毛泽东、周恩来人格特质的分析资料。老派中国通也提出一些索然无味的建言。国务院则为所有悬而未决的争端草拟背景报告，譬如，中美关系的性质以及重大政策议题。（我们并不清楚尼克松是否阅读过这些报告，因为这些报告必须先经过对国务院全无好感的基辛格之手。）基辛格与其国家安全事务委员会幕僚也准备了简报数据，并帮总统为他们认为必读的书籍与文章做摘要。尼克松孜孜不倦地埋首他的家庭作业，启程前一个星期，他工作得尤其卖力。[32]

在飞机上，尼克松夫妇与包括基辛格在内的心腹幕僚等人，一同舒适地坐在前舱；国务院的官员则被贬谪到机尾。这趟中国行经过精心筹划，确保尼克松在抵达前必能得到充分休息。尼克松还抽空复习他的报告数据，并练习如何使用筷子。当两架满载新闻记者的飞机先行飞往上海，空军一号（尼克松特别就这趟行程，称空军一号为"七六精神"——美国于 1776 年建国）则降落在夏威夷一处空军基地，停留数日。包括基辛格在内的总统一行人，下榻于司令官官邸，其余低阶官员则住进当地一家豪华舒适的旅馆。克莱尔·布斯·卢斯（Clare Boothe Luce）在她富丽堂皇、鸟瞰太平洋旖旎风光的宅邸，设晚宴款待部分随行官员。克莱尔·卢斯和夫婿亨利·卢斯（Henry Luce）通过其旗下的刊物，诸如《时代》（*Time*）杂志，曾支持退守台湾的蒋介石政权。克莱尔·卢斯说："你们自由派不了解这趟行程的真正意义。"然而，她补充说道，时代正在改变，中国共产党人终将承认美国是中国长期以来的朋友。[33] 2 月 21 日当天，随着军乐声响起，草裙舞女郎摇曳生姿，空军一号起飞前往关岛，访问团队将在此停留一宿。翌日，经由短途航程飞往上海。在上海，举行过简单的欢迎仪式、迅速地共进早膳后，中国飞行员登上空军一号（这是先前中美双方僵持不下的协商议题），飞完空军一号中国行的最后一段航程。

总统座机于早上 11 点 30 分降落在北京民用机场，这是经过精挑细选的时刻，以便尼克松抵达的画面能在美国电视新闻的黄金时段连播。尼克松几天来一直在为他中国行的第一印象发愁。从关岛飞往上海的途中，尼克松便与他的幕僚长反复琢磨每个细节，霍德曼在日记里写道：“他十分关心在北京机场的运作细节能否尽善尽美，因为那将是整趟行程的重要画面。”[34]

第二章 抵 达

1972年2月21日星期一清晨，空军一号自上海飞往北京。尼克松反复演练飞机降落后的细节，并频频拿关于中国共产党的问题纠缠基辛格。在北京的毛泽东也早早起床刮胡理发。飞机愈来愈靠近中国首都，毛泽东的部属也不断以电话通报飞机的行程。

这天清晨，天空灰蒙蒙一片。飞机机轮触地前一刻，周恩来穿着灰色毛装，外罩藏青色大衣，率领一行二十五位官员在跑道上现身。有一支由穿绿色军服的陆军和蓝色军服的海军组成的仪仗队，随同军乐队一同加入官员的行列。他们军帽上闪闪发亮的红星，正是中国新秩序无所不在的象征。美国国旗和中国国旗，孤零零地垂悬在静谧的空中。美国记者群是唯一目睹这次历史性降落的其他见证者，他们比尼克松团队早一步抵达北京。除此之外，机场上冷冷清清。有位加拿大的外交官曾探询他是否能出席这次欢迎仪式——他是少数仍驻留北京的外国使节。有位中国官员答复他必须先取得特别通行证，当他进一步询问如何取得特别通行证时，得到的答复却是，“特别通行证并不会对外发放”。[1]

一张斗大的大标语悬挂在航站大厦，上面是毛泽东于1949年写来抨击美国的一句话：“捣乱，失败，再捣乱，再失败，直至灭亡。这就是帝国主义和世界上一切反动派对待人民事业的逻辑。”另一张大标语则是简单写着“中国，五；美国，一”。不清楚这样的内容究竟是指战争，还是指刚在北京举行过的乒乓球赛。在机舱内，护卫总统的安全头子通过无线电，询问先遣特勤人员一个他在总统出访行程中最常问的问题：“人群的状况如何？”传来的答复是：“这里没有人群。”“你是说，‘没有人群？’”“是的，没有人群。”一位记者开玩笑说道，尼克松正在享受自美国工会年度大会以降他所参加的最棒的欢迎仪式。[2]

中国正在传达一个讯息，但是这讯息的确切含义却隐晦不明。中方或许有意表现出，就算世界第一强权的领袖前来拜访，他们也不为所动的姿态。或者，他们其实担心美国人态度冷淡。或者中方有意彰显这趟行程纯属商业性质，与两国邦谊无涉。毕竟，有需要的时候，中国当局总是能够召集大批群众。登基不久即被赶下埃塞俄比亚王座的海尔·塞拉西（Haile Selassie），曾于 1971 年 10 月访问北京。为欢迎他的来访，机场人群摩肩擦踵，舞者、工人、学童无不热情挥手示意。塞拉西的座车进城后，二十五万民众夹道欢迎，他们手中挥舞着埃塞俄比亚的国旗和蕴藏毛泽东智慧的小红书，锣鼓响彻云霄，仿佛人人都知道埃塞俄比亚的地理位置，以及埃塞俄比亚友谊对中国的重要性。在北京城中心的天安门广场上，中英文欢迎旗帜点缀其间，青少年在看台上以红、黄两色的纸花拼出塞拉西的名字。[3]

在机舱内，尼克松的幕僚悄悄观察周恩来是否穿着大衣。他们向尼克松回报周恩来穿了大衣，总统决定也穿上大衣。此举的目的，在于不让中方误认为美国人有意以耐得住寒冷而显示自己高人一等。机舱门开启，总统现身，地面上一小群人稀稀疏疏地鼓掌。尼克松走下舷梯，下到一半时他稍作停顿，也以鼓掌回应底下的人群。在机舱内，霍德曼和特勤局（Secret Service）干员挡住所有人，好让尼克松独自享受这一刻，并成为地面上美国记者镁光灯的唯一焦点。身穿深蓝色西装、灰色大衣的尼克松，表情肃穆。昔日被记者称作“那以抽搐出名的手”，这次终于静了下来。[4] 接着，尼克松夫人佩特一身艳红地出现在大家面前。美国中国通曾警告佩特，在中国，红衣服被认为是艳俗的穿着，佩特闻而不理；当时这些中国通对中国的理解，与一般的美国人并无二致，而这些认知大体上已过于陈腐。站在舷梯上端的佩特，试着轻轻挥手，然后便赶紧下梯加入夫婿的行列。

走完舷梯的最后一阶时，尼克松旋即向周恩来伸出手，这两个人于是握着彼此的手，时间似乎比平常更久。媒体的镜头聚焦在紧握的手上。能讲多国语言的周恩来，用英语和尼克松寒暄了几句。“这趟飞得还好吗？”尼克松回答说：“十分愉快。”随着美国其余团员鱼贯走下舷梯，周恩来瞧见基辛格，他以颇为真诚的口吻说道：“啊，老朋友。”[5] 基辛格在为尼克松的中国行奔走铺路时，已与周恩来见过两次面了。

军乐队演奏中、美两国的国歌，所有的人立正聆听；随后，《歌唱祖国》的音乐声响起，周恩来和尼克松一同检阅仪仗队。尼克松夫人与她的（美国军官）随扈紧跟其后。这是自 1950 年以降，穿着制服的美国人首度无拘无束地走在中华人民共和国的土地上。跟在他们之后的是中美官员：美国国务卿罗杰斯及其助理、基辛格与他的幕僚团队、共和国元帅叶剑英、中国外交部长姬鹏飞，以及中方的幕僚。[6]

机场的欢迎仪式历时不过十五分钟，从中方的标准来看，这显然是一场随便的接待会。美国一行人分别坐进中国安排、车窗罩着蕾丝窗帘的黑色礼宾车队，呼啸着朝北京城驶去，媒体记者的巴士则紧随其后。

美国人在飞机上已大致看过华北乡村的景象，农村建筑破旧不堪，农民与他们的牲畜显示出中国民生的凋敝困顿。道路上只有巴士和成群结队的脚踏车，不见别种车辆。摄影师探身窗外，赶忙拍摄工人铲扫新雪和过路行人的画面，令人不解的是，他们似乎对呼啸而过的护送车队无动于衷。车队穿越使馆区，在工人运动场左转。美方有人敏锐地注意到，街头设有管制交通的防护栅栏，而且公安警察阻止行人趋近观看。擅长外交舞台布局的霍德曼揣测，中国当局选择不在天安门广场聚集大批群众的用意，旨在昭示这群外国访客对中国人而言无关紧要。英国驻华大使馆的外交官得知，政府早已对当地老百姓三令五申，无论徒步行走或骑脚踏车，任何人都不得探头探脑地观望。当晚，中国的头条新闻是关于一群女工，在最后一则新闻中，才轻描淡写地提及美国总统来访。[7]

车队进入北京城之后，美国人被无所不在的烧煤味和一成不变的景致震慑住了，从建筑物到当地人单调的蓝色穿着，全都千篇一律。在飞机上，美国人早已熟读了简报和导览，他们知道自己即将参观世上最伟大的城市之一。中国人定都北京已有七百年，他们为北京城打造厚墙高门，以纪念碑点缀其间，同时在城内的心脏地带营建无数宫殿、庙宇、歌台舞榭，成就了宏伟的紫禁城。王公贵族、大臣、商贾、士大夫也在此打造自己的宅邸，用巧夺天工的林园环抱其居所。地位较低的人则住在较朴实的寓所。陶瓷犬雕坐镇在重要通道口，祥瑞幻兽立在砖瓦屋檐之上，以防邪灵入侵。

北京城内的巷弄，即胡同，纵横交错，其高墙下包藏了纷纭杂沓的居民和静谧安详的庭院。春时，若站在城内少数山陵或浮屠宝塔之上远眺，可以瞧见一片青翠蓊郁。穿越京城南北纵轴，自山陵往北行有一连串淡水湖泊，为酷暑的京城带来些许沁凉。北京的气候之极端不输芝加哥或多伦多：夏季的溽暑令人窒闷难耐，冬季则是一片天寒地冻。由于防止地震的缘故，建筑物大都只有一层楼高。

外族的入侵、劫掠和内战蹂躏了这座千年古都，然而它却能纹丝不变地安然过渡到20世纪，其中现代化的踪迹尚属凤毛麟角：一个火车站、几栋西式教堂和大使馆、几间西式大学，以及一些办公大楼。1949年，中华人民共和国政权肇建时，北京拥有世界上为数最多的中世纪建筑群。

尼克松一行人眼前所见，是正改头换面为共产主义式的一座古都，堪称世界革命的中心。北京正在迈向现代化，而中国共产党人心目中的典范则是苏联的首都，当时苏联是新中国少数仅有的邦交国。于是，几百年来为表彰圣贤烈女而立在街市上的牌坊，一一被移除。旧城被夷为平地，取而代之的是通衢大道和开阔广场。天安门广场就是在紫禁城旧址的部分废墟上开辟而成的。环抱京城几百年的高墙被推倒，改铺设多线环状道路。宏伟的城门也随之而去。

北京城的一片死寂也令美国人大感意外。脚踏车铃声轻柔地当当作响，偶尔传来卡车、巴士的喇叭声，但此地没有一般大城市常见的喧嚣。国务院官员何志立（John Holdridge）体验过二战前的北京生活，当时北京的喧闹熙攘与中国其余城市并无二致，因此他对眼前的变化大感震惊："当我从汽车窗帘的缝中窥视北京，看到街上行人稀稀疏疏，他们动作迟缓，表情僵硬，仿佛'文化大革命'让他们经历了某种战斗后的疲惫。当时'文革'正趋于平静。"[8]

当时外界对"文化大革命"一知半解。随着中国驻外官员被召回国内从事思想净化教育，中国大多数的驻外使馆已形同虚设。外国人要造访中国困难重重，除了少数像韩素音这类获得特别通融的共产党同路人；韩素音过去曾撰文赞叹中国人毅然扬弃过时的思想窠臼，而全心全意迎向未来。青年群起挑战他们的长辈，并如官方宣传所说的，同心协力缔造能真正落实民主的社会主义中国。当时仅有少数外国记者和外交官仍驻留北京，他们的行动受到诸多限制。

1972 年的美国访客对于中国正在经历的事情所知不多。中方东道主个个表现得彬彬有礼，让远来的访客有宾至如归之感，但就是不愿触及“文化大革命”这一敏感的话题。记者希望访问一般男女，但发现没有人愿意受访。美国人能见到的中国人就是官员和经过精挑细选的少数人，诸如作家或学者，他们对待外国访客总是殷勤诚恳。“在八亿中国人之中，外国人约只见着六十个人。”[9]

1972 年时，长期寓居北京乃至全中国的外国人屈指可数。唯有少数被视为“友人”的外国人，会选择在 1949 年之后定居中国，或者至少逗留到 20 世纪 60 年代，他们在中国受到尊敬。中国的大学，为了彰显中国作为第三世界的革命领导地位，招收了若干外国学生；但这样的美意却因非洲学生屡屡抱怨中国人对他们心存鄙夷而破产，他们大多数人便打道回府。[10] 有些记者，来自与中国同为社会主义的阵营，或者如法国、加拿大这类已与中国建立邦交的国家，他们想要挖掘真正的新闻，但总是不得其门而入。

唯有四十几个国家与中国有外交关系，其外交官的生活，即便是来自友善的邦交国，也受到诸多限制。北京其实没有什么可看的东西；许多风景名胜都不对外开放。外国人只能游览天坛，在街上凭吊历史遗迹。大部分餐馆不对外国人营业，除非该餐馆有特设的包厢。出北京城旅游，除了明陵，其余地方都必须先取得特别许可，但这类特别许可通常是不会被批准的。驻华外交官依规定必须住在“外交公寓”(Diplomats' Big Building)，这相当于封建时代的“会同馆”，“会同馆”是过去封建王朝专门提供朝贡使节团居住的场所。他们的仆役全由中国政府指派，负责监视外交官的举动。[11]

中国共产党于1949年缔造政权，以苏联为首的共产主义阵营国家旋即承认中国新政府的正当性。随后还有一些刚独立的第三世界国家，如印度和印度尼西亚，分别承认中共政权。然而，在外交动向上以美国马首是瞻的日本，只能小心翼翼地与中国建立贸易关系。迄至尼克松访问中国之时，已有几个美国盟邦与中国建立正式的外交关系。英国于1950年1月承认中华人民共和国，部分是出于维护东方庞大利益的考虑，其中最显而易见的就是香港殖民地，部分则是因为英国长期以来的政策，就是与取得国家控制权的政府打交道。有几个欧洲小国追随英国的步伐，但法国仍按兵不动，部分是因担心中国共产党政权会威胁法国在中南半岛的地位。中华人民共和国虽接受英国的驻华代表，但并未派代表赴伦敦履新。是年夏天稍晚所爆发的朝鲜战争，更阻碍了双方关系的进展。1950年晚秋，中国出兵加入朝鲜战争，美国对中国共产党的态度转趋强硬，甚至冻结与中国共产党的任何关系。1954年，即朝鲜战争停战翌年，情势突露曙光，北京的中国外交部官员意外接受英国代理大使的邀请，前往欣赏英女皇伊丽莎白二世加冕典礼的影片。9月，中国政府首次派代表前往伦敦。十年后，戴高乐所统率的法国才突然承认中国共产党政权，戴高乐的支持者宣称，此举意在加深中国和苏联之间的龃龉，但真正用意其实是向美国展现他本人及法国的独立自主。戴高乐期望成为首位访问中国的西方领袖，却在1968年法国动乱之后，出人意料地下台。及至60年代末，比利时、意大利分别承认中国共产党政权，而在重大议题上向来对美国亦步亦趋的加拿大，也在承认中国共产党政权之列。美国发觉，在坚决否认共产党是中国政府合法代表这件事上，自己越来越孤立。

人员虽来自不同阵营，但因外交使节团规模较小，一般而言鲜少碰头的他们，反而会设法找机会接触彼此。其中唯有北越、阿尔巴尼亚、朝鲜的外交人员比较冷淡疏远。芬兰人有个桑拿俱乐部。苏联人在大使馆建造了一座冰上曲棍球场，每个星期天举行球赛，由苏联队对抗主要以加拿大、墨西哥代表为主力班底的世界队，后者虽热情参与，但球技笨拙。英国人则是每个月播放自香港带回的影片。而为了支付运费，他们举办“女子竞赛晚会”，由标致的英国女秘书掷骰子比输赢；苏联人虽极想参与，但却碍于苏联与西方国家关系的暂时冰封，而不得不与英国大使馆保持距离。[12]

如今，尼克松的车队呼啸穿越天安门广场，巨幅的毛泽东肖像俯瞰着偌大空荡的广场，仅有的观众是一小部分盼望瞥见这一历史性画面的驻华外交官员。有位加拿大籍的小女孩骑着小脚踏车在闲逛，有两个英国人攀上街灯杆，以捕捉尼克松车队的画面。对北京受到隔离的小小外交圈而言，这是他们平日例行公事以外的罕见突破。

第三章　周恩来

尼克松走下舷梯时，周恩来握手相迎，说：“你的手伸过世界最辽阔的海洋来和我相握——二十五年没有往来了。”[1]这一握还跨越了许多不愉快：中国长期饱受外国欺凌而忍受屈辱；美国人记忆犹新，在朝鲜半岛上被中国军队打得节节败退；以及自1949年中华人民共和国肇建以来，双方历经数十寒暑的恐惧和猜忌。这一握也弥补了昔日留下的遗憾。1954年在日内瓦召开国际会议，以解决朝鲜战争及法国在中南半岛军事失利的善后问题，会场上美国国务卿约翰·杜勒斯（John Foster Dulls）当众从伸出手来的周恩来身旁疾行而过。中国人从未忘却这意外的插曲——事实上，他们记忆鲜明，并且把它当作传说中置放在上海租界公园入口处那块标语“狗与中国人不准进入”的翻版。对中国人而言，这一握不只是为了弥补过往所受的羞辱，它的真正意义在于中国已能与世界第一强权平起平坐、并驾齐驱。自从尼克松中国行一事确定以来，双方即为尼克松在中国的第一个动作发愁。美方担心尼克松会忘了与周恩来握手，中方则是担心尼克松可能再次展现杜勒斯的傲慢态度。

中国人把屈辱和苦难牢记在心。早在共产党建立政权的数十年前，时值中国饱受列强的剥削和侵略，这是强权加诸在中国前所未有的耻辱。早在尼克松抵达中国的两百年前，那时美国尚未立国，而北京已是意气风发的泱泱大国的首都。乾隆皇帝在位时期，即 1736 至 1795 年间，清军长趋直入拓展西疆，使中国领土面积增加一倍。乾隆皇帝还在紫禁城内大兴土木，打造林园宫殿，并在紧邻的城墙外修葺美轮美奂的圆明园。除此之外，乾隆皇帝还雅好艺术，醉心诸子百家。中国艺术珍品的工艺水平，譬如鬼斧神工的瓷器，已达到登峰造极的新境界。于是当大英帝国派遣马戛尔尼勋爵率领使节团前往中国，请求以平等的地位进行自由贸易，以平等的地位在北京派驻外交使节时，乾隆皇帝却待之以蛮夷之邦的朝贡团，将大英帝国送给他的祝寿贺礼视为贡品。此后数十寒暑，中国在其古老文明的羽翼之下屹立不变。但这时外面的世界，特别是欧洲诸国有了突飞猛进的发展，纷纷迈向工业革命。西方世界的科学、工业和技术领先群伦，其制造的工业产品，尤其是船舰和火炮，更是中国难以望其项背的。

迄至 1860 年，圆明园遭列强军队洗劫一空，毁于大火，沦为废墟一片。清朝末年，年轻的皇帝沦为傀儡，大权握在残暴无知的慈禧太后手中。此时的中国内忧外患，已然千疮百孔。内有大规模的农民暴动，外有不知餍足、索求无度的列强环视，他们贪得无厌、用一系列不平等条约，重重束缚中国日薄崦嵫的末代朝廷。中国的领土与主权遭豆剖瓜分。外国商人依恃其领事、法律和军队的强力干预和保护，在中国土地上广设商业据点。刚刚弭平内战分裂的美国在远东地区还未成为要角，但其商人、传教士也纷纷在中国抢占据点。随着传教士而来的是新式学堂、印刷出版社的林立，以及可能最具杀伤力的新观念，从而一步步地瓦解了中国传统社会秩序的基石。

中国有志之士奋起抗争，迎接这内外交迫的严峻挑战。清廷如何才能起死回生？中国如何学习外国科技，师夷长技以制夷？然而，中国两千多年的社会传统根深蒂固，要进行变革谈何容易，况且中国的统治政权根本无意尝试。于是中国的苦难依旧继续：法国于 1884 年在福建马尾海战中挫败一支中国舰队，巩固了他们在中南半岛的势力范围；1894 年至 1895 年间，日本在甲午战争中击溃中国舰队，控制朝鲜半岛并占领台湾；1898 年，义和团兴起，华北陷于兵燹之灾，从而又给了列强侵略中国的口实。

周恩来 1898 年诞生于江苏省淮安府山阳县（今淮安市），该地位于贸易大港上海的北方。周恩来两岁时，列强的联军挥师北京。中国又签署另一纸丧权辱国的条约，容许列强军队在中国永久驻扎，以保护其国人。中国的爱国志士不确定在列强的瓜剖下，中国还剩多少日子。随着俄国人和法国人的势力分别自北边、西疆以及南方压境，中国的前景岌岌可危。英国势力抵达长江三角洲，德国人又在山东开辟他们的势力范围。其中最为危殆者，或许要数日本占领台湾岛，并虎视眈眈觊觎朝鲜半岛，甚至有意染指满洲地区。周恩来即是生长在这民族主义情绪高涨的时代。中国传统秩序究竟有何积弊陋习，竟让中国落得奄奄一息？如何拯救中国？是用西方科学还是西方民主政治，还是必须双管齐下？

周家亦是这凋零中的传统世界的一部分。周家是书香门第，是治理中国的官僚阶层。他们研读伟大的中国经典，特别是儒家典籍，期望在科举考试中金榜题名，在文官体系中平步青云。周恩来的祖父（周攀龙，淮安府山阳县知事）是位出色的读书人和父母官，他的几位叔叔也都有功名在身。但周恩来的父亲（周贻能）只是个地方上的胥吏，经常赋闲在家。在这个大家庭里，起初抚养周恩来的是他的本家，后来便过继给早逝的叔父（周贻淦）做嗣子。影响周恩来最深的似乎是叔父的寡妻陈氏。周恩来日后都称陈氏为母亲。“没有她的照顾，我根本不可能开拓追寻知识之路。”1907年，周恩来九岁，他的生母因病过世，他的父亲为妻子的病散尽家产。周恩来为此受命拿家里的宝贝到当铺去典押。[2]

周恩来日后对这“家道中落的家”百般摒弃，认为它只是一味墨守传统遗风，而无视周遭世界的风云变幻。话虽如此，但周恩来还是保有传统的行事风格，秉持对传统中国艺术哲理的雅好。周恩来接受的教育新旧参半。1910年，周恩来北行出关，来到满洲，投靠他的伯父（贻赓）。周恩来将自己的坚毅以及令人敬畏的工作能力，归功于北方的冷冽气候和粗粝穀食。周恩来位于沈阳的新居（外国人几世纪以来所称的“奉天”），地处中国与外国铁路干线的辐辏。自日俄战争中俄国战败五年内，日本开始在沈阳取代了俄国的势力。积弱不振的中国，只能眼睁睁旁观他人争抢自己的领土。寄居沈阳时，青年周恩来的民族情绪沸腾，他阅读激进派刊物，以及知名改革主义之士的著作。据说当老师问及学生读书的目的时，周恩来回答：“为中华之崛起。”[3]

日薄西山的清政府终究还是在1911年土崩瓦解，中国迈入共和。中国一度远景可期，可望解决内部腐败和外来胁迫的双重劫难。或许是想到中国民族主义风起云涌，新政府可望让治者与被治者众人同心，缔造一个强盛的新中国，周恩来剪掉象征故步自封的发辫，以示庆祝。

两年后，周恩来就读天津南开中学；天津是重要的对外口岸，同时也是一个中国人会接触到大量洋人的城市。在南开中学，周恩来已开始崭露头角。周恩来是个杰出的学生，仪表出众，爱交朋友，为人诚信可靠。在周恩来无力负担去日本深造的学费时，他的友人都表示愿意为他提供路费。周恩来多年来一直保持优雅的作风，他的良好涵养和幽默感，为他赢得了国外政治人物的推崇。赫鲁晓夫（Nikita Khrushchev）就曾说过："我们全都认为他光明磊落、手腕圆融、与时俱进，是我们可与之理性对话的人。"[4]此外，周恩来还爱好文艺，才华横溢；在天津南开中学时，周恩来经常反串女性角色，而且扮相俊美。

青年周恩来不仅比同学早一步完成学业，还额外从事多项课外活动，他组织辩论会、演讲以及刊印学生杂志。周恩来的文章时常得奖。从他文章的字里行间可以窥见，终其一生他对实用知识有所偏好。清末国事纷乱，中国知识分子重燃对明朝遗民的兴趣，他们亦不断追索明朝灭亡的原因。而周恩来特别欣赏某些学者的观点，他们认为中国知识分子流于空谈，所以大声疾呼，主张追求经世治国的实用之学。一如中国同时代的民族主义者，周恩来亦垂青达尔文和斯宾塞（Herbert Spencer）的理论，从他们的著作中，周恩来似乎看到了中国振衰起敝、脱胎换骨的希望。[5]

时间进入 20 世纪 20 年代，中国仍然不见时局好转的迹象。共和政体简直是个大灾难，第一任大总统竟图谋称帝。随着总统于1916年去世，中国陷入军阀割据的局面，军事强人们拥兵自重，盘踞四方，相互竞逐。当时的中国支离破碎，全神贯注于第一次世界大战后与强权的周旋，为维护中国主权的完整而无暇他顾。日本便借机趁火打劫，此举引来其他列强的公开反弹，因而施压迫使日本收手，然而日本的收敛也不过是暂时作态而已。周恩来承袭中国士大夫的传统，赋诗一首，反对张勋复辟，抒发对时局的担忧和沉痛之情：

茫茫大陆起风云，举国昏沉岂足云。

最是伤心秋又到，虫声唧唧不堪闻。[6]

尽管日本狼子野心，但周恩来和许多同时代的中国青年一样，于1917年决定负笈东瀛，因为日本在明治维新后，便开始走上富国强民之路，周恩来想利用在日本学得的经验，来拯救积贫积弱的祖国。当周恩来抵达日本，他发觉自己处在被禁锢的华人社群之中，不但受民族主义意识高涨的日本人瞧不起，而且痛苦地意识到祖国迫切需要他们归国效力。周恩来渐渐把时间和精力奉献给流亡日本之激进分子的政治活动上，同时，也首次接触到马克思的理论。

马克思主义高举科学的旗帜，以及对未来社会主义美好世界的许诺，让激进的中国知识分子趋之若鹜。那个时候，他们大力批判阻碍中国前进甚至弱化中国国力的传统价值观和制度，思想是既现代又具革命性的。某晚在东京的一次朋友聚会中，周恩来告诉他的友人，学生、工人和农民必须团结一致。“你必须将他们全都团结起来，才能成就革命。没有革命，中国就没有未来！”[7]

马克思主义预言未来的世界将不存在私有财产权，不再有阶级、国家之间的冲突，这样的预言对浸淫在儒家和谐有序、重农轻商价值观中的中国人而言，颇具吸引力。再者，1917年，俄国布尔什维克革命的成功，也为中国提供了一套正面教材。同样令中国人印象深刻的是，俄国新政权提议归还上个世纪自中国攫取的领土。事后证明俄国只是惺惺作态，然而当时的中国人并无从得知。

周恩来回到祖国时，中国人正因为西方列强的背信忘义而群情愤慨。

第一次世界大战期间，中国属战胜的协约国阵营的一分子；战争结束后，中国人满怀期待列强会信守他们的承诺，协助中国自治并恢复中国领土的完整。在1919年召开的巴黎和会上，列强却反其道而行之，把德国在中国强占的领土授与他们的盟友日本，尽管中国亦属战胜的协约国阵营，而且西方国家也再三宣称自己是为民主和正义而战。西方列强的决定不过是基于一个残酷的事实：中国弱，而日本强。这项决议造成北京的排外和反日示威大游行，时为1919年5月4日，这股激昂的民族主义情绪随后蔓延至全中国。

1911年肇建的共和政体垮台、国家陷入军阀割据，加上日本虎视眈眈，意图染指中国，这双重刺激在中国掀起了艺术和政治上的波澜，造就了著名的五四运动。作家与学者超越对掌权人的批判，而将苗头直指他们以为陷中国于眼前悲惨窘境的整体传统旧秩序。因循守旧和盲从权威，使中国人被困在迂腐无用的思想或行动里。诚如激进分子主张的那样，对中国而言，追随“德先生”和“赛先生”（套用当时的语词，即“民主”与“科学”）迈向现代化的时机已然成熟。协约国在巴黎和会上对中国的背弃，让许多中国人更加相信马克思主义才是中国希望之所系，中国并不适合走资本主义和自由主义式的民主政体之路。此外，他们也期待国内的根本变革，能让中国在国际上更为强势。

周恩来在这个时候回到天津，他把大量的精力投注在政治工作上，在此期间他与天津女界爱国同志会的讲演队长、十五岁的邓颖超邂逅，七年后周恩来与邓颖超结为连理。[8]

1920年，周恩来搭船前往法国勤工俭学，拓展他的海外视野。随后的三年里，周恩来靠着为中国报纸撰稿和仆役工作贴补生活费用。他还语气坚定地写信给邓颖超，向她保证“我连一个女性友人都没有，我也不打算认识女性友人”。周恩来以法国为据点，周游各国。他到过伦敦，但不喜欢当地的环境；他也去了德国，并对那里有很好的印象。周恩来渐渐在华人同胞的圈子中闯出名号，他以组织人、作家、革命者的角色驰名。（法国警察终于风闻周恩来的活动，只不过那已是周恩来回到中国六个月之后了。）1922 年夏，周恩来协助新生的中国共产党建立旅欧支部。尽管世事难料，周恩来已为将来主管中国外交事务奠定了坚实的基础。[9]

周恩来是在 1924 年的夏天回到祖国。这时国政虽由军阀把持，但华南地区正在酝酿新兴的政治运动。孙中山所领导的国民党，就如其党名所显示的，带有民族主义的精神，由激进派、工人和资产阶级共同组成。在苏联的援助之下，这个党正历经重建组织架构和建立军队的时期，苏联人认为这是打击帝国主义的必要手段。苏联还要求羽翼未丰的中国共产党全心全意与国民党合作。团结国共两党驱逐西方强权之后，届时中国共产党，诚如莫斯科的职业革命家们所盘算的，将推翻国民党，名正言顺地展开社会主义革命。周恩来为国共合作呕心沥血，甚至实际上主管了国民党的军事学校，担任黄埔军校的政治部主任。

周恩来还抽空与邓颖超完婚，这时的邓颖超已是经验丰富的革命家。邓颖超也像周恩来一样，为革命全心全意奉献自己。就像许许多多的革命妻子，邓颖超付出了极大的代价。20 世纪 30 年代初，邓颖超患了肺结核，所以当共产党为逃离前盟友国民党的围剿而不得不进行漫漫长征时，邓颖超不得不拖着病体随部队艰难前行。[10]

20 世纪 20 年代末，中国一度前景可期。在蒋介石的领导下，国民党起码在名义上完成了中国的统一，中国终于拥有了一个可运作的中央政府。或许是出于经年累月剥削中国所萌生的罪恶感，列强纷纷归还上一世纪自中国强取而来的租界，以呼应中国的统一之势；唯独日本无动于衷。共产党人并未能分享胜利的喜悦，因为当蒋介石不再需要共产党臂助时，便把枪口转向他们。直到1927年年底，已在城市茁壮发展起来的共产党组织遭国民党强力弹压，成千上万的共产党人不是被扑杀，就是被关押入狱。少数散落四方的共产党人被迫转入地下。周恩来被国民党重金悬赏，但他仍然冒着风险联合共产党人的残余力量在上海从事地下工作，成功躲避国民党的追捕，这种情况一直持续到20世纪30年代初。

共产党人的灾难，更因莫斯科共产国际总部不切实际的指挥而雪上加霜。不管如何，苏联仍旧一贯地将过错归咎于中国共产党人。1931年，国民党欲赶尽杀绝共产党人，周恩来和邓颖超于是舍弃上海，转往相对安全的华中共产党根据地。

与此同时，国民党人正在巩固他们的权力，并开展建设新中国的工作。蒋介石和国民党人或许能收拾残余的军阀势力，终结共产党人；他们或许能逐一修建公路、机场、铁路、重工业设施及健全的教育制度，为中国打造崭新的基础建设；他们或许还能及时缔造一个良善的政府。但他们从未有表现的机会。20世纪30年代初，经济大萧条重创全世界。中国本身以农业经济为主，虽非经济衰退的重灾区，但也难免受到波及。西方民主国家，包括20世纪20年代有助稳定国际秩序的美国，均无暇他顾，各自忙于解决内部的问题。不幸的是，其他国家调转风向以维护国家所需之时，日本的民族主义与军国主义却如日中天，日本人普遍认为，侵华路线乃保护日本不受列强轻蔑所必需。1931 年，日本军国主义者公然占领中国东北，世界其他国家却没特别出面制止。自此之后，日本即调兵遣将，把势力范围拓展至中国关内各地。国民党被迫转调资源应付此一威胁。

1937 年，日军全面入侵中国。对日抗战斩断了国民党稳定繁荣的愿景。国民党成竹在胸的剿共运动因抗日而被迫停止，共产党则成功接收中国勃兴的民族主义力量。第二次世界大战结束后，共产党控制长江以北的农村，并拥有一支战斗力可观的军队。1946 年，美国出面斡旋但徒劳无功的谈判破局后，国共双方随即短兵相接，共产党于 1949 年赢得内战。毛泽东在北京天安门城楼宣布中华人民共和国成立，败北的蒋介石则在台湾岛上另组政府。

1949 年，时年五十一岁的周恩来，膺任新中国的首任政府总理兼外交部长。（周恩来尽管在 1958 年卸下外交部长之职，但还是一手主导中国的对外事务，直到去世为止。）周恩来的迷人风采依旧。他的生活简朴，据说还会亲自缝补袜子。周恩来工作孜孜不倦，往往夜以继日，且巨细靡遗。周恩来着手组建新的外交部时，便不遗余力地通过国际法或外交协议课程，训练大多是军旅出身的外交新进人员，使之具有外交官必备的知识和技巧。受训者向苏联同志学习如何穿西装、打领带，以及如何跳舞，受训者也在北京一家餐馆练习如何用西式餐具吃西餐。与周恩来共过事的人，通常都对他大表推崇。有位周恩来的传译员回忆道：“他工作勤奋，注意每个细节，仔细阅读所有的参考材料。”[11]

见过周恩来的外国人一般都会觉得他亲切和蔼、彬彬有礼。联合国秘书长达格·哈马舍尔德（Dag Hammarskjold）以为，周恩来有他“至今在外交领域见过的最优秀的头脑”。一向吝于给人好评的基辛格，对周恩来也佩服得五体投地。基辛格谈起他与周恩来的初会：“他的举止温文儒雅，不靠显眼的身躯震慑全场。他那外弛内张的神情，钢铁般的纪律和自制力，仿佛盘绕的弹簧。”基辛格与周恩来有过数小时针锋相对的谈判，发觉他“是我见过的最令人印象深刻的两三个人之一”——是个可敬的对手。“他是杰出的历史人物。他精通哲学、熟谙历史，擅长历史分析，足智多谋，谈吐机智而风趣。”[12] 和善、体恤、节制，这是中外人士共同在周恩来身上发现的特质。

中外人士皆认为毛泽东的某些做法有些过激，周恩来则被视为温和分子。这是实情，但并非真相的全貌。周恩来也是个革命家，他对改造中国社会矢志不渝，期望使富强的中国能在世界上占有一席之地。周恩来和其他共产党人都一样，他们身上的革命与民族主义其实是一体两面的。1949 年 10 月 1 日，在天安门宣布建立中华人民共和国时，毛泽东说道：“我们四万万七千五百万中国人民现在是站立起来了，我们民族的前途是无限光明的。”[13]

1949 年 11 月，在新中国外交部首次召开的会议上，周恩来告诉他的同僚，百年国耻已告结束。新中国必须与世界强权平起平坐。“我们应该要有自主的精神。我们应该开创新局，勇敢无畏，沉着自信。”[14]

毛泽东和周恩来都是用马克思主义的目光来观察世界。这个世界一分为二，即 1945 年后由美国领导的资本主义强权，以及另一个由社会主义国家组成的阵营，随着苏联势力向东欧扩张与中国共产党的大获全胜，社会主义阵营的声势因而壮大。两大阵营的争斗终究会有人胜出，马克思主义者相信，社会主义将是胜利的一方。共产党的外交政策当为这最终的胜利服务。1949 年，周恩来告诉中国外交部的新进人员，社会主义阵营的国家时时都得做好准备。舞刀弄枪的战争不是年年有，但可以确定的是，频繁的唇枪舌剑将会天天年年进行，诚如白昼之后必有黑夜。[15]

由于周恩来对实用的偏好远胜于学理，他强调中国的外交政策必须讲究现实条件，利用资本主义国家之间的矛盾，必要时甚至与之妥协以争取时间。周恩来针对外交政策发表重要谈话时指出，苏共在 1918 年曾与敌人德国签署丧权辱国的条约，借此延续其政权。庆幸的是，毛主席的准则与周恩来如出一辙，毕竟周得依毛的指导原则行事。毛泽东表示：“我们所谓具体的马克思主义，是采取具体形式的马克思主义，亦即将马克思主义应用在中国普遍存在的具体环境的具体斗争……”周恩来在主掌中国外交事务时，策略上通权达变，以追求“求同存异”（诚如他所言）。在两人的多次会谈中，周恩来有一回告诉基辛格：“人必须保持冷静的头脑，分析事情。”[16]第二次世界大战期间，就是由周恩来出面与国民党协商抗日统一战线；他为了维护共产党与中国的利益，甚至不惜与敌人妥协。

多年下来，周恩来已成为一个谈判大师。20 世纪 20 年代初，时值周恩来寓居欧洲，他心目中的偶像之一是英国当时的首相劳合·乔治（David Lloyd George）。周恩来推崇的劳合·乔治是个现实主义者，他深切体察国际局势，让各国捐弃成见携手共事，同时能促进英国的利益。他说，劳合·乔治“狡诈”。与周恩来交过手的人，一致认为他身上也有同样的特质。有位国民党的官员写道：“他的转变是如此微妙，以至于你毫无察觉。当然，他会妥协，但通常是在最后一刻，只是为了让协商能够继续进行，况且他的妥协都微乎其微、有名无实。一旦仔细研究他的声明之后，你会发现他在重大议题方面全然没有实质性的让步。”[17]

第四章　钓鱼台国宾馆

尼克松的车队穿过天安门广场朝城西疾驶而去。造访北京的外宾都被安排下榻在一座戒备森严的林园宅邸——钓鱼台，直到今日还是如此。钓鱼台国宾馆于20世纪50年代末启用，以庆祝中华人民共和国建立十周年。钓鱼台国宾馆的多数别馆虽是新建筑，但地点本身富含历史典故。历代骚人墨客雅好钓鱼台的粼粼湖水、蓊蓊林园。明代诗人王嘉谟曾赋诗，咏叹钓鱼台的幽微美景："垂柳满堤山气暗，桃花流水夕阳低。"皇亲贵胄纷纷在此修葺行宫，而于楼台上垂钓。擅长书法的乾隆皇帝还亲书题匾"钓鱼台"三个字，至今仍镶嵌在钓鱼台的西侧瓮门上。如今国宾馆被带刺铁丝、探照灯、高墙和武装警卫层层保护，专门接待国家领导人和国际友人。金日成、赫鲁晓夫、切·格瓦拉等，都曾在尼克松之前下榻过钓鱼台国宾馆。几个月前，北越总理也住过这座宅邸。美国新闻媒体听闻，柬埔寨西哈努克亲王（Prince Sihanouk），才刚搬离钓鱼台国宾馆第十八号楼，尼克松和他的贴身随扈此时就被安排下榻在这栋楼。

受19世纪的资产阶级建筑风格影响，别馆内摆放各式加有软厚垫的扶手椅和沙发，并都罩有椅套。在贵宾接待室内，尼克松与周恩来两人坐在沙发上，其余美、中双方随行人员则围坐在一张半圆形的茶几旁，聆听尼、周的对话。（虽然美方带有传译员，但同意在开会时使用中方安排的翻译人员。）霍德曼在日记里提到，“双方似乎十分友善，但言不及义”。尼克松的行程秘书德怀特·查宾（Dwight Chapin）也观察到双方的肢体语言：“我发觉有些异乎寻常。周恩来注视着总统，目不转睛，但总统的目光却对着地板上下游移，并未直视着周恩来……”这场对话也折磨着基辛格。基辛格日后向霍德曼发牢骚，当周恩来盛赞基辛格将访问行程安排得很合适时，尼克松却附和说其他人已提前做好准备工作，还说“亨利很担心这会让中国人将他看扁了”。[1]

基辛格老是挂心他的处境。他在尼克松政府任公职这段期间，先是出任国家安全事务助理，1972 年大选后则接掌国务卿要津，总是对敌手、下属、同僚有微词。他屡屡指控罗杰斯和国务院一帮人等在他背后暗箭伤人，并埋怨总统没有用心替他辩护。而尼克松反倒担心起基辛格的心理状态。尼克松的讲词撰稿人之一雷蒙·普赖斯（Raymond Price）曾说过：“关照基辛格是他总统任期内最沉重的负担之一，不过基辛格是有这个价值的。”[2]

在尼克松的眼里，基辛格是值得他费心庇护的。基辛格睿智、见多识广，而且是东岸知识精英的代表；尼克松私底下即对这群人敬畏有加。所以，尽管尼克松自视甚高，他在回忆录里也不得不承认，基辛格“专心致志、毅力过人”，而且“具备如此不同凡响的智识才情”。然而，尼克松之所以对基辛格有高度评价，最主要是因为他在基辛格的外交政策上看到了自己的影子。尼克松在他的回忆录里写道：“我知道我们俩在一般见解上很相像，我们都相信孤立与左右影响世界权力平衡因素的重要性。”[3]

基辛格与尼克松在一些观点上很有共识，他认为 20 世纪 60 年代，由于深陷越战泥淖，其他国家又急起直追，美国的国际地位已大不如前。基辛格在1968年发表的文章中写道："在四五十年代，我们出手收拾残局；在60年代末、70年代时，我们的角色是为一个能鼓舞其他国家主动进取的架构贡献己力。我们在规格上是一个超级强权，但唯有其他国家愿意与我们配合，我们的构思才有意义。"基辛格与尼克松观念一致，认为美国有必要考虑让友邦、同盟分担维护国际秩序的责任。他还将世界秩序视为一连串交迭的关系。政治人物必须时时注意国际议题之间的联结，并随时懂得操作这种环环相扣的关系。若中国想要改善与美国的关系，那么就可以借此要求中国给北越施压，逼使北越与美国达成协议。[4]

不过，尼克松与基辛格的看法并非总是一样。尼克松的美式作风较浓厚，且个性更为乐观。他相信美国本质上就是一股追求良善的力量。而基辛格则对在外交关系上讲道德或原则不表认同。他在1968年的同一篇文章中写道："这是美国的民间传说，当其他国家讲究利益时，我们主张以责任为重；当其他国家关心权力均衡时，我们在意的是维护和平的法律条件。"他倾向悲观主义，认为国际场域是一个无政府且野蛮的空间，各国都在永无休止的达尔文主义式生存竞赛中奋力挣扎。基辛格重视国际稳定与和平转变。他所畏惧的是亟思有所作为的革命型国家，他们一心一意想要推翻既存的国际秩序。虽说如此，在追求国际政治的稳定时，基辛格论称，政治人物也应当随时准备与任何强权打交道。"我们的目标，"他说道，"在于解除外交政策中的所有情感束缚。"这里的我们是指尼克松和基辛格本人。美国的决策者必须在两大问题上扪心自问："妨碍我们利益的是什么？我们追求的目标又是什么？"[5]

美国政治人物不常使用这种措辞，因为他们带有浓厚的老派欧洲作风，基辛格往往选择“地缘政治”或“均势原则”这类的迂回说法。在欧洲的同盟体系，一般称之为“纠缠”（entangling），无论是国家利益或权力均衡原则，全是一种过时有害的政治博弈，依美国人之见，正是这类政治博弈导致战争的爆发。梅特涅、俾斯麦，以及其他操作“现实政治”（Realpolitik，即植基于现实利害关系的政策）的欧洲政治人物，在大西洋彼岸人的眼里，是一群牺牲其他国家以追求自己国家权力的冷酷掮客。美国应当自我警惕，避免卷进他们毁灭性的游戏。在 1796 年的告别演讲中，乔治・华盛顿针对“外交势力的阴险诡计”发出著名的警告，并且问道：“为何要让我们的命运与欧洲各国牵连在一起，让我们的和平与繁荣纠缠在欧洲人野心、对立、利益、品味、善变的罗网之中？”一个世纪之后，当美国已准备加入第一次世界大战时，威尔逊总统告诉参议院，美国参战的目的与其他国家迥然不同。“我提议，自此之后，所有国家要避免纠缠不清的同盟关系，避免各国陷入权力竞逐的羁绊、阴谋诡计与自私对抗的网罟，也避免各国内政受到外部影响的干预。”[6]

毕业于哈佛大学研究所，基辛格的论文以法国革命后的古典时期为题，这时期的欧洲和平取决于各国的权力均衡，欧洲体系的运作则有赖卡苏里勋爵（Lord Castlereagh）与梅特涅亲王这类伟大外交家的穿针引线。基辛格语带激赏地写道：“他们的目标是稳定，不是完美，而权力均衡乃是以史为鉴的古老明训，它指出除非具备防止入侵的安全保障，否则没有任何秩序是不会出错的。”在基辛格看来，一个杰出有效率的政治人物不仅要能洞悉世局，还要认清自己国家之外的其他国家也有他们的利益和目标。这样的人以世界的实然层面，而非他对世界的期望，来从事他的工作。“他的手段是外交，这是一门艺术，它通过协商而非强力胁迫，借由主张调和特殊抱负与普遍共识的行动，使各个国家彼此产生关联。”[7]

对基辛格而言，外交是一门饶富兴味的艺术，同时是一门举足轻重的艺术。他深信，伟大的政治家乐于拥抱天职的召唤，纵使身处危机也在所不辞。“少数能够审时度势的人，通常身处台风中心而从容不迫。”基辛格自然仰慕梅特涅与俾斯麦，就如同尼克松本人推崇丘吉尔与戴高乐。必要的时候，这些人总是大胆推翻传统智慧。基辛格抱怨道，这类政治家通常不为国人所敬重，因为他们的政策往往需要与其他强权妥协，或违背一个国家的最崇高原则，而这通常很难赢得国内的支持。1972年基辛格接受意大利记者奥莉娅娜·法拉奇（Oriana Fallaci）的访问。在这段后来广为人知的访问中，五短身材的基辛格自比为美国的代表人物：牛仔。基辛格告诉法拉奇：“美国人就好比牛仔，只身策马率领后方的篷车队。他的行动，总之，就是要能适时适所。”[8]

1968年11月底，总统大选过后，尼克松试探性地想要基辛格出任国家安全事务助理一职，不过，即便尼克松曾听闻基辛格的若干观点，但其实并不认识这号人物。诚如尼克松自己所言，那是“一股不寻常的冲动”。基辛格曾辅佐角逐总统提名的共和党候选人纳尔逊·洛克菲勒（Nelson Rockefeller）。更严重的是，众所周知，基辛格并不欣赏尼克松。初选期间，基辛格三番两次提到“这个人不可能是个称职的总统”。[9]但尼克松既往不咎。“洛克菲勒团队的人这么做理所当然，这是政治现实。”11月25日，当尼克松还在挑选他的新团队时，他把基辛格找到纽约碰面，邀请他接掌国家安全事务助理一职，这个职位是杜鲁门总统在 1947 年所设，其功能是针对美国外交事务提供建言。前几任政府，无论是国家安全事务助理，或者国家安全事务委员会本身，皆不受到重视。尼克松有意让国家安全事务委员会成为他外交政策的载体。

这仅是尼、基两人的第二次会面。基辛格觉得双方对话虽有趣，但内容令人惴惴不安。尼克松的态度羞赧，他在陌生人面前向来如此。他无意谈天说地，而是开门见山地直指外交事务。尼克松告诉基辛格，他希望避免重蹈约翰逊总统的覆辙，不要将他的全部时间和全副精力虚耗在越南议题上。美国必须关注那些威胁其生存的长期问题：北大西洋公约组织的分裂、中东地区，以及美国与苏联、日本的关系。尼克松甚至还提到他的首要任务之一：有必要调整美国的中国政策。尼克松说："我们也同意不管外交政策确切内容如何，它必须够坚定以至于可靠——而且必须够可靠以至于成功。"[10]

直到对话结束后，尼克松仍未提及基辛格的职位。基辛格日后写道："经过频繁的接触，我对他巧妙的委婉有了进一步的了解；我发现对尼克松而言，言语就像撞球，重要的不是开头的冲球，而是打出连击球。"尼克松讨厌被拒绝，总是尽可能避免被拒绝的情形发生。基辛格回到哈佛，他对尼克松的提议很感兴趣，但是不太确定尼克松的立场。两天后，基辛格接获通知，请他返回纽约与尼克松的友人约翰·米切尔（John Mitchell）晤面。米切尔问基辛格是否有意愿接下国家安全事务助理一职？基辛格回复说他并未获得邀请。米切尔说："天啊，他又把事情搞砸了。"基辛格稍作思索后，答应接任。基辛格在回忆录里写道，这时他对尼克松的印象已经改观。"他的悟性与学问和我对他的最初印象如此不同，令我印象深刻。”新总统宣誓就职不久后，基辛格便让霍德曼知道这时的他对尼克松有多热衷。霍德曼在日记里曾这么说：“基辛格对整体表现刮目相看，而且十分意外。”[11]

尼克松本人承认道：“这个结合很出人意表——惠特市出身的杂货商之子和希特勒纳粹德国的难民，一个政治人物和一个学者。但我们的差异让这个伙伴关系得以运作。”[12]基辛格，这位戴着一副深度眼镜、身材圆胖的教授，操着浓厚的德语口音，喜欢匆匆咬指甲，行事作风与美国政治人物迥然有别。然而，尽管尼克松与基辛格各自依循不同的权力之路，这两人还是有颇多共通之处。尼克松虽是彻头彻尾的政客，但他也是个头脑灵活、深思熟虑的人。历任美国总统（或许除克林顿之外），当数尼克松对外交事务最为驾轻就熟。多年来他在这方面已累积了相当丰富的经验。基辛格的确是个学者，但他对于追逐权力有股狂热的本能。他知道如何攫取权力、驾驭权力。纵使在哈佛当教授时，基辛格亦擅长结交权势贵人。他每年夏天都会特别举办国际研讨会，广邀来自美国与盟邦的青年领袖共聚一堂。多年下来，基辛格经营的关系网络遍及世界各国的总理、总统和外交部长。

光是基辛格任教哈佛大学，就足以证明他能力非凡、意志过人，或许还有几分老天的特别眷顾。1923 年，基辛格出生于巴伐利亚小镇一个殷实的犹太中产阶级家庭，他无忧无虑、备受呵护的童年，因 20 世纪 30 年代初期纳粹的掌权而笼罩阴霾。就像德国其他犹太小孩一样，基辛格被学校勒令退学，禁止参加各式日常活动，如运动、跳舞等。当时犹太人常在大庭广众下受辱、挨打。基辛格温文尔雅、富有学者气质的父亲，因他所热爱的德国天翻地覆而精神崩溃。他的母亲精力旺盛、处世务实，1938 年她决定举家移居美国，由她在美国的表亲帮忙安顿。基辛格一家人，父母和两个小孩，属于运气好的；他们许多至亲好友都命丧集中营。基辛格鲜少谈及这段过往，但不难想象其影响所及，使得他憎恨革命和革命的意识形态，及至长大成人还充满不安全感。他人生的启蒙良师，是位名叫弗里茨·克雷默（Fritz Kraemer）的普鲁士人，第二次世界大战期间曾为美军作战。克雷默认为，“这让他追求秩序，而且渴望被接纳，纵然必须取悦学识不及他的人也在所不辞”。[13]

一般人的学识确实很难与基辛格相提并论。他是一个聪颖过人的学生，在美国读中学时，对英语的生疏并没有影响他的表现，他的各科成绩几乎都在九十分以上。［和弟弟沃尔特（Walter）不同，基辛格不改他浓浓的德国口音，在沃尔特看来，这是因为他懂得聆听别人说话，亨利却不然。］[14] 基辛格随后就读于纽约市立学院（City College of New York），学习成绩同样出色，直到 1943 年初，基辛格接获军队的征召入伍，从此展开新的生活。

军旅生涯令基辛格眼界大开，无论是为优秀士兵举办的特训，还是出身背景迥异的同梯袍泽，都让基辛格增广见闻。基辛格招牌式的自我解嘲能力，就是在这时期培养成的。由于因缘际会认识克雷默，而克雷默又独具识人慧眼，战争快结束时基辛格在德国占领区升任为反情报官。他在工作中表现得十分称职，卖力拔除资深纳粹分子并让各地方政府顺利运转，而且他在从事这项工作时并未挟怨报复。1947 年退伍后，基辛格决定申请到哈佛大学就读，这也是拜克雷默所赐。1954 年在哈佛任教的基辛格，已是一位见过世面的成熟学者。基辛格悠游于学院生活，但并不以此为满足。早先，基辛格即与纽约、华盛顿的权力核心建立了关系。1955 年,受东岸外交政策圈首屈一指的外交关系协会(Council on Foreign Relations)之托，基辛格离开哈佛大学，转而从事研究、撰写有关核武器的著作。这项研究计划让基辛格得以结识权威人士，其中包括基辛格的另一个支持者纳尔逊·洛克菲勒。基辛格呕心沥血的结晶《核武器与外交政策》(*Nuclear Weapons and Foreign Policy*)，竟然跃居畅销书榜，这是连他本人在内都始料未及的。尼克松读过这本书，并留下深刻的印象。这本书让基辛格成为学院之外引人注目的名人。此外，在书中冷静地谈论有限战争的核武器使用，也让他成为评论家眼中不带感情的、运筹帷幄的战略家。

往后十年，基辛格蛰伏于哈佛校园，拓展原本就已深厚的人脉，并著书立说，擦亮他的学术招牌。渐渐地，基辛格便以大学为他的根据地。20 世纪 60 年代，基辛格大部分时间待在纽约和华盛顿，断断续续地充当肯尼迪和约翰逊政府的顾问。在政治上，基辛格开始发现共和党是他的归宿；在私事上，他开始与元配渐行渐远。他们俩原是青梅竹马的恋人，于 1949 年结为连理。1964 年，基辛格正式与元配离婚，随后过了十几年风流潇洒的单身生活。在白宫里，尼克松喜欢听基辛格的风流韵事，经常开些关于基辛格性生活的拙劣玩笑。

尼克松担任总统期间，尽管基辛格与他颇有共通之处，而且两人共事的时间很多，但他们从未培养出私人情谊。佩特形容尼、基的关系是一种“权宜婚姻”。这两个人不像小布什总统和赖斯(Condoleezza Rice)那样，可以一同欣赏美式足球赛，他们之间鲜少有社交联谊性的互动。有张摄于美国圣克莱门特(San Clemente)尼克松家中感恩节餐宴的照片，让任职国务院且与尼、基熟识的何志立印象深刻。“照片里有尼克松和他邀请出席感恩节餐宴的人，以及霍德曼、约翰·厄立克曼（John Ehrlichman，尼克松的内政顾问），这两个人主要作休闲打扮，而其他白宫幕僚也都或多或少轻装出席。唯独基辛格十足的德国人模样，穿西装、打领带，一副冷冰冰的表情，我心想，天啊，这是哪门子的客人。”[15] 自从尼克松卸下公职后，他和基辛格见面的次数少之又少。

有位与他们共事过的外交官员说：“他们视对方为芒刺在背的朋友；两个人的性格都有一点偏执。”虽然方式不同，但基辛格的缺乏安全感及捕风捉影不逊于尼克松。基辛格对他人的轻视和批评十分敏感。在尼克松主政的白宫里，身为教授、犹太流亡者之子的基辛格的确难为。纽约律师出身、后来到白宫担任特别顾问的伦纳德·加门特（Leonard Garment）说，他被看作“外来的神童——一个怪胎、局外人”。他的同僚虽敬重他，不过还是拿他浓浓的德国口音和深度眼镜开玩笑。加门特说，他必须忍受“尼克松圈内人言谈中，不经意流露出的对犹太人擅权的攻击”。[16]

莱斯利·格尔伯（Leslie Gelb）早在他们于哈佛大学共事时即与基辛格熟识，同时是外交决策圈的一员，他认为基辛格是“威权主义环境下的典型产物——与同僚交往时拐弯抹角，对待属下的态度盛气凌人，面对上司则阿谀逢迎”。基辛格不同于尼克松之处，在于他有自知之明。当接完一通尼克松的来电时，基辛格告诉记者说：“我不希望误导你，只因为我是跪着接电话的。”[17]

或许因为基辛格没有属于自己的权力地盘，所以他必须献媚奉承；他终究是尼克松提拔的，这点尼克松也心知肚明。尼克松在总统职务交接时告诉杰拉尔德·福特（Gerald Ford）：“基辛格是个天才，但你不必一概接受他的建议。他是不可取代的，他也会忠心耿耿，但你不能放任他自由行事。”他建议福特留用基辛格担任国务卿，不过他也告诉某位助手，希望新总统表现得够强势。“福特得明白，基辛格有时候需要被狠踢一脚。”不过，有些时候“你也必须哄哄基辛格，像孩子般宠他”。[18] 尼克松决意美国的外交政策必须令出白宫，不能旁落于国务院或其他像中情局这类政府机构之手，而基辛格正是符合他需要的人选。在基辛格的怂恿、建议之下，尼克松同意设立一个新的小组，由国家安全事务助理本人主持，负责先行审查、决议包括国务院在内所有政府部门提交的政策文件，然后上呈总统公告周知和提出建议。基辛格亦有权下达命令，针对各政府部门的重大议题进行研究。资深的中情局局长理查德·赫尔姆斯（Richard Helms）听闻基辛格的知会后大惊失色。基辛格告诉他，往后中情局草拟的所有报告，都必须经过国家安全事务助理这一关，甚至口头简报也不例外。尼克松甚至要赫尔姆斯出席国家安全事务委员会的会议，不过必须在进行政策讨论之前先行离席。（尼克松日后说他忘记曾下过这样的命令。）基辛格俨然是尼克松的守门人，举凡大大小小的事都必须先经过他的手。[19]

国家安全事务委员会本身形同第二个国务院。基辛格从大学院校与各州甄拔了一批杰出青年。能为基辛格这样有才华且高标准的人工作，是一种令人振奋、富有挑战性的经验。他会一再退回起草的备忘录和报告直到内容正确无误为止，不过对于最后成果他总是吝于给予任何赞美。1973年担任基辛格军事幕僚的罗伯特·麦克法兰（Robert McFarlane）说：“他是我所认识的最喜怒无常、最难缠的老板之一，认识他是我的荣幸，也是不幸。”基辛格的脾气众所周知，而且他会很“基辛格”式的自我揶揄。“英语是我的第二母语，所以我不知道‘疯子’和‘傻瓜’不是赞美讨喜的字眼。”基辛格不介意有意义的辩论，这点倒是值得一提；但另一方面，他也密切提防自己的幕僚，以确保没有人会令他相形失色。当基辛格在尼克松第二任期担任国务卿时，国务院即盛传一则酸溜溜的笑话，说为基辛格卖命的人就像是个蘑菇：“因为你总是见不了光，因为屎尿常常倒在你身上，而且最后的下场是被制成一个罐头。”[20]

不久，基辛格便成为总统不可或缺的左右手。当尼克松一如往常，在漫无头绪的对话中酝酿他的想法时，（若有必要）基辛格也能陪着坐上数个小时。诚如他对记者所说的，“若我不和总统谈话，也会有其他人取而代之”。尼克松在基辛格身上发现与他旗鼓相当的智识能力，基辛格能领会他的政策，基辛格可以将他的政策付诸实践。霍德曼向来对基辛格的行事风格颇有微词，而且对他再三的情绪爆发与挂冠求去威胁感到厌烦，纵然如此，他也很早就认定基辛格“非常有价值、有能力”。1970 年 8 月，基辛格又再度感觉备受冷落，尼克松曾考虑是否让他离开领导团队。但霍德曼以为不可：“我们必须接受这个缺憾，这是换取他的巨大长处所付出的代价，他确实有这个价值。”[21]

大部分的观察家都同意，尼克松为美国擘画战略方向，基辛格则研拟策略将之付诸实践。苏共领导人列昂尼德·勃列日涅夫（Leonid Brezhnev）的翻译维克特·苏柯德烈夫（Viktor Sukhodrev）说：“基辛格虽扮演吃重角色，但我必须说，在与尼克松的所有协商中，他（尼克松）才是真正的灵魂人物。”根据尼克松的亲信、讲词撰稿人普赖斯的观点，尼克松打造要基辛格在其中运作的架构。“分析到最后，每个重大的转折都由总统定夺，相较于其他的决策，尼克松在总统任期期间耗费更多心思在这类政策上。”[22]

尽管基辛格强调，是他和尼克松一起敲开中国的大门，不过这想法显然是尼克松先提出的。的确，基辛格曾思考过有朝一日美国可能改善与中国的关系。在1968年为洛克菲勒竞选总统所撰写的讲稿中，基辛格提到“与共产主义中国和苏联之间灵活的三角外交”，不过在初任国家安全事务助理的头几个月，基辛格首要关心的是改善美国与欧洲盟邦的关系，以及应付苏联。就性情和背景而论，基辛格自然以欧洲为优先，并关注美、苏两大超级强权的激烈竞赛，而不把焦点摆在亚洲地区。越南问题必须妥善应对,不过这是因为它会在其他领域危及美国国家利益。基辛格对尼克松开启中国大门的计划，尽管也真的全心支持，不过他仍然是从对美苏关系能有什么帮助的角度来看待此事。[23]

1969年2月，当尼克松首度向基辛格披露开启美中关系的想法时，根据时任基辛格幕僚的亚历山大·黑格（Alexander Haig）的说法，基辛格的反应是哑然失声。“我们的领导人昧于现实。”基辛格如是告诉黑格，“他指示我促成一趟幻想之旅。”几个月后，在国家安全事务委员会的讨论中，基辛格质疑打破中国孤立状态的后果：“难道我们希望中国成为像苏联一样的世界强权，与我们一较高下，或者宁可维持中国目前援助特定叛乱行动的有限角色。”1969年夏末，当尼克松迂回传话给中国，表示美国有意与中国进行接触时，基辛格仍持保留态度。随着总统一行人周游各国返抵国门，霍德曼在空军一号内与基辛格比邻而坐，提起尼克松有意在总统任期结束前访问中国。基辛格莞尔一笑说：“机会渺茫。”[24]

尼克松在回忆录里谈到“中国构想”，并明白表示一切由他主导，教导基辛格如何将政策付诸实践。反之，基辛格则说“我们的中国构想”，声称他与尼克松一致认同中国开启门户的重要性。不消说，这两个人自然想要把大胆扭转国际关系的功劳揽到自己身上——这也是尼克松跌跌撞撞的总统任期内，值得大书特书的新闻故事之一。霍德曼在日记里写道：“P了解K基本上对任何不出自他的想法，皆抱持猜疑之心。”根据厄立克曼的推敲，尼克松之所以录下自己的对话，用意之一就是要证明他的观点全都是出自他的构思。当基辛格与尼克松分享1972年《时代》杂志年度风云人物的光环时，尼克松气得脸色铁青；当基辛格因终结越战有功而赢得诺贝尔和平奖时，尼克松又忌妒又受伤。他痛恨媒体一窝蜂地追逐关注基辛格。尼克松曾在一张给霍德曼的每日便笺里潦草写道：“H，又一个K权力的头条——这是没有用的！”有时，尼克松明知徒劳无功，还是会下达一些指示，告知基辛格不得接受媒体采访，或者在电视荧幕上亮相。[25]

与尼克松共事，基辛格总是摆出俯首帖耳的态度，有时甚至有点过头。尼克松的友人回忆说：“当我和亨利谈话时，如果总统来电，他的声音会颤抖，然后整个语调就为之一变。”基辛格比其他人更了解总统的缺乏安全感，以及他对安抚的无尽需求。他向尼克松保证，他是个强悍的总统。基辛格入阁头一年，在尼克松接见苏联大使之后，他对尼克松说“真是了不起，没有哪个总统曾这么坦率地同他们谈过”；基辛格强调尼克松很成功。举例而言，1971年，总统针对越南问题对美国人民发表演说。广播电台于晚间9点播放他的演讲，9点35分基辛格就打了第一通电话。“这是您就职以来发表过的最铿锵有力的演讲。”基辛格在10点21分打第二通电话，然后10点35分、11点13分又分别打了两通。翌日，继续打了更多通。这并不是特例；尼克松还发表了许多其他演讲，那些演讲也都会换得过分谄媚的溢美之词。基辛格晓得尼克松想听到的话：他是睿智的人，具有政治家的风范，更重要的是，民众都了解他的这些特质。1982 年，基辛格在洛杉矶遇上厄立克曼，时值有关尼克松录音带的法律争讼正在进行中。“这些录音带迟早会大白于世，而你我会像个十足的傻瓜。”厄立克曼心想，会像个傻瓜的人是你基辛格，不是我。[26]

不在尼克松身边，基辛格就没那么礼貌了。当尼克松表现得语无伦次，基辛格会称他为“这个疯子”或“我们醉醺醺的朋友”。在乔治城的晚宴上，基辛格会在席间穿插有关尼克松怪癖的笑话，同时给人一种印象，仿佛他正尽全力驾驭这个政府如脱缰野马似的政策。霍德曼日后写道，他在白宫是个鹰派，可是到了晚上又会变成另一个样。“与自由派友人觥筹交错时，好战的基辛格突然化身成了和平鸽。”尼克松对这一切心知肚明，但他并不计较。“这些我都知道。基辛格喜欢被人喜欢。这点我很清楚。”多年之后，即便基辛格发表对尼克松的苛刻评论，尼克松也只是淡淡地对历史学家乔安·霍夫（Joan Hoff）说，“我会公平对待基辛格，尽管他对我并不总是同样公平”。[27]

虽然这两人时有摩擦，不过他们却组成了美国史上最富影响力的外交团队之一。有学界人士称呼他们的任期是“尼辛格外交”（Nixinger diplomacy）。他们不仅有相同的国际观，同时深信他们必须牢牢掌控所有的重要政策和主导权。他们都有阴谋与秘密行事的倾向，都有不信任他人的困扰，即使对下属也不例外。他们都耗费时间精力防止消息走漏。基辛格的幕僚、日后担任老布什总统国务卿的劳伦斯·伊戈尔博格

（Lawrence Eagleburger）说，“他们建立了一套管理外交政策的阴谋处理方式”。[28]

不过对某些议题而言，譬如和中国关系的突破，这是很有效率的处理方式，因为他们可以跳过牵绊无数领导人的官僚丛林，突破官僚体系墨守成规和过分谨慎的拘束。他们向其他美国政府部门，特别是国务院，隐瞒其所作所为的工作方式，并不是总能奏效。此外，当他们一意孤行或漠视不感兴趣的议题，如经济议题时，通常也不会顺利。

基辛格，这位日后被尼克松推崇为“很好的近身肉搏者”之人，善于利用他职务的优势来巩固权力。他利用尼克松为外交事务新设立的机制，帮自己垄断接近总统的最终渠道。最令国务院困扰的是，基辛格也开始直接与驻华盛顿和海外的外国代表接触。在尼克松指示苏联驻美国大使阿纳托利·多勃雷宁（Anatoly Dobrynin ）通过基辛格办事后，他们就定期在基辛格的办公室单独碰面。多勃雷宁进出白宫都是经由勤务通道。久而久之，基辛格办公室就设起一条直通苏联大使馆的热线。在“雾谷”（Foggy Bottom，即美国国务院所在地），人们只约略知道基辛格与多勃雷宁正在讨论事情，甚至连他们何时会面都不太清楚。[29]

这正是尼克松和基辛格所乐见的。他们俩都藐视国务院，认为国务院里充斥着不食人间烟火的理论学者、自由派人士，就基辛格的角度来看，还有竞争对手。1971 年，当基辛格和尼克松商讨南亚重大危机时，基辛格说：“我们的基本态度是国务院该死；就让他们去为这些小事伤透脑筋吧。”尼克松和基辛格都认为，不能把重大外交秘密或构想托付给国务院，因为国务院既无法迅速反应，也没有能力守住消息。在尼克松和基辛格眼中，国务院是个颟顸、驽钝和冗员充斥的官僚机构。“我用五个人就敲开了中国大门。”基辛格喜欢这么形容。基辛格入阁的头一年，有位资深的国务院官员回忆说：“尼克松发表了慷慨激昂的小演讲，高谈我们的工作以及他将如何执行外交政策。”总统还附带说道：“过去二十五年来，我认为国务院没有发展出什么新观念。”这样的认知让基辛格心有戚戚焉，同时大肆宣扬。“政策精髓与官僚精神根本就是势不两立。”基辛格在他论梅特涅和卡苏里勋爵的书里如是写道。决策者必须大胆冒险，而官僚的本性就是在例行程序中寻找避风港。基辛格想方设法独挑大梁，要把国务院排除在尼克松中国行的筹划之外，同时确保国务院代表们在尼克松总统的中国行中，只扮演旁观者的角色。1971年10月的北京行期间，基辛格告诉查平，他至今尚未处理好的事情，就是“如何才能让国务卿罗杰斯不出席各项会议……”[30]

此刻，这2月天的钓鱼台，国务卿罗杰斯和幕僚住在距尼克松别墅几百米外的小楼。当时与尼克松下榻同处的基辛格在回忆录中表示，“中国人十分清楚美国行政部门内怪异的制衡现象，于是在北京的心脏地带，炮制了白宫与国务院之间的实体鸿沟。”中国人若不了解国务院与基辛格之间的矛盾，他也乐于在每个可能的场合向中国人透露实情。在1971年的那次中国行，基辛格已向周恩来诉说和美国官员打交道的难为之处。他语带诙谐地抱怨说：“我们没有‘文化大革命’所带来的好处。所以我们国家还存在臃肿，带有几分散漫，不知三缄其口的官僚体系。”基辛格告诉中方，他们应撇开国务院代表，直接和他讨论诸如台湾、中苏关系之类的重大议题。国务院官员也不必介入尼克松和毛泽东的历史性会晤。诚如基辛格告诉周恩来的：“若能巧妙地把不会与毛主席、总统会晤的人士排除在外，对我将是莫大的帮助。”[31]

国务院的官员处境尴尬，他们一方面折服于基辛格的聪明才智，还有他折冲樽俎的能力，另一方面又对基辛格从中作梗、不让国务院参与重大国事，感到愤怒。诚如国务院某位官员的评论，“新娘若不是基辛格，任何地方都不会有任何婚礼了”。据尼克松总统任内职司东亚、太平洋事务的格林之见，最好的基辛格，“诡计多端、能言善道，是个谋略大师”。

不过，他也是个自大狂，他在白宫只要一逮到机会，便不惜牺牲国务院来扩大他的权力地盘，架空国务卿，恬不知耻地在尼克松总统身旁添枝加叶，搬弄尼克松总统对国务院官员（纵然我们对历任总统皆忠心耿耿，同时高度推崇尼克松掌握战略议题的洞察力）历久不衰的疑虑和偏见。[32]

不幸的是，被尼克松选作国务卿的人和基辛格很不相配。罗杰斯出身东岸，相貌堂堂，谦谦君子，是人脉很广的共和党人。他的情绪虽偶或失控，但绅士作风让他鲜少在公开场合口出怨言。“他是个好人，”熟稔罗杰斯的外交官说，“他担任律师最骄傲的成就是打产品责任官司，替拜耳阿司匹林和其他有名的恶棍辩护。此外，他个人对总统非常忠诚。”罗杰斯与尼克松在政坛上并肩作战多年；1952 年选战期间，当这位未来的总统，遭人指控拿秘密的行贿基金中饱私囊，罗杰斯的确是站在尼克松这边。然而，就像经年累月与他共事的人一样，罗杰斯也觉得尼克松个性扑朔迷离。罗杰斯曾告诉一位替尼克松立传的作家：“尼克松的性格在公开场合较之私底下活泼外向。”至于尼克松，他对罗杰斯的感受似乎交杂着嫉妒、钦佩和藐视。在回忆录里，尼克松赞美罗杰斯身为行政人与谈判者的能力，但他又对白宫的幕僚形容罗杰斯为“无能、自私自利、虚荣”。[33]

罗杰斯没有什么肩负国务卿大任的显著本事。有位杰出的保守派记者说道，罗杰斯无法“在大白天下，用手电筒找到国务院”。在接掌国务卿之前，他对外交事务缺乏兴趣，根据某些他的评论者所言，他也无意在这方面培养任何兴趣。在国务院内，人们对罗杰斯同情中又带有些许轻蔑，盛传他从不读超过三页的文章。中国行短暂滞留夏威夷时，主管中国事务的傅立民（Charles Freeman）试图向罗杰斯做简单汇报，他还是一贯彬彬有礼的自持。傅立民回忆说：“在旅程中一度还保持兴致，不过，诚如其他人所察觉到的，他对这类事情的热忱无法持续太久，很快就打退堂鼓，跑去打高尔夫球了。”[34]

尼克松时常抱怨基辛格与罗杰斯之间的心结难解，不过他也会从旁煽风点火。譬如，尼克松会邀请罗杰斯到白宫出席他的私人宴会，不过对他的国家安全事务助理就鲜少如此款待。基辛格就会待在他的办公室，向特勤局干员刺探罗杰斯是否业已离席。霍德曼说：“他会显得过分猜疑，大声嚷嚷着不了解总统为何想和罗杰斯谈话。”[35]

尼克松或许认为罗杰斯对外交事务的生疏恰是一种优点。罗杰斯告诉记者萨穆尔·赫许（Seymour Hersh），“我看出他想要一手主导他的外交政策，不希望旁人插手”。罗杰斯的副手艾略特·理查森（Elliot Richardson）觉得罗杰斯无意认真与尼克松合力擘画美国的外交政策。“就个性和判断力方面而论，罗杰斯自认不输人，他不愿让自己听命于人；这是有为的国务卿应有的作为。”[36]罗杰斯亦不认为对基辛格唯命是从有其必要。

尼克松总统任期之初，基辛格和国家安全事务委员会俨然是决策中枢，罗杰斯放任自己和国务院远离决策核心，尽管他不时发出怨言，不过他从未力图振作，收复江山。他屡屡向尼克松本人和他的幕僚抱怨，总统不信任他，基辛格不尊重他。尼克松与罗杰斯谈完话后说道："若不必和人打交道，治理这个政府将会更容易。"尼克松试图安抚罗杰斯，不过说到底，尼克松大概也不介意看到罗杰斯受基辛格的羞辱。当尼克松遭控收受游说团体的贿赂时，罗杰斯曾力挺他渡过"监守自盗的丑闻"，因此亦曾目睹尼克松遭逢人生低潮。不过，这位总统了然于胸，基辛格是不可或缺的。尼克松告诉霍德曼："倘若到了必须人头落地以拯救P的地步，基辛格必定慷慨以赴，而罗杰斯则会袖手旁观。"霍德曼附和表示同意，不过他补充说："一旦基辛格真的这么做，他必定会大声嚷嚷、到处张扬，确保血溅四方，以便独揽所有功劳……"[37]

在致欢迎词之后，中方设了午宴款待美国人，然后让他们各自去安顿。这时基辛格心神不宁，漫无头绪地痴等午后3点预定与周恩来的会面。三位美方传译员被传唤去见尼克松，以便对当晚宴会的细节进行沙盘推演。国务院的傅立民回忆说，尼克松脸上的浓妆着实令他大为吃惊。"一坨蜜丝佛陀就挂在鼻子下方的毛发上。"（与肯尼迪进行的那场电视辩论中，"5点钟阴影"（five o' clock shadow，指早上刮过胡子后，下午5点钟又长出的胡碴儿）让他看起来一脸邪恶。自此之后，只要有摄影机在的地方，他都不会忘记要上一层浓浓的妆。）总统只是握手寒暄，示意他很高兴能见到传译员，不过并没有对他们下达任何指示。尼克松也把霍德曼找到他房里，讨论这次低调的接待场面。霍德曼说："我们只约略聊到，我们并不在意有没有万头攒动的夹道欢迎。”尼克松坚称，他们早就预期会是这样。重要的是，中方在机场演奏了《星条旗永不落》（*the Star-spangled Banner*）。[38]

直到此刻，有关尼克松与毛泽东的历史性会晤一事，美方仍未获只字片语。基辛格在1971年与周恩来晤谈时，周恩来即提议举行两轮会谈：第一轮较为正式，美方代表团可包括总统和国务卿在内，之后尼克松再单独与毛泽东会晤，届时基辛格或许也可以在场。“你建议在访问行程稍早时？”基辛格问道。“不要头一天，”周恩来回答说，“头一天有太多官式的繁文缛节了。”[39]

第五章　与毛泽东会晤

在中南海，毛泽东正倚靠沙发端坐着，他还穿上特别为此场合而做的新衣、新鞋，焦急地等待尼克松到访的消息。尽管美国人不知情，不过毛泽东的状况并不好，差点儿就无法露面。几个月来，毛泽东饱受郁血性心脏衰竭的摧残，他双腿水肿，血压升高，因肺部积水而咳嗽不止。

带有农民执拗性格的他总是拒绝治疗。毛泽东告诉他的医生，他不相信传统中国疗法，也不愿意打针。毛泽东偶尔同意口服抗生素药丸，不过只要觉得健康状况稍有改善，就马上停止用药。1972年年初，毛泽东执意在北京凛冽的寒冬中，出席老同志陈毅的遗体告别式，结果感染了肺炎。毛泽东卧病在床数个星期，体力虚弱、意识不清。1月18日清晨，即尼克松预定到访的前一个月，护士还因量不到毛泽东的脉搏而惊慌失措。

北京顶尖的医疗人员替毛泽东会诊后，开了一系列药方。毛泽东勉强同意再试试抗生素，此外一概拒绝。周恩来到毛泽东的病榻旁，试图让他了解自己病情的严重性。毛泽东对周恩来说，他已然风中残烛，死后周必须扛起国家的重责大任。毛泽东不顾同僚、医生数小时的恳求，几天下来都拒绝接受治疗。2月1日，距尼克松到访还有三个星期，毛泽东突然将医生找来，询问自己的病情是否还有救。

中南海内的医疗急救设备已悉数撤除。中方的医疗小组不眠不休地照料主席的健康，好让他有接见尼克松的体力。到了 2 月的第三个星期，毛泽东已能下床走几步路。毛泽东的水肿尚未消退——衣服、鞋子都必须重新做——而且说起话来还是有些困难，不过健康状况已足堪接见美国人了。

2 月 21 日这天，空军一号一降落，毛泽东就指示周恩来，他立刻要见尼克松。周恩来向毛泽东解释，尼克松是客人，应先到住所稍作休息。毛不情愿地同意了。到了午后两点半，毛泽东再度电召在钓鱼台国宾馆的周恩来。周恩来即刻去见基辛格，告诉他毛泽东想见尼克松总统，而且“很快就要”。

人们很容易假设，本质上，中国人就是中国人，不会因时间的流逝而有所改变，无论他们是共产主义者或民族主义者，而多数外国人也确实如此认定。毕竟，中国整体存续了两千年之久，与外面世界打交道亦有两千年的历史。历史作为殷鉴，对中国人的思想有巨大的影响力。诚如美国学者分析的那样：“这就仿佛埃及人在 20 世纪之初，仍使用象形文字书写，在学校学习爱西丝（Isis）、拉（Ra）等各种古老神祇，仍仿效法老的王朝进行统治。”[1] 当共产党人为政策辩论而僵持不下时，要他们拿公元前 3 世纪的事件为借鉴，就跟师法 1917 年的俄国革命一样容易。

无论是谁在中国当家做主，他们骨子里还是承袭了同样的打量、处置外国强权的心态，这心态是牢不可破的。这意味着，或像洛德这类旁观者所论称的，中国人仍自诩为世界中心的王国，认为中国的领导者傲视寰宇。中国乃文明大国，其余国家则是蛮夷之邦。在大部分中国历史上，中国文明无疑居于主导地位，并在自己的世界里威震天下。不过，大海、沙漠、崇山峻岭、不毛之地的地理隔绝，使得中国无缘与其他伟大文明持续接触。中国人所熟悉的族群，还处在低度发展阶段，他们渴望以中国为师。以日本、朝鲜、越南、蒙古为例，他们在书写文字、宗教、工艺技术或者哲学思想方面，向中国取经。

大多数中国人难以接受中国仅是万国之一的观念，这个国家迈向19世纪国际外交的第一步，背后格外艰辛。当清廷终于想通，有意派遣大臣分赴海外考察各国国情时，居然无人愿意承接此任务。有人宁可辞官告老还乡，也不愿蒙受踏入蛮夷之邦的屈辱。有位受命的官员游历列国之后，带回有价值的报告，竟遭谤诬数典忘祖。[2]

有时，共产党或许是在不自觉的情形下，流露出这种骄傲的心态。1936年，美国左派青年作家斯诺（Edward Snow）获准采访刚完成长征壮举的毛泽东和其他中共领导人，而抢得堪称20世纪最轰动的独家新闻。其中有段对话，未曾在斯诺家喻户晓的著作《西行漫记》（*Red Star over China*，或译为《红星照耀中国》）中披露。斯诺问毛泽东，共产主义革命在中国的成功，能给世界带来什么影响。毛泽东毫不犹豫地回答道："中国革命是世界局势的重大关键，它的成功是各国人民所衷心期盼的，尤其是殖民国家的苦难大众。"[3]

然而，只凭中国自比为"中央王国"的狭隘观点来理解中国，恐怕只会抹煞中国往昔的丰富多元。[4]中国人拥有丰富的传统和悠久的历史可供依循。他们的历史有其他教训可供参考。秦始皇于公元前221年统一天下之前的战国时代，或者公元3世纪的三国时期，政治人物靠作战与折冲樽俎的能力延续国祚。来自这些年代的教训，听起来仿佛由马基雅维里（Machiavelli）所传授的，关于如何在失序的世界里运筹帷幄般神奇。就算在统一的朝代，中国也不一定强盛。中国统治者或可宣称秉承天命一统江山，但多数时候他们也清楚事实不是如此，知道其他统治者并未臣服于中国皇帝。有时候，中国也会遭到自己所庇护民族的侵扰，天朝因而被迫向强盛的边疆领袖谈和立约。这时便轮到天朝向异邦学习。诚如20世纪80年代末收视率很高的中国纪录片《河殇》所叙述的，中国人总是面临内向凝视自己和外向拥抱世界之间的抉择。19世纪和20世纪，中国统治者试图解决与外国列强间的问题，同样的抉择又三番两次出现在眼前：为求自保，中国是否应该与列强打交道，并操弄纠结缠绕的国际关系，还是应该自立自强，并尽可能与世隔绝？几个世纪以来，美国也有面对此类抉择的经验。

中国共产党在这类问题的抉择上，显现了内向和外求的尖锐关系。尽管因外部世界掠夺而生的中国民族主义怒火，是中国共产党的创立缘起，它的灵感启发却得自外来的意识形态。一方面，对中国共产党人而言，一如对其他中国的民族主义者，昔日饱受外国列强屈辱的历史，锥心刺骨、历历在目。在基辛格前两次的中国行中，周恩来的对话反复提及美国曾经施加给中国的伤害。另一方面，中国共产党人也了解中国需要盟邦和国际友谊。1949年之后，中国的第一个动作就是与苏联订约，至少从1950年起，中国即积极参与国际性组织，从1954年的日内瓦会议到第三世界不结盟国家组织，都可以看到中国的身影。到了1972年，毛泽东下定决心建立全新的友谊关系。

2月那天午后，周恩来带着毛泽东的指示前往钓鱼台，基辛格仍保有“几分镇定”（至少他的回忆录宣称如此），并询问周恩来几个关于当天晚宴的小细节。其实，这则消息令人雀跃无比，基辛格和尼克松都松了一口气。洛德回想起他们当时的反应：“这将对世界和中国人民传达一个清楚的讯息，即毛泽东个人支持这次访问，以及这件事在历史上的重要性。所以，这显然是则好消息，尽管这是较不正统的自由世界领导人的接触。”[5]美国的保守派，早就对这趟中国行心生不快，中国人假使再羞辱他们的总统，更会让保守派人士怒火中烧，他们也会因而谴责尼克松自取其辱。

基辛格急奔上楼去找尼克松，然后两人便坐上中方的轿车，连同周恩来、洛德和一名特勤局干员一起快速离去，给后边的人留下一片错愕。这位干员不得违反不可透露去处的命令，但是又肩负着保护总统的责任，在两国领导人会谈之时，及时设法向安排尼克松行程的查平通风报信。查平前去找霍德曼商量，霍德曼又找来新闻秘书荣恩·齐格勒（Ron Ziegler），于是这三个人，诚如霍德曼所形容的，花了“漫长的一个半小时，努力推敲各种可能的偶发事件”。当干员的无线通信设备中断，气氛一度紧张。霍德曼坦承，他无法不去揣测“各种最疯狂的可能性，当你坐在中国人的宾馆里，有中国军队在外面把守，你不免会胡思乱想，总统被单独带走，身边没有工作人员，除了一名干员陪同，没有其他安全人员，没有医生等等”。

霍德曼一如往常，担心媒体的报道事宜。没人知道尼克松何时会回来，在此期间，中、美双方的正式会议预定在下午 4 点半召开。美国记者团已被召集到人民大会堂等候，电视台亦准备现场直播。（当霍德曼和查平延后时程，新闻记者之间议论纷纷，但大都不把尼克松正与毛泽东会晤的传言放在心上。）[6]

载尼克松往赴重要会谈的车子，来到了高墙拱卫的中南海大门。中南海之名是取两个人工湖泊中海与南海而来，这两个人工湖泊将中南海与紫禁城隔开。中海南警卫森严，极少有外国人与中国平民百姓，能进入警卫层层把关的中南海。这里有中共领导高层居住的特别房间，就连稍微窥视一眼都极为困难。中南海内的建筑物多始建于清朝，就像当年的紫禁城，今日中国权力的中枢就隐匿在幽微、僻静的中南海内。

尼克松的座车绕过红墙，穿过通道，两旁都是高墙深锁的房子，接着经过湖泊与树林。毛泽东的住所独立，基辛格形容它的外观“简单不起眼”，“这也可能是低级官员的住所”。[7]轿车直驶至正门前，却没见到任何特殊的安全措施。

尼克松一行人走进门厅，那里放着一张乒乓球桌。毛泽东的医生用肢体向他们示意，指引他们走向主席的书斋。为避免主席再度失去耐性，毛泽东的医生站到门外焦急地等待。只有中方摄影师从旁记录了尼克松与毛泽东首度会面的历史性时刻。毛泽东在助手的搀扶之下，走向尼克松。毛泽东用双手握住尼克松的手好一会儿，亲切表达欢迎之意。摄影师用镜头真实地捕捉住了两人握手的画面。

另一张照片显示，这一群人就坐在毛泽东汗牛充栋的藏书前，地板上摆着瓷制的痰盂，这至今仍是中国办公室里的标准陈设品。周恩来与基辛格专注地坐在半圆形位置的两侧。照片上虽未显示，不过还有一个人就坐在基辛格身旁。温斯顿·洛德在国家安全事务委员会中职司中国事务，曾陪同基辛格先前的几次中国行。基辛格单单带着洛德见证这场历史性会晤，是为了回报他焚膏继晷工作的辛劳，至少洛德是如此认为的。既然连基辛格也认为带着低级官员、而不是国务卿有些唐突，他索性要求中方，将洛德从所有照片画面中剪除。[8]为防止讨论的内容走漏给媒体或其他美国政府部门，会谈时只安排中方传译员。照片中除周恩来之外，在场的还有一位端庄的女性唐闻生。她是毛的传译员，听得懂毛泽东那含糊不清、带有浓浓湖南口音的说话内容。唐闻生就是美国人所熟悉的“Nancy”，这是她孩提时代住在美国纽约布鲁克村区时所取的名字。毛泽东和蔼地背靠着沙发坐在中央，看起来气定神闲。在毛泽东的左手方，神情专注的尼克松屈身向前。

这场对话原定进行十五分钟，却持续进行了一个多小时。对话气氛融洽，时而穿插幽默诙谐的话语。毛泽东说话困难，美国人猜测毛泽东是患了中风。谈到一半，毛泽东突然伸出手来，握起尼克松的手约一分钟，尼克松满心愉快。“这是动人的时刻。”尼克松在日记里写道。尼克松以恭维毛泽东的好学开场：“主席真是饱读诗书。”尼克松表达了对毛泽东的文章、诗作的推崇。“我那些文章不算什么。”毛泽东说，“我写的东西不足为训。”尼克松坚称：“主席的文章推动了中国，改变了世界。”毛泽东则谦辞道：“我能改变的只是北京附近几个地方。”基辛格认为这席话，“无非是想要博取同情”。[9]

毛泽东大方地谈论尼克松的著作。“你那本《六大危机》写得不错啊。”关于尼克松这个人，毛泽东则说：“你选举时我是投你一票的。”接着说：“我喜欢右派。”1793 年，乾隆皇帝通过马戛尔尼勋爵带信给英王乔治三世，回复大英帝国提出双方建立外交与贸易关系的请求：“朕批阅表文，词意肫恳，具见尔国王恭顺之诚，深为嘉纳。”乾隆接着进一步教诲乔治三世，何谓天朝体制。两百年后，尼克松抱怨美国人支持巴基斯坦近来与印度的战事，而让共和党付出政治代价，毛泽东三言两语就把这议题打发掉："容我建议，只是建议，你可不可以少做点儿简报呢？"毛泽东提醒尼克松，民主党可能再度执政，他或许是在暗示他的处境要强过尼克松总统。[10]

为了眼前这一刻，尼克松可是做足功课、有备而来，他使出浑身解数也要讨论中、美两国关系和国际局势的话题，但毛泽东却总是顾左右而言他。"这些问题不是在我这里讨论的问题。应该与总理讨论。我讨论哲学问题。"尼克松又有意把话题引向朝鲜半岛、越南、台湾等左右中美关系的议题，毛泽东则给了软钉子："你讲的那些烦人的问题，我没有多大兴趣。"对于台湾，毛泽东仅仅提到"我们共同的老朋友"蒋介石，不赞成他与尼克松的会晤。毛泽东还提到一个中国人常提的主题，即中国从来不是侵略者。他有针对性地对尼克松说："贵国应撤离若干部队回到贵国国土，我国就没有派兵海外。"[11]

这两个人还一同挖苦基辛格。毛泽东问道："那请他（基辛格）担任今天的主讲人如何？"这位哲学博士应该可以来谈谈哲学问题。尼克松插嘴说基辛格是"有脑筋的博士"。"我们不能唱独角戏。如果不让基辛格博士讲讲话那可不成。你访中国访出名了。"基辛格回答他只是执行总统定下的计划指示时，尼克松形容基辛格真是个"聪明的幕僚"，此言一出，引来毛、周两人一阵笑声。尼克松进一步说道，基辛格是唯一能够密访巴黎和北京，而只让两三个漂亮女孩知道的人。基辛格回答说，他是利用这些女孩做掩护。[12] 毛泽东几度询问基辛格的意见，却不曾询问自己下属周恩来的意见，其中是否有什么个中深意？或许，这是毛泽东暗中了解尼克松的微妙方法？

一小时过去了，周恩来看看手表，尼克松把握这最后的机会与毛泽东谈论重大议题。尼克松说，无论中国或美国都无意称霸世界，或染指对方的领土。因此，我们“仍可以找到共同点，建构一个世界架构，双方均可按照自己的方式，在自己的路线上发展自己”。尼克松附带强调，“其他国家”可不一定能做到如此。毛泽东只说中国不会威胁日本或韩国，然后就转向周恩来。“你认为我们今天讨论的够多了吗？”[13]

会谈结束前，尼克松又赶紧讲几句感性的话。他说，毛泽东冒了极大的风险邀请他访问中国。他同时指出，对美国人而言，这也是很困难的决定。主席是一个有先见之明的人。诚如毛泽东自己所写，“只争朝夕”。尼克松希望毛泽东知道，他是个言而有信的人——而且不仅如此。“以后你就会知道，我从不说些做不到的事，而且我总是做的比说的多。”毛泽东指着基辛格，不明就理地重复说道：“只争朝夕。”毛泽东承认，虽然他自己总是嚷嚷着要打倒反动势力，建立社会主义，不过他真心希望尼克松不会被推翻。毛泽东的最后一段话同样令人费解：“双方能够好好交谈就不错了，即使未达成任何协议也无所谓，因为持续对峙对我们有何好处？谈判为何一定要有结果？若我们第一次失败，就会有人说，为什么我们无法一次就成功？唯一的理由是我们路子走错了，要是我们第二次成功了，他们就没话说了。”[14]

美国人离开前，毛泽东告诉尼克松他身体不太好。尼克松要毛泽东宽心，他的气色看起来不错，毛泽东回说气色是会骗人的。起初，负责为这场会谈拍照的摄影师还担心毛泽东的脸色苍白，不过后来他很高兴地发现随着会谈的持续进行，毛泽东的脸色渐渐泛红，呈现出健康的气色。[15]双方再次互相握手、拍照之后，美国人便离开了毛泽东的书斋。

毛泽东对尼克松这个人很赞赏："说话直截了当，不拐弯抹角，不像那些左派，口是心非。"他欣赏尼克松坦言，与中国改善关系是为了美国的利益。然后，他意有所指地暗批和中国渐行渐远的共产党盟邦苏联。"这话说得多好啊。这比那些满口仁义道德，一肚子心怀鬼胎的人好得多。"在他们往后的会面中，毛泽东对尼克松的评价愈来愈高。1974 年，毛泽东告诉来访的英国首相爱德华·希斯（Edward Heath）："有人就清楚知道他主张什么、想要什么，而且有坚强的意志力去得到它。"不过，毛泽东对基辛格就没那么有好感。"只是一个滑稽的小个子。每次他来见我，神经总是绷得紧紧的。"[16]

美国人的大喜过望不亚于中方。霍德曼在日记里写道："总统打电话给我，显然这整件事让他雀跃不已，不过那时他并未提到任何细节。"尼克松真正想谈的是如何应付罗杰斯。尼克松教了霍德曼一套说辞：周恩来意外到来，特别指定要请尼克松本人和基辛格，在下午排定的正式会议召开前，先和毛泽东聊一聊。洛德日后宣称，尼、基两人当时以为和毛泽东还会有第二次会晤，所以罗杰斯仍有机会见到毛泽东。这番遁词是不太可能取信于罗杰斯的。罗杰斯大发雷霆，感到受尽羞辱，不过，根据他国务院下属的说法，罗杰斯摆出的态度是："好吧，这是总统需要的，他有权决定要谁。"基辛格在回忆录里坦承，他应该坚持让罗杰斯一起去的。"这个疏忽在技术上无可厚非，不过事实上很不恰当。"[17]

毛泽东令美国人印象深刻。尼克松在回忆录里提到，毛泽东有一种“非凡的幽默感”，他的思绪流动“快如闪电”。回程时尼克松告诉白宫幕僚，毛泽东这个人“对战略概念有伟大的远见”。基辛格甚至更为真情流露。毛泽东是人群中的巨人。“或许除了戴高乐之外，我见过的人，没一个像他拥有这般纯粹、强韧的意志力。”诚如基辛格和洛德日后挂在嘴边的，他们只要走进会谈场所一瞧，立即就可分辨出毛泽东是屋内最有分量的人。[18]

美国对这场会谈尽管一开始略感失望，但随着时间的流逝，它却渐渐具备神话般的分量，甚至连对毛泽东最平凡无奇的观察，仿佛也蕴含深邃的意义。“几天后，我们越是思索它，”洛德回忆说，“越是逐字审阅会谈记录，越了解毛泽东仅用寥寥数语，便直接、间接地命中苏联、台湾和越南等关键议题，阐明中国的基本立场，给了我们一个接下来几天可增补与填满的架构。”对基辛格而言，毛泽东的诙谐谈吐就像作曲家华格纳（Richard Wagner）序曲的乐旨，需要随着曲调的发展才能了解其含义。或者，也像中国的心脏地带。“日后，当我了解了毛泽东谈话中的多层含意，我才体会他的谈话就像紫禁城内的许多庭院，每座庭院都会通往更深的隐居所，而它们之间仅有微乎其微的比例差异，唯有经过一段长时间的思考，才能捕捉居于整体的最终奥义。”[19]

第六章　毛泽东

尼克松结束与毛泽东的会晤之前，再次小心翼翼地恭维毛泽东。“毛主席，你的经历我们大家可是众所周知，出身赤贫，一路走到全球人口最多的国家的最高位置，一个伟大的国家。我的背景就没有这么广为人知了，我同样出身穷苦人家，一路走到一个非常伟大的国家的元首位置。历史结合了我们两人。”尼克松喜欢强调他和毛泽东皆出身寒微。这的确是实情，尼克松和毛泽东一样是顶尖的政治人物。尼克松也和毛泽东一样，热衷于思考伟大的政治议题，不耐日常行政琐事的劳形。当尼克松从备忘录获悉有家华盛顿报纸将他与毛泽东相提并论，他满心欢喜地信手涂鸦道：“K，记下来！”[1]

尼、毛二人迈向这次历史性会面的道路，可以说是南辕北辙。1913年，当尼克松诞生于加州的一个静谧小镇时，毛泽东已是弱冠之龄，他已参与过革命，帮助中国推翻清政府建立共和。20世纪30年代，当尼克松进入大学就读时，毛泽东在中国共产党内两败俱伤的斗争中思考正确的中国革命道路，同时躲避国民党的魔爪。1937年，尼克松开始在邻近洛杉矶的宁静小镇惠特市执业，展开律师的职业生涯，毛泽东正住在中国西北地区的窑洞里，巩固着他在党内的领导地位。是年，日本挥军侵略中国。当尼克松在惠特市当地的服务俱乐部发表演说，奠定未来从政的基础时，毛泽东面临的则是重大战略决策，并与国民党协商建立对日统一战线。第二次世界大战期间，尼克松大部分时间以补给官的身份驻防太平洋，毛泽东则在日本战败后领导共产党夺取政权。

当尼克松在奠定他政治生涯的根基时，毛泽东正领导中国共产党与国民党展开殊死内战。到了 1949 年，新科国会众议员尼克松以反共斗士的姿态声名大噪，毛泽东则成为中国和中国共产党无可争议的最高领导人。20 世纪 50 年代，当尼克松以疑似共产分子的名义调查阿格·希斯（Alger Hiss）时，毛泽东正在进行党内整风运动和反右斗争。尼克松登上美国总统宝座时，毛泽东领导中国已有二十年。

毛泽东的成长背景、他所处的时代环境，以及他的性格，共同造就了他的领袖气质。毛泽东个性坚韧独立，接受新思想很早，不盲目服从父亲的权威和守旧的传统，而他碰巧身处于这些性格能有所发挥的时代。随着旧秩序土崩瓦解，部分是因为被自己沉重的包袱压垮，同时也是因为受到外在世界的挑战，大胆且不落窠臼的志士们于是有机会在乱世中生存，乃至蜂拥而起。1917 年，毛泽东在他最早发表的一篇文章中写道："长久之平安，毫无抵抗纯粹之平安，非人生之所堪。"毛泽东说，中国传统史学惯见的主题显示，历史总是在分与合之间更迭。"事态百变，人才辈出，令人喜读。"在 1965 年的一次对话中，毛泽东告诉美国记者友人斯诺，他从未意图成为共产党人或推动革命，但中国受尽压迫，水深火热。"简言之，事情的发展是不以人的意志为转移的。"毛泽东活下来的事实，进一步让他相信是命运选择了自己。"我有好几次差点儿要死了。"他常于千钧一发之际逃过死劫，"有一次我身旁的警卫员被炸死，他的鲜血溅满我全身。"[2]

诚如其他党内同志，毛泽东也是在动荡、艰苦的环境下，一步步走向领导之路的。他在青少年时期即参加革命，目睹无首尸体横陈于大街上。他看见改革派和保守派为恢复旧秩序，彼此激战不休。他看见地方兵勇荼毒百姓，恣意搜捕、大肆处决。到了三十岁，他已是一位立场坚定的革命分子。他曾经遭受背叛、残酷对待与靠密。他失去许多挚友与同志，妻子杨开慧和弟弟泽民、泽覃惨遭国民党毒手，他本人也曾受到党内排挤。历经这一切的他，学会了如何在党内斗争中保存实力。

就如同中国漫漫历史长河中的其他革命者，毛泽东也出自乡下村庄。他的家乡湖南孕育了无数的能臣大官，同时也孳繁了行走江湖的草莽英雄。湖南人嗜吃辣椒，人们总是说湖南人的个性就像他们的菜肴一样呛辣。

毛泽东是农家子弟，世代居住在一个封闭的小村子里。只有少数关于外面世界的传言会流入村子：譬如19世纪的太平天国席卷中国半壁江山，还有后来19世纪末的义和团运动。毛泽东的父亲是一个勤劳又节俭的农民，这让毛家家境较其他邻居显得宽裕，他因而有能力让儿子们接受教育，在一个看重教育的社会里，这是一条农民子弟可以光宗耀祖的最常见的出路。

毛泽东进入传统私塾念书，在这里，学生们熟记古文并背诵儒家经典。毛泽东也像中国几世纪以来的士大夫一样，学习写作古体诗。十岁时，毛泽东基本上已懂得儒家思想的某些重要概念，而这正是中国传统文化的精髓所在。儒家思想对自我修身与君主德行的强调，以及对人心向善的坚定信念，尔后都融进了毛泽东的革命思想，使毛泽东深信中国需要共产党的领导，并且认为人有无限的可塑性。就如同中国人沿用几世纪的传统，毛泽东也向历史探寻经验。在毛泽东的青少年时期，中国乃至世界的变革消息，已开始进入他所生活的小村子。毛泽东偶然读到一本小册子（郑观应的《盛世危言》），文中提到中国遭到外国列强的瓜分，恐有亡国之虞。毛泽东回忆说：“我读了以后，对国家的前途感到沮丧，开始了解国家兴亡，匹夫有责。”[3]

毛泽东在青少年时代，即已遍读中国伟大的章回小说，情节主要描述正直的英雄如何打击贪官污吏、惩奸除恶。毛泽东最钟爱的《水浒传》，是中国版的侠盗罗宾汉，书中描述官逼民反的绿林好汉歃血为盟，誓言济弱扶贫，弘扬正义。毛泽东则是在自己家里起身反抗父亲的权威。（和尼克松一样，毛泽东十分敬爱他的母亲。）毛泽东的母亲是位虔诚温和的佛教徒，她时常出面缓解他们父子之间的冲突。不过，根据毛泽东日后的说法，他总是不为所动。“我从这件事认识到，我如果公开反抗，保卫自己的权利，我父亲就软了下来；可是如果我仍温顺驯服，他反而打骂我更厉害。”[4]

当毛泽东的父亲让他休学回田里帮忙后，他总是尽可能抽出时间读书。他十四岁时，家人即依循传统，帮他定了一门亲事。毛泽东不愿接受父母包办的婚姻，于是便离家出走。十六岁时，毛泽东离开自己出生的乡下，去湘乡县立东山小学堂上学。他的父亲虽有些犹豫，不过还是同意他到邻近县城的学堂去读书。两年后，毛泽东又转到省城长沙去求学，时值辛亥革命爆发，中国建立共和体制。毛泽东，就像周恩来和成千上万的中国人一样，剪掉辫子，以此作为新世界降临的象征。

在这段早年岁月，毛泽东正在找他心目中的英雄人物：其中包括公元前 221 年统一中国的秦始皇。毛泽东也推崇中国近代民族主义之父孙中山，以及驱逐英军而为北美十三州赢得独立的乔治・华盛顿。

辛亥革命后那几年，毛泽东对未来毫无头绪。他曾短暂从军，投入新军行伍，然后决定回到学校求学。节俭的父亲同意支付毛泽东的学费。最后，毛泽东在专门培养教师的师范学校落脚。无论如何，毛泽东这段期间都一直在学习。就在这时候，毛泽东开始认识挑战传统国学的新观念、新知识。他读亚当·斯密、卢梭的翻译著作。就像同时代的人，毛泽东远离了中国传统国学。毛泽东告诉友人，几千年的历史，让中国人积弱不振、鼠目寸光。“思想太旧”，旧思想之糟粕“非有大力不易推陷廓清”。[5]不过，毛泽东毕竟还是与同时代的人迥然有别，他从未全盘扬弃旧传统。终其一生，毛泽东还是经常在他的文章和对话中引经据典。

毛泽东从不认为中国应该盲目仿效其他文明。毛泽东就像中国狂热的民族主义者，总是以一种混杂的态度来响应外在世界。他承认中国至少需要学习西方科技，不过对此也感到愤恨。他曾要求友人不要再穿西服。他尤其痛恨谄媚奉承洋玩意儿。他曾在1923年写文章讽刺道：“即使有洋大师放屁，那也是香的。”[6]另一方面，毛泽东就像中国的青年民族主义者，包括远在北方的周恩来，对日本能迅速完成现代化印象深刻。同时，毛泽东也和中国的青年民族主义者一样，对新共和的荒唐行径和列强的不断施压深感气愤。

毛泽东这一时期经常写文章表达自己的观点，有一段时间他定期写日记。毛泽东就像他同时代的人一样，拥抱达尔文主义适者生存的思想，认为这对中国不啻是一种许诺，也是一种警讯。1917年，毛泽东在他发表的处女作中向他的同胞大声疾呼，必须重视体育教育，否则中国国力将日渐衰颓。“国力苶弱，武风不振，民族之体质日趋轻细。”[7]从此之后，毛泽东都一直强调气力雄、筋骨劲的重要性。毛泽东向来以他的体魄强健为傲。学生时代，他便和友人在冷冽寒冬千里跋涉，渡河过江。毛泽东七十三岁的时候，还横渡长江，以展现强壮健硕的身体与自我锻炼的过人意志。在同一篇文章中，毛泽东还论及另一个他乐此不疲的主题：体育运动有助于克制情绪，锻炼意志。毛泽东成为中国领导人时曾对人说过，“有时我非常生气，不过我知道必须自持，不露声色”。几度与毛泽东话不投机的苏共总书记赫鲁晓夫,则将他比喻成一只沉着、缓慢的熊。“他先是注视你一阵子，然后垂下眼睛，开始自在地轻声说话。”[8]

毛泽东日后在一篇中国人人必读的文章中指出，人若是有强韧的意志力，连大山都能移动。至于德行，毛泽东认为个人只需要注意自己的行为即可。“人类生活之本意乃在发达其个体也，”他年轻时写道，“所有德行也都是为了（那个结果）服务。”毛泽东虽自称是个马克思主义者，从而服膺历史发展的铁律，不过他从未抛弃过这个信念，至少就他本人的关怀层面而言。毛泽东也发觉自己对纯粹力量心驰神往。在另一篇写于 1917 年的文章中，毛泽东谈到英雄豪杰的行为在于顺应自己的本然天性。“其强如大风之发于长谷，如好色者之性欲发动，而寻其情人，决无有能阻回之者，亦决不可有阻回者。”[9]

1918 年夏天，毛泽东顺利完成师范学校的学业，成为一个合格的教师。不过毛泽东尚无意安定下来，而在翌年游走于北京、上海和长沙之间。对毛泽东和中国而言，这都是关键时刻，一个变革剧烈、思想骚动的时代。毛、周这一代中国青年对一战的战胜国在巴黎和会中将德国位于中国的租界让给日本的做法，感到义愤填膺。中国民族主义者觉得心寒，不齿西方民主国家对中国的背信忘义。有些人甚至认为民主政治本身有缺陷且不适合中国，更有甚者，西方国家永远不会对中国诚挚以待。而今，中国有了另外的选择：马克思主义的理念早已在中国知识圈流传，而在中国的北边，布尔什维克已在俄国掌权，试图将马克思主义的理念付诸实践。1920 年春，俄国共产党新政权废除昔日中国与沙俄签订的不平等条约，并发表声明要将沙俄时代兼并的领土归还中国，中国民族主义者大为动容。当时的毛泽东说道，俄国是“世界第一文明国家”[10]。许多中国激进分子纷纷转而投向马克思主义阵营，1920 年后，许多人陆续加入新成立的中国共产党。

毛泽东是这群人中的一个。在北京，这位穿州过省、名不见经传的青年，通过从前教过他的老师（杨昌济）的引介，在北京大学图书馆谋得了一份轻松的管理员差事。当时北大图书馆馆长李大钊，是中国早期赫赫有名的马克思主义者，中国共产党的发起人之一。毛泽东认识了一群马克思主义者，渐渐地也读起马克思的中文译作。到了 1920 年，尽管曾短暂地对无政府主义产生兴趣，不过毛泽东自认已信仰马克思主义，是个马克思主义的信徒。是年秋天，毛泽东在长沙一所小学担任校长，不过他也和周恩来一样，将大量时间和精力投注在激进的政治活动上。

在私人生活方面，毛亦经历了重大的转折。他敬爱的母亲卧病不起，终于在 1919 年秋天撒手人寰。毛泽东虽然送药给母亲服用，不过在母亲生命的最后几个月并未服侍在侧。毛泽东日后向他的同志吐露：“我告诉她，我不忍心看着她痛苦挣扎，我想保留她美丽样子的记忆，然后对她说，我要离开她一阵子。”母亲过世几个月后，父亲也随之与世长辞。[11]

1920 年冬，毛泽东完成终身大事，这次的婚配出于他自己的选择。杨开慧是毛泽东昔日恩师、贵人的女儿。杨开慧受过教育，在中国当年的环境中，算得上是个激进的女性主义者。这是一桩男女双方情投意合的婚姻。20 世纪 20 年代初期，随着中国共产党人在政坛上崭露头角，毛泽东也跟着显露光芒。在苏联顾问的建议下，中国共产党人与主要的民族主义政党国民党结成战略同盟，旨在追求中国统一和驱逐帝国主义势力。

国共合作并未如苏联想象的那样，导致共产主义革命的降临，反倒让国民党在蒋介石的领导下趁势坐大。国民党一度将枪口朝向昔日盟友，到了 1927 年底，共产党在大城市的势力几乎被刬除殆尽，共产党得以幸存者，不是像周恩来那样遁入地下工作，就是像毛泽东那样在穷乡僻壤间躲避。毛泽东在井冈山地区开始与其他同志重建中国共产党的势力。

尔后几年间，共产党的力量逐渐壮大，与农民打成一片，毛泽东也逐步确立了自己在党内的领导地位。

这时，共产党被迫放弃华南与华中一带的根据地，迫切地寻觅不受国民党攻击的庇护所。尽管当时共产党人并无头绪，不过，这正是“长征”的发轫之由。1936 年秋，长征胜利结束，共产党在地理上已更为靠近苏联，同时更为远离国民党，而毛泽东在共产党内的领导地位已经非常稳固了。[12]

1937 年，已占据东北的日军，南下席卷中国，国民党虽有心抗日，但大城市相继失守，最后退居长江上游的重庆。日本大举侵略，导致大部分中国地区分崩离析、民不聊生，削弱了国民党的势力——后来，事实证明这是致命的重创。国民党失去了主要税基，还有广大群众的支持。国民党军队自内部腐败，党政机器贪赃枉法。相较之下，共产党上下一心，而且全是正直无私的爱国志士。中国的对日抗战被整合进世界大战的一环，完结于1945年的日本投降。

这时共产党人已坐拥百万军队，控有长江以北的大半农村。毛泽东在党内是绝对的领导者。党内的重大决策，都由他来拍板定案。1945年，在特别召开的党代表大会上，出席的代表们确认了毛泽东的特殊地位。像一面巨幅标语写的那样：“在毛泽东的旗帜下前进。”[13]

1945年，毛泽东几乎领导了整个中国，声势如日中天。战时与毛泽东相识的美国共产主义者艾格尼丝·史沫特莱（Agnes Smedley），在被当作临时住所的窑洞，初次与毛泽东见面时，她对这个人既着迷又恼怒。“他有着黝黑的长脸，额头又宽又高，嘴唇娇柔。无论他有什么其他特质，他都是一个唯美主义者。他的阴柔面和周遭幽暗的环境，令我感到不快。我本能地涌升一股敌意，而我因专注于压抑心中的敌意，几乎没听到后来的一字一句。”史沫特莱后来对毛泽东产生好感，认为她所察觉到的是他深切的心灵疏离。“我感受到他心里有一扇门从未对任何人敞开。”[14]

或许，那一扇门只为他的爱人和少数老同志敞开。或许也会稍微为他的孩子开启。孩子还小的时候，毛泽东不能经常和他们见面。孩子长大后，毛泽东发现他们的健康状况令人担忧。毛泽东的次子毛岸青，患有精神疾病，而他的一双女儿也都出现严重的忧郁倾向。毛泽东的长子毛岸英死于朝鲜战争。当毛泽东听闻噩耗时，先是呆坐半晌，然后淡淡地说道：“任何革命战争，都会要你付出代价。岸英是牺牲的几千人中的一个。”根据儿媳妇刘松林的描述，当毛泽东告诉她这个噩耗时，他是如此痛不欲生，他的手冻得像冰。侍卫注意到，事后毛泽东有好一阵子食不下咽。[15]

毛泽东曾写过很多纪念第一任妻子杨开慧的诗作，对杨开慧的感情很深。1927 年，为了革命事业，毛泽东离开杨开慧和三个年幼的孩子。杨开慧搬回长沙住在娘家附近。在奇迹式存留的一系列信函里，杨开慧写下自己对毛泽东始终不渝的感情，以及自己和孩子可能惨遭国民党毒手的忧心。1930 年，为了报复共产党人攻击长沙，长沙当地的国民党将领处决了杨开慧。杨开慧那时才二十九岁。[16]

毛泽东有时也会流露出多愁善感的一面。看到麻雀死掉，他会觉得伤感；看最爱的戏《白蛇传》时，白娘娘为了心爱的许仙，而被法海老和尚镇压在雷峰塔，总是让他忍不住泪眼婆娑。[17]

早年，毛泽东还是个学生时，曾经写道："生于此者，必死于彼，死于彼者，必生于此，生非生，死非灭也。"他相信唯有经过一番毁灭摧残，才能缔造新中国 ——或者，一个新宇宙。"吾人甚盼望其毁，盖毁旧宇宙而得新宇宙，岂不逾于旧宇宙耶！"1955 年，毛泽东在芬兰大使面前表示，假使中国或地球被炸成碎片，"对于太阳系说来，还算是一件大事情，但对整个宇宙说来，也算不了什么"。[18]

对毛泽东而言，毁灭不仅是必然的，同时是令人振奋的。1927 年，毛泽东前往家乡湖南考察农民的自发性暴力反抗。他赞叹地写下一段"文革"期间被广为引述的文字："革命不是请客吃饭，不是做文章，不是绘画绣花，不能那样雅致，那样从容不迫、文质彬彬，那样温良恭俭让。"农民是在颠覆世界。"革命是暴动，是一个阶级推翻一个阶级的暴烈的行动。"1958 年，"大跃进"前夕，毛形容像敝屣般的残余中国传统，如何被铲除殆尽。毛说，中国就像一张白纸。"一张白纸，没有负担，好写最新最美的文字，好画最新最美的图画。"[19]

就某些层面而言，毛泽东多年来一直保有农民的性格。他讲话带有浑浊的湖南口音，演讲时喜欢夹杂乡下俚语。他还保有年轻时的习惯，晚上睡觉打赤膊，用绿茶漱口刷牙。[20]

尼克松在北京的头一晚，虽然电视上的头条新闻是有关一群英勇女工的事迹，而尼克松到访一事则被摆在节目最末，不过事后回想起来，俟官方披露美国总统受到毛泽东亲切接待的消息后，整个新闻报道的导向一夕间为之改观。翌日，《人民日报》的头版刊登了毛泽东接见尼克松，毛、尼、周、基四人，以及周恩来在机场迎接尼克松的大幅照片。《人民日报》还刊登了更多照片及新闻报道，以及周、尼二人在前一天晚宴上举杯敬酒的祝词。[21]

第七章　长期冰封

会见过毛泽东之后，尼克松和幕僚（这回包括罗杰斯在内）出席下午稍后与周恩来及其同僚的正式会议。这时，由于毛泽东已接见过外宾，中方便显得比较热络亲切。周恩来盛赞美国人具备拓荒精神。周恩来说，美国人实在了不起，代表团之中竟有那么多年轻人。“我们领导阶层中老年人太多了。”周恩来还致上歉意，表示与毛泽东的会晤安排得太仓促，以致美国的新闻媒体无法进行采访。不过，他承诺将会晤的声明和照片提供给美国媒体记者，好让他们能够率先发布新闻。尼克松乐极了：“这是前所未有的。我们所交往的国家之中，没有哪个像中国这么慷慨大方。”周恩来说他很抱歉，就媒体简报而言，他不像基辛格博士那么娴熟。尼克松表示不同意：“读过总理和基辛格博士对话的记录之后，我认为总理可以轻松自如地应付世上任何人。”尼克松表示跟毛主席和周总理的谈话，使他精神为之一振，因为他们说话“直接、诚恳又坦白”。[1]

在这场全员出席的会议中，中方没有任何其他人发言。美方这边，罗杰斯只发表了寥寥数语的感想，基辛格则一言不发。对基辛格而言，他其实不必多费唇舌，因为他已是尼克松和周恩来后续的几场会谈的内定班底，席间双方将商讨实质性的议题。而罗杰斯和他的国务院幕僚，则被打发去和中国外交部部长、官员协商，讨论“我们东亚司念兹在兹的事务，即促进贸易往来和人员交流”。基辛格在回忆录中语带轻蔑地说道。[2]

尼克松还是老调重弹，无论中国或美国，都不是对方的威胁，中、美两国若能合作，这个世界将变得更美好。周恩来说："是的，我们是如此期待。"翌日，尼、周同意就双方歧异的棘手问题展开谈判。周恩来特别单独提出"台湾问题"。尼克松附和，不过他指出还有其他问题，譬如从朝鲜半岛到苏联。当然，他们不可能光开几场会议就能解决所有争端，不过双方已开始有所进展。周恩来说："是的，的确是。事实上，双方之间现在还是有许多深刻的歧见，而未来也不见得能够化解。"尼克松乐观地表示："我们有机会让双方人民彼此了解，让政府互相沟通。"[3]

尽管1972年的时候，中、美彼此的认识隔着第三者，而且是通过疑惧的扭曲透镜观看，然而过去并非如此。早在1949年之前，中、美双方对彼此已经相当熟稔。19世纪时，大量美国人到中国经商或传教。中国令美国人心驰神往，不论这中国是"黄祸"、古老智慧、拥有神秘力量的傅满洲博士（Dr.Fu Manchu），还是20世纪30年代赛珍珠（PearlS. Buck）笔下令人为之鼻酸、质朴高贵的农民。美国商人几十年下来，对中国的庞大市场垂涎欲滴，无论是19世纪的洋基钢铁公司（Yankee steel），还是20世纪70年代的百事可乐，都怀有相同的梦想。传教士则渴望拯救成千上万的灵魂，以及能够在整个中国从事善行义举。自19世纪以降，在华外国传教士之中，以美国传教士的人数最为庞大。他们修建教堂，设立学校，办报办杂志。今天中国有许多大学，起初就是美国学校的分支，比如湘雅医学院（Yale Medical School）。传教士的家书，他们发表的著作和文章，以及他们在母修道会的生动演讲，共同打造了一个美国人想象中的中国，一个孱弱无助、需要美国人伸出援手的中国。同样引起美国人好奇和无限遐想的，还有古老文明和他们这个新文明之间的关系。

多年来，成千上万的中国人负笈美国学习“西学”，或者到“金山”（Golden Mountain）去淘金。他们一旦落叶归根，也把美国人的态度和学问带回故里。一方面，对19世纪崛起的中国民族主义者而言，美国有着不同的面目，时而是对中国虎视眈眈的西方列强之一，时而是同情中国的强权，时而又是中国的典范。另一方面，美国又是一个新兴社会，依照革命原则打造而成，是抨击中国传统守旧文化造成国家积弱不振的中国激进分子的借镜。青年毛泽东曾呼吁他的同胞学子，研究乔治·华盛顿和亚伯拉罕·林肯等美国人，因为中国亟须同样有远见的领导人。“中国太弱了；唯有许多年后，她才会变得富强且独立，但重要的是我们必须学会这些。”[4]

美国本身所传达出的讯息却相互矛盾。1900年，美国士兵加入列强远征军侵略中国，扫荡义和团，逼迫中国签订另一纸大量赔款的丧权辱国条约。美军随同列强的军队驻守京城，以保护美国侨民。然而，在同一时候，美国政府照会其他列强，主张维持中国门户开放的政策，列强应有平等的贸易和投资权利，而不是各自划分势力范围，甚至是殖民地。（美国政府的照会，真正的用途纵然是在为美国商人广开中国门路，不过至少承认中国仍是一个主权国家。）更有甚者，义和团事变后，美国虽然从重创中国的条约中分到一杯羹，不过美国政府在1908年免除大部分赔款，并将这些款项移作赞助中国学子赴美留学的基金。1972年，倘若中国给予许可，美国访问团会见到过去那些曾拿美国提供的奖学金留学普林斯顿大学、哥伦比亚大学或加州大学柏克莱分校的老一辈学者。

民国肇建，中国人以美国政府和社会为典范。美国总统威尔逊许诺要以正义和平的原则重建世界新秩序，他高声谈论民族自决，明显反对日本企图宰制中国以及趁俄国革命之隙挥师西伯利亚，这使他成为中国民族主义者眼中的英雄。然而，当威尔逊总统于 1919 年主导，将德国先前占领的中国租界像礼物般让给日本，他的英雄形象顿时破碎。于是，中国人认定，美国人只不过是披上共和外衣的帝国主义者。

随后，蒋介石和他的国民党统治中国，美国起初就如同其他列强（除开苏联）一样，对国民党政权抱持敌意。蒋介石给西方人的一般观感是个危险的激进分子，一心想要没收外国商人的财产。当蒋介石清楚表态他虽是个民族主义者、但绝不是激进分子时，美国才小心翼翼地承认他的政权。1928 年，美国与中国签订条约，几十年来中国首度拥有进口关税的自主权。另一方面，20 世纪 30 年代伊始，日本占据中国东北，尽管美国表示抗议，但除了不承认日本在东北成立的满洲国傀儡政权，没有其他具体动作。这时，美国似乎既不是坚定的友人，却也不是敌人。

20 世纪 30 年代末期，随着日本蚕食鲸吞中国的野心逐渐明朗，局势也逐渐为之改观。对这时把持日本政府的军人而言，并吞东北只不过是将中国纳入大日本帝国版图的第一步。美国迫不得已走出孤立主义的状态，而在太平洋和亚洲大陆反制日本。日军侵略中国，对中国各大城市狂轰滥炸，杀戮无辜老百姓，义愤填膺的美国舆论，促使小罗斯福总统发表著名的“隔离演说”（quarantine speech），论称对待侵略国要像处理危险的传染病一样。自 1938 年年底起，美国开始给国民政府提供贷款。1941 年，在陈纳德（ Claire Chennault ）将军的指挥下，美国飞行员组建“飞虎队”协助蒋介石政权成立中国空军。

1941 年 12 月 7 日，日本偷袭美国珍珠港，美国便与中国结盟，纵然双方并不一定是朋友。美国提供军人、顾问、武器装备和金钱，不断支援国民政府。蒋介石虽心存感谢，却还不至于对美国感恩戴德。身为一个民族主义者，蒋介石准备接受的是美国的援助，而不是美国的建言。更何况，蒋介石并无意冒险，让他仅存的残余军队全面反扑日军；他已尽到分摊部分作战的本分，如今该轮到中国新盟友表现表现了。这让美国人为之气馁。那些处于困境的美国人于是逐渐感到悲观，开始怀疑老旧、腐败、颟顸的国民党是否有能力统治维持中国。问题还在于另一个选项，即力量相对薄弱的中国共产党，让美国人很难想象它可以拯救整个中国。更重要的是，中国共产党的意识形态与多数美国人的信仰完全相抵触。

不管如何，美国依据与苏联结成同盟抵抗德国的相同原则，于 1944 年派遣一支军事使节团，前往共产党位于中国西北的延安总部。除开斯诺这类同路人，这是许多中共领导人首度见到美国人。不过，尽管美国人在每周的舞会上大跳康加舞，这次的接触并未带给双方深切的认识。[5] 若有任何收获的话，那也只是毛泽东从与美国人的闲聊中，还有偶尔在户外放映的好莱坞电影中，得出对美国的错误印象：举例来说，美国人不懂得如何作战。

尽管大部分美国援助还是持续流入国民党阵营，不过共产党总算也得到了杯水车薪。1945 年日本战败之后，美国并未中止对华军事援助，在战后的中国内战期间一面倒支持国民党对抗共产党。起初，毛泽东似乎希望以美国反制国民党。他也预料到美国资本家渴望投资中国，即便这个中国是一个共产主义中国。[6]

1945年底，派遣素孚人望的乔治·马歇尔（George Marshall）将军到中国进行长期访问，尽最后人事，在国民党与共产党之间协调一个折中方案。最终马歇尔将军徒劳无功，不但激怒了国民党，还让共产党认定美国是敌人。到了1946年夏天，中国一头栽进内战泥淖。美国显然与国民党站在同一阵线，虽说美国的援助仅局限于军备物资、金钱和国际承认。（考虑到对美军的其他要求，要美国提供军事上的援助是不可能的。）这时的毛泽东感到苦恼，或许还有些难堪，他认为美国此举是一种背叛行为。毛泽东在1947年的演讲中坦承共产党犯了错误。“但是我们同美帝国主义打交道，这是第一次，没有经验，上当了。有了这次的经验教训，我们以后再也不会上当吃亏了。”[7]

1946年8月，毛泽东接受同情共产党的记者安娜·路易斯·斯特朗（Anna Louise Strong）的访问。毛泽东高谈他最喜欢的主题，区分了爱好和平、进步的美国人，及其反动的领导人。美国的反动派和资本家（两者其实是同一种人）向美国自己的人民发动战争，意图宰制整个世界。只有苏联挡住美国的路。“美国反动派非常痛恨苏联，确实梦想消灭这个社会主义国家。”有幸的是，毛泽东继续说，“一切反动派都是纸老虎”。世上的进步力量必须把反动派消灭掉。[8]

到了1949年夏天，国民党大势已去，但杜鲁门政府看来还是一样强硬。共产党和美国双方都曾试探性地释放风向球，不过两国并非真正有意与对方往来。与其说双方错过机会，倒不如说机会从一开始就不存在。这时，“冷战”已成定局，全世界国家分裂成两大敌对阵营。美国因为担心苏联势力向东欧扩张，在承平时代，一步步迈向史无前例的军事战备状态。中国共产党被认为严重依赖苏联，而且高度受其影响，这不是没有根据的。中国共产党这方面，没有不和苏联站在同一阵线的余地。毛泽东发表重大政策声明，提到有人批评中国“一边倒”。毛泽东回答说，确实如此。“中国人不是倒向帝国主义一边，就是倒向社会主义一边，绝无例外。骑墙是不行的，第三条道路是没有的。”总之，或诚如毛泽东所宣称的，他预期革命将在世界的落后地区爆发，又或许就在美国爆发。一二十年内，中国将日益强盛，美国则会渐渐衰弱。“没有美国就不能活命吗？”[9]

毛泽东是个革命分子，也是个民族主义者，而这两者向来难以截然分开。毛泽东渴望也需要苏联的援助，同时信心满满，只要把中国建设成一个社会主义国家，中国的发展便能突飞猛进。“中国人从此站立起来了。”毛泽东在 1949 年 9 月的著名演讲中说道：“中国人从来就是一个伟大的、勇敢的、勤劳的民族，只是在近代落伍了。这种落伍，完全是被外国帝国主义和本国反动政府所压迫和剥削的结果。”中国人饱受轻蔑羞辱、被认为粗鄙野蛮的那个年代过去了。“我们将以一个具有高度文化的民族出现于世界。”有了力量之后，“不允许任何帝国主义者再来侵略我们的国土”。[10]

然而，毛泽东也假定帝国主义阵营，特别是其中的强权国家，必然继续尝试侵略中国。几世纪以来，中国自比为“中央王国”，毛泽东仗着这份自信理所当然地认为，中国是整个世界上美国觊觎的焦点。“拿下中国，美国将掌握整个亚洲。有了统一的亚洲阵线，美帝国主义就能集中火力攻击欧洲。”美国，或者说领导美国的反动派与资本家，决心摧毁中国人民的伟大革命："他们会将间谍偷渡进中国，搬弄是非，并给我们捣乱。"[11]

在华的所有外籍人士，包括美国外交官、记者、商人、传教士，一律必须离开中国。他们有可能是潜伏的细作。套句毛泽东的话，"打扫干净房子再请客"。在对外关系方面，中国重新来过，远离了不平等条约、赔款、外国干涉中国内政这些令中国蒙羞的老路。毛泽东用另一句他最喜欢的俚语说，中国正在"另起炉灶"。虽然某些西方国家，比如英国，不顾与美国产生重大歧异的可能，正准备扩大对中国新政府的承认，中国共产党人也不急于与敌对阵营建立关系。[12]

当20世纪40年代末期，中国共产党显然已胜券在握时，美国方面出现了政府该如何面对中国新现实的讨论。在蒋介石决定把政府及残余部队转移到台湾时，义无反顾支持他和国民党的人，顿时灰心丧气。不过闻名遐迩的中国游说团，仍坚持美国不该承认领导中国的共产政权。反对中国游说团立场者，其中不乏杜鲁门政府的成员，主张美国有必要和共产党中国建立关系。有鉴于中国和苏联的历史心结，他日这两大共产政权或许会分道扬镳。到了1948年，铁托的南斯拉夫与苏联各走各路的例子，成了鼓舞人心的证据。苏联领导人命令其他东欧共产国家追随苏联，断绝和南斯拉夫的外交、经济关系。斯大林甚至还派出暗杀团潜入南斯拉夫，欲对铁托斩草除根而后快。铁托元帅反唇相讥，说他是共产党人，但绝不是斯大林的共产党人。一如毛泽东，他和他的同志是靠自己和本国人民的力量取得胜利的，或许这就是斯大林从来不信任他的原因。有朝一日，毛泽东难道不会是亚洲的铁托？而中国也会与苏联反目成仇？[13]

这是合理的问题，不过“冷战”之初，却没有多少美国人愿意详听细闻。1950 年初，麦卡锡（Joe Mc Carthy）参议员意识到，指控杜鲁门政府与共产党同路人眉来眼去，不失为挽救其政治生命的灵丹妙药。麦卡锡发觉美国社会不少人心有戚戚焉，而他的鸣鼓攻之使美国人对新中国的态度转趋强硬。美国反共人士已对亚洲红潮的崛起议论纷纷，而苏联全力支持新中国不过是其中的第一波。尽管美国盟友如英国，认为美国人的反应相当荒谬，而且仍想和中华人民共和国建立关系，不过杜鲁门及其政府发现自己被迫走向更强硬的路线。美国国务卿迪安・艾奇逊（Dean Acheson）为美国远程的共产主义中国政策苦思良方美策，于 1950 年 3 月公开宣称中、苏签订的条约，是“帝国主义式宰制的邪恶征兆”，并警告中国人不要为了讨好贪婪的苏联，而背弃美国这个老朋友。在国会，周以德（Walter Judd）这位鼎力支持台湾的共和党人，语带认可地说：艾奇逊终于承认了共产党人染指世界的豺狼野心——“先是亚洲，然后欧洲，接下来就是我们”。[14] 向中国伸出友谊之手、试图离间中苏关系的言论，变得愈来愈棘手，甚至对政治人物的职业生涯有害。

到了 1950 年 6 月，一切已无转圜余地。随着朝鲜战争的爆发，当苏联支持的朝鲜共产党人攻击韩国，“冷战”发展至一个尖锐的新阶段，东方集团和西方世界的战线从此壁垒分明。就美国人的角度观之，中苏之间的微毫差别无关宏旨，世界共产主义运动已展开行动了。艾奇逊致书英国外相说：“毋庸置疑，共产主义以中国为马前卒，已开始在亚洲发动攻势，近程目标锁定在朝鲜半岛、中南半岛、缅甸、菲律宾和马来亚，中程目标则是香港地区、印度尼西亚、暹罗、印度、日本。”[15] 想当然地，美国舆论关切苏联轻松染指中欧泰半地区，以及苏联间谍窃取美国原子弹机密，而压倒性转向反共立场。随着共和党大有斩获，削弱民主党的多数党力量，国会也进一步向右倾斜。而蒙受向共产主义示弱苛责的杜鲁门政府，开始提高国防预算，厉兵秣马、整军经武。朝鲜战争爆发的消息自朝鲜半岛传来，杜鲁门旋即回应。甚至在联合国尚未委命集结部队防卫韩国时，杜鲁门已下令美军先行前往韩国，并调遣第七舰队协防台湾海峡，以免中国共产党人收复台湾。

中国共产党人的确在台湾正对岸部署精锐之师，而靠近朝鲜的边界只有少许军队。眼前共产党人在中国国内有更重要的事情要做，他们不仅必须巩固革命成果，同时要重建战火蹂躏后的家园。当此之际，中国共产党人自是不乐见与美国兵戎相向。以美军为主体、由美国名将麦克阿瑟领军的联合国部队，登陆韩国，向朝鲜挺进，一路逼使朝鲜军队撤退至中、朝边界。美军军机的飞行路线越来越靠近中国机场，包括麦克阿瑟在内的美国鹰派，直言他们已看到推翻中国共产党政权的良机（或者，诚如他们所偏好的观点，弥补丢失中国的错误），可能动用原子弹攻击中国的工业基地。1950 年 11 月底，中国人民志愿军抗美援朝，这回轮到联合国部队节节败退。双方都渴盼赢得战果，于是战事又持续了三年。即便和谈业已展开时，中国和美国之间还是彼此猜忌，所以举凡双方军队分别撤至北纬三十八度线，到交换战俘等所有议题，都得耗上数个月的时间才能最终决定。

朝鲜战争终于止于停战协议，留下了分裂的朝鲜半岛，以及中美之间无法逾越的鸿沟。亚洲战略地图为之改变。部分受惠于朝鲜战争而经济有所起色的日本，又再度崛起，从此固守美国阵营；美国致力协防台湾；“冷战”扩散至位于中国南方边界的法属中南半岛，在美国的暗中帮助下，法国正在对抗由共产党人领导的民族解放运动。

华盛顿方面，在抨击民主党人对共产主义太过软弱的声浪中，新的共和党政府于1953年上任。以敌视共产党人著称的参议员麦卡锡，沉迷于他反共力士的新名声。艾森豪威尔总统的国务卿杜勒斯信誓旦旦地说要彻底粉碎共产主义。在1954年的日内瓦会议中，一位国务院官员在杜勒斯泡澡的时候匆忙闯进，他说中国打算释放剩余的美国战俘，并与美国走向关系正常化。他的下属坐在马桶上，杜勒斯则躺在浴缸里坚定地说：“不，我们不会这么做。”[16]杜勒斯仿效“北大西洋公约组织”在欧洲对苏联的遏制，也试图在亚洲打造反共联盟以围堵中国。中央情报局支持西藏分裂主义分子，想在中国内部制造骚动，但徒劳无功。在联合国，美国运用其影响全力封杀新中国入联。台湾继续保有在联合国的中国席位，以及国际组织中所有中国的会员资格。

中华人民共和国这边则出手援助包括越南、印度尼西亚、菲律宾在内，遍及全亚洲的反西方与左派运动。而中国共产党也让自己参与了“第三世界国家”——旧西方帝国的破产，让他们在数量上日益增长——尝试推动不结盟运动，在“冷战”的两大敌对阵营之间开出一条中间道路。杜勒斯对此自然抱持强烈怀疑，在他眼里，中立只不过是同情共产党人的一种托词。

杜勒斯的强硬路线，得到国务院高层的呼应。国务院远东事务局的局长是瓦特·罗伯森（Walter Robertson），根据一位同僚所言：“在罗伯森心里，我们理所当然应该百分之百支持台湾的国民党政府，百分之百反对北京的共产党政府。”承认北京新政权是不可能的事。“目前就我所了解，除非共产党人改头换面不再当共产党人，否则一切免谈。”[17]

自1949年到20世纪70年代初期，中美之间没有任何外交关系、领袖高峰会、联合会议，以及观光、商业、学术的交流。中、美两国的运动员无法同场竞技，两国记者无法采访对方，中国和美国不直接进行贸易往来，飞机与轮船不降落或泊靠对方的机场与港口。美国官员从不使用“中华人民共和国”一词，并沿用国民党的说法，称呼中国首都为“北平”。事实上，新进外交官往往会被警告，漫不经心脱口说出共产党人所选择的“北京”，可能会损害他们的职业生涯。[18]

美国在仍为英国殖民地的香港设立规模庞大的领事馆，目的之一就是要防堵大陆货品用英国旗帜做掩护，进入美国的市场。刚开始营业的香港希尔顿大饭店为美国人所有，而该饭店被迫抛弃刚买进的价值连城的中国古董，只因这些古董购自中国大陆。然而，千方百计防堵美国人取得中国大陆货品，不但增加不少行政作业的分量，而且滋生出许多令人啼笑皆非的争辩。来自大陆的鸡蛋，在香港孵化，生出的小鸡算不算大陆鸡？大陆的母鸡，在香港下蛋，这算不算共产主义蛋？美国人也重视防止重要战略物资经由香港，流进中国大陆。美国领事馆有位官员，为此还曾耗费可观的时间在保险套上。“我必须走遍全香港，和制造避孕套所需的橡胶进口商谈，问他们认为香港的使用量有多少？转口到中国的又有多少？”这位官员洋洋洒洒的报告得到华盛顿的奖掖，然后华盛顿又紧急传来后续追踪的问题。“请仔细更新数据。我们听说中国共产党人目前正采用避孕套橡胶保护枪口，以免其受潮。”不过，这短暂的惊慌因五角大楼介入而告结束，华盛顿传来最后的指示：“我们的专家说，如果用这种方法防止枪口受潮，枪口会因缺乏空气流通聚集水分而锈蚀，所以无论要进口多少避孕套橡胶到中国大陆，悉听尊便。”[19]

美国驻港机构的其他任务，就是在香港观察中国。中国通访问来港难民和能自由进出大陆的中外人士，仔细研究任何他们所取得的中国共产党出版物。尔后在国家安全事务委员会为基辛格效命的赫伯特·列文（Herbert Levin），曾监视自中国大陆运抵香港的活猪。“中国大陆一传出粮食短缺、农作物歉收等消息，你可以观察车辆装载的猪来自哪一省份，同前几年相比如何，是比较瘦还是比较肥，诸如此类的事情。”[20]美国人正是通过这种方式大致勾勒中国内部的图像。

中国共产党人虽有许多资料认识美国社会，但考虑到他们戴着意识形态的眼镜，我们不清楚这是否能让他们受惠。中共领导高层并没有人去过美国，连周恩来这样见多识广的人，对美国也不是非常了解。[21]

美国社会糜烂堕落，起码多年来中国人是这么听说的。中国人把美国勾画成一幅耸人听闻的图像：这个国家彻底反动，彻底黑暗，彻底堕落，彻底冷酷。这是少数百万富翁的天堂，成千上万穷人的地狱。这是强盗、骗子、流氓、特务、法西斯败类、奸商、荡妇所有人类渣滓的乐园。在中国的宣传中，山姆大叔是为富不仁的百万富翁，有着血淋淋的獠牙和双手。中国报纸还刻意渲染美国的种族冲突和犯罪问题。[22]

美国公众对中国的观察同样肤浅，甚至许多华盛顿的决策者也是如此。中国游说团和《时代》《生活》（在华美籍传教士之子亨利·卢斯旗下的刊物）这类杂志，热衷于把“竹幕”（Bamboo Curtain）背后的世界，描绘成枯燥乏味的光景，里面的中国人好似红蚂蚁兵团。中国参加朝鲜战争，正是中国共产党人变节的铁证，而在北京遭洗脑的美国战俘的样子，令美国社会毛骨悚然。右派这方，麦卡锡参议员，以及包括青年尼克松在内的支持者，无不指鹿为马，辩称许多在华美国外交官预见国民党垮台，对阴谋论者而言，这足以证明他们是共产党获胜的推手。这些外交官被召到国会举行听证会，他们的动机和忠诚饱受苛评。

一方面，这对国务院乃至美国理解亚洲事务的能力所造成的伤害难以弥补。经验老练、学识渊博的专家不是被排除在决策圈外，就是气愤不已地辞职。幸免于难者从此远离亚洲事务，国务院有位杰出的中国专家最后居然成了驻冰岛大使。备受震慑的国务院从此日渐怯懦，不敢给政治主子提供逆耳忠言。20 世纪 50 年代曾驻香港的外交人员，犹记得当年资深同事在传给华盛顿的报告中，是如何字斟句酌。“我不认为他们没在报告中陈述事实，只是大家会比较小心翼翼。”[23]

另一方面，美国的中国通在香港的实地经验，让他们比深居华盛顿的上司更为务实。像中、美这等大国，彼此之间竟完全不相往来，实在是荒诞不经。这种悖于常情的现象势必难以持久。有位美国外交官说：“这你是知道的，中国毕竟就在这里，我们必须承认这个事实。我的意思是，这是个活生生的事实。这不是出于赞叹欣赏，这是实情，让我们回归现实吧。”[24]

中国共产党也尚无意从苏联集团的敌人中博得友谊。在中国，没有人胆敢公开表示，有朝一日可能和美国重建关系，唯有一人例外。毛泽东在 1965 年党的会议上提到：“若没有战争，资本主义国家会面临经济困境。我们的大门是敞开的。十二年内，英、美、西德、日本都会想和我们做生意。”[25]

大门敞开，仅一道缝隙而已。日内瓦会议结束的初期，中、美两国必须就在华美籍人士离境签证、互换战俘这类事情时而进行对话。双方的接触主要是通过华沙，中、美外交官多年来一直在华沙低调会晤，迄至 1970 年。波兰政府一方面亲切提供富丽堂皇的旧皇宫作为双方谈话的场所，另一方面也乐意为苏联老大哥安装窃听器。美方发觉这些窃听器十分管用，既能作为和苏联集团沟通的方法，还可录下内容节省会谈摘记的时间。[26]

有时危机爆发，中美关系出现僵局，但双方总是能够重拾对话。尽管台湾问题还是悬而未决，但双方都了解保持某些联系是有好处的，诚如一位美国人所言，即便仅仅是“一种邮件往来式”的接触。陪同尼克松前往中国的何志立回顾说：“即使在当时，我们内心深处总认为——通过日内瓦会议、大使级的对话，以及其他各种渠道——我们不愿抹煞未来任何可能出现的机会。我们希望建立某种关系。”中国人也有几乎相同的想法。1958 年，经过一番拖宕，外交部长陈毅告诉驻华沙大使，表示对话可能带来有益的结果：“你可以和美国大使握手、打招呼，还有聊天。你可以和他一起用餐。”中国既不求谈，也不拒谈。“大国的风范就是要能不卑不亢。”[27]

大部分时候，对话都呆板而正式，因为双方均发表预先准备的声明。“文革”期间，有美国人随意向中国外交官提到迷人的山光水色，这位中国外交官旋即回答说：“是的，不过不如北京漂亮，在那儿毛主席的灿烂阳光一天二十四小时都照耀着中国人。”多年后，毛主席业已辞世，这两人又在坦桑尼亚重逢。中国外交官望着美国人说："美丽的一天，不过不如北京漂亮，在那儿毛主席的灿烂阳光——"随即笑了起来。他说："我时常忆起那次交谈。天啊，多么好笑。"[28]

第八章　冲破格局

2月午后在北京举行的那场谈话中，周恩来又旧事重提，说到1954年日内瓦会议众所皆知的无礼怠慢。“正像你今天对毛主席所说的，我们今天握了手。可是，杜勒斯当年并不想这么做。”话一说完，尼克松赶紧伸出他的手，郑重其事地再和周恩来握了一次手。周恩来说：“这也不能怪你们，因为国际上普遍认为社会主义国家是单一性集团，西方国家也是单一性集团。”中国人这时已能认清此点。尼克松附和说：“我们已经冲破旧格局。”[1]

若非对双方而言时机已然成熟，尼克松也不可能来到北京冲破旧格局。在这之前，双方的意愿都阴差阳错。1949年，杜鲁门政府考虑和中国新兴的共产政权建立关系，但中国共产党却无意和美国协商对话。20世纪50年代中期，周恩来在日内瓦会谈时，曾经针对悬而未决的问题提供解决办法，特别是台湾问题，但这回轮到美国人寸步不让了。

20世纪60年代伊始是十几年来双方化解僵局最好的契机。在中国方面，毛泽东暂时退居决策的二线，主持日常工作的则是较为务实的领导人，诸如刘少奇等人。美国这方面，年轻的民主党总统肯尼迪新上任，于是外交政策和棘手的中国问题的解决有了新前景。备受敬重的驻联合国大使阿德莱·史蒂文森（Adlai Stevenson），1960年底在《外交事务》期刊发表文章，主张联合国应该准许中华人民共和国的加入。国务卿腊斯克日后的政策立场虽转趋强硬，不过他当时也认为美国在中国入联一案的政策“不切实际”。中国游说团和右派分子的反应却沉默得令人意外。[2]

中国似乎也有意在政策上调风转向。到了1961年，中南半岛的局势，特别是老挝，虽持续恶化，周恩来还是间接向美国透露，中国政府希望能寻求可行之道让老挝保持中立。1963年，美国投桃报李，透过间接渠道知会中国，美国劝止台湾对大陆发动攻击。[3]当香港的中国通忙着翻译中国对苏联集团所用的不雅措辞，中、苏之间的分歧也造成了美、中结束长期冰封关系的新契机。

国务院内的人事方面也有汰旧换新的气象，思想较开放的亚洲专家新血，逐渐取代年迈的“冷战”战士。到了1961年，承认中华人民共和国，已是一个可被接受的事实，这可从国务院增设“大陆中国事务科”（Mainland China Affairs），专责处理台湾以外之中国事务窥见端倪。不久，国务院又增设“亚洲共产主义事务科”（Asian Communist Affairs）。供职于新单位的一位专家曾回顾说：“当时的氛围给人一种感觉，肯尼迪想要在中国问题上有一番新作为，但他们并未专注在这个问题上，这是不可思议的时刻，就某些方面而言，人们想要达成一些事情，但又不清楚他们究竟要的是什么。”[4]

肯尼迪说要气象一新，他的拥护者也宣称假如肯尼迪活得够久，就会做出后来由尼克松完成的那种冲破旧格局的行事。我们永远不得而知了。在他悲剧性的短暂任期里，肯尼迪对中华人民共和国的疑虑，似乎与杜勒斯不分轩轾。中南半岛冲突的恶化，共产党势力在印度尼西亚的扩张，都令肯尼迪对中国共产党的态度转趋强硬，甚至认定中国共产党是这些情势的幕后黑手。这看法也不算完全不正确。1962 年秋，中印边境之争，更加深了美国对中共的猜忌。美国虽然觉得印度令人十分恼怒，但也不愿见到印度遭共产势力攻击。在 1963 年夏天的演讲中，肯尼迪提到中国，可能在短期之内发展出核武器所造成的伤害："我们将面临第二次世界大战以来最严峻的局势。"[5]就在 1964 年，中国进行了首次原子弹试爆。

1964 年后，肯尼迪的继任者约翰逊总统大举增兵南越，并开始对北越狂轰猛炸，至此中美关系的解冻已然镜花水月。这场战争让美军愈来愈接近中国边境，并唤起美国人对中国出兵朝鲜参与战争的记忆。国务院资深中国专家艾伦·惠廷（Allen Whiting）不断向上司发出警告："中国人来了，中国人来了。"而国务卿鲁斯克也确实把这番警讯听进去了。[6]

在中国方面，毛泽东接二连三向中国人及全世界发出声明。毛泽东重提十年前所提出的观念，大谈中国与列强之间存有"中间地带"。对于被压迫者，中国负有济弱扶倾的道义责任，无论是存在于欧洲或是亚洲地区的中间地带，中国都有必要鼓舞他们发动革命战争反抗压迫者，特别是美国。根据《人民日报》1964 年初的报道，毛泽东告诉记者，"全世界反抗美国侵略的狂潮势不可当"。1965 年，毛泽东一手提拔的将领、国防部长林彪，发表重大政策声明，而这份声明想必得到毛泽东的首肯。林彪在《人民战争胜利万岁》一文说到，美帝国主义这"全世界人民最野蛮的共同敌人"，正在迈向灭亡。[7]

在越南延烧的革命战争，自然有助于牵制美国而使中国安全过关。不过对中国而言，这是一场豪赌，因为越战也把美军引到中国的门口。毛泽东或许试图向美国释放讯息，中国希望避免重蹈朝鲜战争的覆辙。

1965 年 1 月，毛泽东与他的美籍传记作者、老朋友斯诺有过一番长谈。“中国军队是不会越过国境来打仗。只有美国进攻中国，中国才会应战。”毛泽东还告诉斯诺，中国有义务表示对革命战争的支持，不过中国的支持主要是透过发表声明和召开会议，“我们喜欢闲聊瞎扯，但不会派兵”。[8]

到了 1966 年，中国发生了“文化大革命”，中华人民共和国与四十多个国家有正式邦交关系，随着“文革”的爆发，中国在一年内已与其中三十个国家发生摩擦。身为世界头号资本主义强权，美国自然是中国不共戴天的死敌，也是外来毒药的主要源头。但在“文革”期间，激进派遗憾苦无直接攻击美国的渠道。于是，昔日曾为美国人或美国公司效命的中国人，以及 1949 年后留在中国的美国人，全都被视为帝国主义者的特务而遭攻击。[9]

美国国务院杰出的中国通格林，1969 年周游亚洲各国首都，他的总体观感报告表示：“中国正处于否定、野蛮的状态。亚洲各国领袖认为，除非‘文革’狂潮消退，否则与中国展开建设性对话是不可能有任何进展的。”尼克松在报告里批示：“这样很好。”[10] 事实证明，格林的报告精确预料了后来的发展。

美国国力在中国之上，但在经历了一连串事件之后，其自信已严重受创。20 世纪 60 年代是动荡不安的年代，虽然哪里都不比中国，但就美国历史而言，这是跌宕起伏的十年，国内骚乱不止，国际威望堕落。一连串的暗杀潮——肯尼迪总统、马丁·路德·金、罗伯特·肯尼迪（Robert Kennedy）——摇撼了美国人对自己社会的信心。约翰逊总统的扶贫大作战立意良善，但也暴露出美国奢华城市里隐藏着可怕的赤贫现象。年轻人，有时还有他们的长辈，高谈激进改革的必要性。难道美国已变成卡夫卡（Kafka）小说中的“亚美利加”（Amerika），或者更糟，成了法西斯主义国家？城市里，抗议贫穷、不公，当然还有越战的示威游行，司空见惯。大学校园里，处处可见集会静坐的示威抗议。

在南方，黑人民权运动，受到白人自由派的支持，向全美与全世界揭露美国社会的阴暗面。原来美国南方黑人的生活和种族隔离没什么不同，他们被禁止到餐厅用餐，也不准使用白人专属的饮水机。更有甚者，他们被剥夺了最基本的权利，譬如投票权。到了 60 年代，南方黑人与他们北方的支持者，全面挑战这个体制。“自由之行示威者”（freedom rider）大咧咧地坐在公交车里的白人座位区。1963 年春，路德·金号召“公民不服从”（Civil disobedience）运动，以抵制不公的法律。那年夏天，他在华盛顿对人山人海的示威人群发表演说：“我梦想有一天，这个国家将会奋起，实现其立国信条的真谛——‘我们认为这些真理是不言而喻的：人人生而平等。’”翌年，“自由之夏”（Freedom Summer）期间，美国南方出现黑人登记为选民的一股热潮。在华盛顿，约翰逊总统通过国会推动民权法案。

南方白人激烈反对变革。校园里处处可见骚乱和催泪瓦斯。密西西比大学的第一位黑人学生，行动时需要由军队荷枪护送。亚拉巴马州伯明翰的警察局长，用消防水喉和犬只对付示威的黑人群众。1963 年，置于教堂的炸弹炸死四名黑人少女。在密西西比州，有人权工作者被谋杀（凶手三十年后才被绳之以法）。翌年，三名人权工作者遭“三 K 党”（Ku Klux Klan）杀害。1968 年，马丁·路德·金在田纳西州的孟斐斯市被暗杀。南方的暴力触发了北方的暴力，黑人开始在他们居住的贫民区群起骚乱。

1965年，洛杉矶的沃兹区火海一片，纽瓦克以及底特律部分地区也在1967年遭逢相同命运。金遭暗杀之后，全美超过一百二十个城市爆发动乱。在华盛顿的中心地带，警察在街头上束手无策，眼睁睁地看着暴民放火打劫。军队被迫出动恢复秩序，并穿梭巡逻。

尼克松对民权运动虽有些同情，但他并不喜欢60年代所见到的景象。在混乱之中，他看到有害的偏执，以及对传统价值观、既有处世之道的藐视。“我对愚蠢的暴民和职业造反者没有任何耐性，”他在回忆录里写道，“而且这个国家政、学界许多领袖对他们的响应，令我感到相当震惊。”尼克松私下称呼示威者是“乌合之众”“人渣”，怀疑示威运动背后有共产党的黑手在操弄。他渴望他所认为的美国根本价值观的复兴：“强烈的美国爱国主义，以及坚定的道德和精神价值。”[11]

当时，战后的婴儿都已成年，他们不仅孕育出势不可当的青年文化，同时（若非全部也是大多数）有意挑战现存的风俗习惯和制度。他们所造成的骚乱多数停留在浅薄的层面：性、毒品和摇滚乐。譬如，人们在胡士托音乐会上，席地而坐，畅谈爱与和平——女孩子头发上别着花朵，男人蓄留胡子，着汗衫、戴珠串，穿喇叭裤。少数最极端者（确切数字很难估算）全然拒绝美国的民主政治，放言高谈暴力革命，或回归田园建立自己的小区。电影《逍遥骑士》（*Easy Rider*）剧中的摩托车骑士英雄们，吸食迷幻药、飞车横渡美国大陆，他们经常中途停下来，对努力向上的公社投以赞许的眼光，或再多弄一点儿毒品，表现出一个世代对自由不一贯的渴望。这些英雄还没搬到郊区养老之前，就适得其时地离开了人间。

尼克松沮丧地看着这些文化的变迁。1971年，他告诉霍德曼，看看那新的电视剧《竟歌颂着同性恋》。依尼克松之见，“同性恋、毒品、不道德是一个强大社会的基本敌人，这正是何以俄国人要在美国散播这些东西，就是为了摧毁我们”。尼克松担心“何谓道德、何谓正义是由个人来决定的新道德观念”，已经让美国蒙受无可挽救的伤害，人人都在谴责“体制”。[12] 贫穷、暴力、不公不义，尤其是越战，一切都要怪体制不好。

对那时代的美国人而言，这个字眼总结了60年代美国的所有过错。越南意味着损失——六万条美国人的生命、这个国家的威望与影响力，还有纯真。美国大兵吸毒的新闻、滥杀无辜的报道，譬如在美莱村（My Lai）屠杀平民，震惊了美国本土的国人。在越战之前，美国士兵是“我们的好男孩”，美国发动的战争是正义之战——为追求独立，（第一次世界大战）为追求更美好的世界，（第二次世界大战）为从法西斯主义的奴役中拯救世界，（朝鲜战争）则是为阻止国际共产主义的扩散。越战，诚如许多美国人所认为的，完全不是一场正义之战。越战确实是个错误。当他们的人民正追求独立自主时，美国却插手介入一个遥远国度的内政。有时候人们天真地以为，美国支持南越的腐败政权，抵抗有广大基础的南越民族主义运动，以及北越社会主义国家。即使少数对北越共产主义政权不抱幻想的人士，也纳闷究竟有什么重大利益，值得美国把自己葬送在东南亚一个落后的小国；而保守派人士则是担心一场没有民意基础、不成功的战争，会重创美军并吞噬美国社会本身。

理论上，美国应有能力解决南越的反叛势力以及北越。一个二亿五千万人的国家，对抗一个两千万人的国家；世界上经济最发达、科技最先进的国家，对抗一个仍是农业社会的国家；一个拥有最尖端武器的国家，对抗一个仅有苏联制、中国制武器的国家。1968 年，有一则讽刺笑话盛传于华盛顿。故事是说有专家把双方所有可利用的统计数据输入计算机，然后问计算机美国能否赢得这场战争？计算机的答案是：你们在 1966 年获胜。

肯尼迪政府、后继的约翰逊政府，以及他们的将领，年复一年地承诺会取得胜果。美国挹注巨额资金、大量硬件、无数年轻人到越南战场，但胜利的指望愈来愈渺茫。事实证明，即便对富裕国家来说，这也是一个沉重的财政负担：自 1962 年以降，美国政府的财政赤字，最终导致了日益严重的通货膨胀，而且债台高筑。虽然民众直到 1973 年危机爆发时才意识到，不过美国此时对外国原油已愈来愈依赖。1968 年，北越与他们在南越的同谋合力发动“春节进攻”（Tet offensive），彻底粉碎了美国人民对越战得胜的信心。事实上，“春节进攻”是由美军与其南越同盟取得军事上的胜利，但民意却不这么认为。当越共占领越南古都顺化，或美国驻西贡大使馆的外围却没有受到应得的惩罚时，对大多数美国人而言，这已是一场赢不了的战争了。在美国的国会、华尔街、教会、大学校园与街头上，美国人无不要求结束这场战争。

尼克松、基辛格二人了解越战在国内外对美国所造成的伤害。苏联及其盟邦幸灾乐祸地看着美国拿北越无可奈何。美国的同盟则是不安地眼看他们的超级强权颜面扫地，他们的公众逐渐对美国感到失望。在加拿大、西欧诸国，规模庞大的示威运动要求美国滚出越南。他们的抨击——其中不尽然全出自左派阵营——激发出令人不安的反美浪潮。美国被形容是国际恶霸，其资本主义力量变得不受控制。在第三世界里，美帝国主义定期受到谴责，但却鲜有人提及苏联。

尼克松有心扭转颓势。他在就职的头一年就告诉霍德曼："不论国内或海外，美国的力量必须有效运用，否则过去跻身大国的努力将付诸东流。我们已经丧失了第二次世界大战后所取得的领导地位，我们还是可以再拿回它，但是要快。"为了实现这个目标，他必须让美国自越南脱身，但又不能让美国看起来是落荒而逃。"有尊严的和平"是他竞选期间对国人的承诺，这个口号既满足仅仅想要美国撤离越南的自由派人士，也能被右派所接受，他们认为尼克松应该会展现坚定的态度。尼克松并非全然口出诳语。他厌恶北越人，若有可能，他会击溃他们；他也不是一心想要抛弃南越（尽管最终他这么做了）。遗憾的是，尼克松并没有让美国自越南脱身的明确计划，仅寄望自约翰逊政府时代即与北越展开的协商能发挥作用，或许是借由审慎运用力量，并提出切实扼要的承诺。

尼克松的主要兴趣，终究还是在于美国面临的重大议题，以及与苏联的关系。苏联在核武器技术的发展上领头超前，并扩充了他们的海军战力。在勃列日涅夫的领导下，苏联人牢牢钳制既有的势力范围，并把影响力延伸至既有势力范围之外的地区。1968 年，勃列日涅夫不仅宣称苏联入侵捷克是挽救社会主义的必要手段，同时誓言只要苏联认定有必要，也会对其他社会主义国家如法炮制，这后来被称作"勃列日涅夫主义"（Brezhnev Doctrine）。在中东地区，苏联向激进的阿拉伯国家如埃及、叙利亚，提供大量武器装备，并派给他们几千名顾问。

即便在苏联图谋之外的世界，同样有局势不安稳的地块儿：在中东地区，各种迹象显示阿拉伯国家与以色列的冲突再度升高；在拉丁美洲，军人政权时常将对民主政治的蔑视与反美主义混合在一起；在南亚，印度与巴基斯坦仍然处于军事紧张状态；当然还有东南亚本身，越战的硝烟已蔓延至老挝与柬埔寨。美国在欧洲也是问题重重，譬如与法国的关系。法国时常以恼人的方式主张其独立自主性。诚如基辛格所说，重要的北大西洋公约组织，都处在“心神不安的状态”。尼克松就职后一个月随即启程前往欧洲的理由之一，就是要展示美国聆听友邦意见的意愿，而且不再完全被越战情势所牵绊。[13]

但越南问题却不断入侵美国本身。胜券在握的北越并不打算认真与美国协商，放任战况持续胶着，愈来愈多的美国子弟命丧战场，愈来愈多的美国资源消耗殆尽。“不论评估尼克松总统任期哪一方面的表现，”霍德曼在 20 世纪 80 年代末对一位听者说，“不要漏看了越战，那是尼克松头一任期的焦点。无论何时，在每次讨论、每个机会、每个问题上，它都令其他的一切相形失色。”在就职后的那个 11 月，尼克松与其幕僚从防栅保护的白宫，目睹成千上万的反战示威者络绎不绝地拥进华盛顿的中心地区。随着激动的外围群众转趋暴力，政府办公大楼充满催泪瓦斯，霍德曼说：“看他们扯下美国国旗，升起越共的旗帜，那种冲击真的是五味杂陈。”[14]

尼克松忧心越战效应连同其他因素，会冲击美国的世界观。美国是否会在痛苦之中滑向极端的民族主义，或者如同第一次世界大战之后，遁入消极的孤立主义状态？对一位以外交为毕生志业、认为美国是世界的一股道德力量的总统，两种发展都与他的立场相违背。不管乐见与否，尼克松也了解到美国在世界上的主导性已不如以往。如今，美国必须面对自己的相对衰退，以及自信满满的新兴大国崛起。尼克松执政之初，他的常务副国务卿艾略特·理查德森撰写了一份备忘录，精辟地捕捉了总统的思维：

尼克松的外交政策，诚如我的理解，首先是建立在对过去十年来世界所发生变动的现实认识上。对美国所扮演的角色，最重要的是：（一）提振个别国家的能力与决心，以维持他们的自主性与完整性；（二）让意识形态从属于首要的国家目标；（三）根据国内需求，来理解美国的经济、军事资源不是源源不绝的，虽然过去看起来好像是如此。[15]

几天后，即1969年12月8日，这样的观点也得到国家安全事务助理基辛格的呼应，他在媒体简报中提到，美国作为世界上最富有、最稳定的国家，“若没有这个国家的领导，与这个国家所提供的资源，什么事都办不成”的时代，已经结束了。其他国家的角色重要性与日俱增。美国不仅需要应付许多新的国家，还得面对共产主义不再是铁板一块的事实。“因此，我们面临了一个问题，亦即必须在比较不那么美国单边的基础上，帮助建构国际秩序。”[16]

尼克松与基辛格也都认为，诚如尼克松在给国防部长梅尔文·莱尔德（Melvin Laird）的信里所说的，“这些重大议题根本上是彼此相关的”。他说，他不想要建构人为的连结。“但我的确相信，”他附带说，“某个地方的危机或对抗，与另一个地方的实际合作关系，不可能同时长期以往地持续下去。”举例来说，苏联应该认清，他们若想要享受与美国贸易的好处，就该准备进行限武谈判，抑或在越南问题上出一臂之力。1969年10月，在一次与多勃雷宁的会晤中，尼克松告诉这位大使：“苏联如果觉得可以在越南做些什么事，越战因而结束了，美国也有可能大动作改善苏、美关系，动作之大很可能超出他们现在所能想象的范围。”被外界称为连锁关系的策略，套用基辛格的话，也是“一种全面性战略与地缘政治的观点”。忽略事件相互关联的事实，若没有扼杀政策，至少也会导致政策窒碍难行。基辛格埋怨说，困难之处在于美国不习惯以这种方式观察世界：“美国的实用主义（pragmatism）造就了一种问题个别评估的倾向；依据问题本身的是非曲直去解决，缺乏时间感，或脉络感，或感觉不到现实的绵密交织。”[17]

在这绵密如网的现实之中，中国变得愈来愈清晰。尼克松向来且仍然坚定反对共产主义，但这时身为总统的他反共激情已略为消退，与许多同时代的人一样。他们全都认为，苏联是美国的大敌，但他们已经很习惯与苏联打交道。如果他们能跟一个共产主义大国打交道，那与另一个共产主义大国往来又有何妨？美国与苏联的互动，是一个关于可能性的范例。“冷战”是一种冲突，但也是一种关系。两方的政治家都逐渐明白，核武器的存在，意味着美、苏之间无法承担热战的后果。双方有义务展开对话。就像处于紧绷关系的个人，他们有必要了解对手的行事风格，了解可能发生的事。他们两国持续对抗，但手段是迂回间接的。有时候他们也会彼此合作：譬如限制核武器流向其他大国，或者缓和中东的紧张局势。

到了1969年末，基辛格已接纳尼克松的观点，敲开中国大门值得一试。“我们转向中国，”他日后写道，“不是要为20世纪40年代末自由派中国政策的过错赎罪，而是要重塑一种全球均势。”美国，假如一切都顺利的话，最终就能在两国之间维持一种均衡关系，以追求“建设性的目的——使两个共产党大国都有意改善与我们的关系”。或者，诚如基辛格在1973年对尼克松所说的关于国酒的比喻："谨慎关注双方的首都，我们就能继续饮我们的茅台，继续喝我们的伏特加。"[18]

1969年秋天，基辛格开始准备向媒体解释政策的转变。12月，他做了一个新闻简报："我们一向表明，我们没有永久的敌人，我们评断其他国家，特别是像共产主义中国这样的国家，是根据他们的所作所为，而不是取决于他们国内的意识形态。"中国如果加入现存的美、苏双边关系，就变成了三角关系，而基辛格与尼克松都认为这种关系有利于美国。"中国与苏联之间的敌意，"基辛格在回忆录里提到，"要在我们能够与他们两边维持更胜于他们之间的关系，对我们的帮助才能发挥到极致。"美国将夹在两者之间，维持双方的平衡或均势（诚如基辛格的用语）。如此一来，苏联和中国就有了强烈的诱因与美国"有建设性地"打交道。他总是非常坚定地表示，这不是一种打中国牌抗衡苏联或反过来思考的露骨企图；但并非人人都能理解这其中的微妙差别。[19]

第九章　觥筹交错

尼克松访华的头一晚，周恩来依照中国人款待贵宾的惯例，在人民大会堂设宴。人民大会堂坐落在天安门广场旁，是一幢巍峨的建筑物。盛宴、敬酒、交换礼物，全是中国传统的外交礼仪环节。中国共产党人对这类标准程序的重视不在其祖先之下。基辛格的幕僚、1985 年以美国驻华大使身份重返中国的洛德说："他们的整套观念是，将表现殷勤与友好的义务，灌注到来访中央王国的外人心里。事实上，他们想要建立可谓友谊般的关系。他们要我们觉得朋友就是会帮助其他朋友。"[1]

全体美国人，上至总统伉俪，下至飞机的所有机组人员，连同中方的礼宾人员、翻译，齐聚在尼克松下榻的钓鱼台国宾馆的门廊，准备搭车进城。到了人民大会堂，他们走进两层楼高的偌大门厅，那儿的地板光亮无瑕，大吊灯雄伟壮观，周恩来率幕僚在里面恭候迎接他们。贵宾各个步上大阶梯，根据官衔排位照相，然后被带到一间宽敞、摆满圆桌、装饰中美两国国旗的大礼堂。这里最多可举办容纳三千人的宴会；当晚在座的约有一千人。美国人一进场，中国军乐队便奏起一系列美国民歌。

毛泽东显然事先审核批准过中方的出席名单。所以，出席宴会者有北京革命委员会的几位代表（革命委员会是"文革"期间新成立的组织），不过激进派的领导人（包括毛泽东的夫人江青）并没有任何人出席。（日后江青告诉尼克松，当年她身体抱恙，不便出席。）[2] 中方出席的人大多数是党、政、军要员。1969 年夏天，合写大胆报告呼吁中国调整国际视野的十大元帅之一的叶剑英当时也在场。出席的还有姬鹏飞外长，以及他那干练的副手乔冠华。

在世界的另一端，美国人正在观赏晨间节目，看着乐队演奏中、美两国国歌，以及宴会的展开。尼克松伉俪、美方要员与周恩来同桌而坐，这张大桌坐了二十人，其他人则分别坐在十人座的小桌。东道主为每个人准备中英文烫金字的象牙浮雕席次牌，以及镂刻他们姓名的筷子。美方人员行前都听过关于中国人宴会礼仪的通报，也都被鼓励拿事前配发的筷子及早练习。尼克松看来还算习惯，基辛格却始终还是笨手笨脚的。杰出的电视记者沃尔特·克朗凯特（Walter Cronkite）则把一颗橄榄往空中射得老高。“中国人以他们的食物为荣，”白宫的备忘录写道，“建议也可以大大恭维各道菜肴。”[3]

当乐队开始演奏《噢！苏珊娜》《稻草中的火鸡》，以及“文革”期间风靡一时的《大海航行靠舵手》等乐曲，侍者们跟着送上一道道美馔。尼克松曾在白宫设宴时用码表计时，并因能在一个小时以内结束而龙心大悦；这晚，当两大“宿敌”庆贺双方的关系写下新页，美国电视新闻网耗时四小时现场转播，尼克松倒是没有牢骚满腹。每个桌子上都有大型转盘，上头摆有点缀菠萝的鸭肉片、素火腿、三色蛋、鲤鱼、鸡肉、明虾、鱼翅、饺子、甜糕、炒饭，以及迎合西方人口味的面包和奶油。

有些美国人，如国务院的何志立，能说一口流利的中文，少数中国人也能讲英语，其他人都得仰赖翻译。在主桌，尼克松与周恩来断断续续交谈，由毛的传译员唐闻生居中翻译。罗杰斯向中国外长畅谈他心目中的英雄、伟大的高尔夫球选手桑姆·史立德（Sam Snead），但这位老革命并不懂什么是高尔夫球。尼克松夫人言谈优雅，不时向东道主询问有几个孩子这类的问题。[4]

宴会上礼尚往来是重要的外交礼节，送对礼物是一门艺术，不能太过阔绰，也不能太寒酸，而中国人向来精于此道。在帝国时代，中国皇帝总是以丝绸、锦缎、瓷器赠予外邦君主，以示施恩，并确保外邦君主心悦诚服。中国共产党绍承民族文化，继续送诸如瓷器或服饰等礼物给外国人，不过为彰显其革命特质，如今馈赠的对象从统治者变成一般百姓。在特殊状况下，中国也会像老祖宗一样以熊猫为国礼。熊猫生性温驯，大部分的时间不是吃就是睡，或许可象征关系的平稳。公元7世纪，武则天将一对熊猫送给日本天皇；第二次世界大战期间，蒋介石也送给美国一对熊猫。1949年之后，中国共产党也送熊猫给苏联、朝鲜，作为彼此友谊的象征。现在，熊猫“玲玲”与“兴兴”注定要搬进华盛顿的国家动物园了。[5]

礼物问题伤透白宫方面有关决策人的脑筋——中国人会送些什么，又该给中国人些什么呢？基辛格在1971年密访中国时，就拿美国航天员从月球带回来的一块岩石作为伴手礼。中国人收到月球岩石，仿佛乾隆皇帝从马戛尔尼手中收下英国制毛织品，几乎视如敝屣。美国人一度考虑送卢赛特（lucite，一种透明或半透明的合成树脂）材质的纪念章，后来又作罢；最后，决定送给高官美国鸟类的陶制模型，送给低阶官员的则是银碗、打火机或袖扣。尼克松还送了一对麝香牛与两棵来自加州的参天美国杉树。运送这两棵美国红杉树尤其棘手；其中一棵才抵达就因虫害而枯萎，另一棵倒是生长得很茂盛。（与中国的新邦谊巩固之后，加拿大人选择送出他们的国宝级动物。加航飞机盥洗室内的一对海狸，在飞往中国的途中便一路泼水。）[6]

在宴会厅的座位上，每个人都有三只玻璃杯。一杯装水或柳橙汁，一杯盛酒，一杯盛中国闻名遐迩的“茅台”，美国记者称之为“白色闪电”，而丹·拉瑟（Dan Rather）称呼茅台是“液态剃刀”。在主桌上，周恩来得意地向尼克松说，酒精浓度超过百分之五十的茅台，自 1915 年旧金山世界博览会之后，在世界上已无人不知、无人不晓。周恩来在杯子上点火。“尼克松先生，请看，酒真的可以点着火。”（返回白宫后，尼克松也如法炮制，把茅台酒倒在碗里点火，结果还差点儿把白宫烧掉。）尼克松说，他知道红军战士曾喝光某个镇上生产的茅台酒。周恩来拘谨答复：“长征期间，我们用茅台酒来治百病和清伤口。”尼克松接着说：“我就用这万灵丹敬大家一杯”。（黑格 1 月飞往北京磋商行程时，已领教过茅台酒的威力，他很担心不胜酒力出了名的尼克松，喝了茅台酒会丑态毕露。黑格在电报里提到：“无论任何情况，都不该让总统在晚宴敬酒时，真的把酒杯里的酒一饮而尽。”）[7]

白宫方面也提醒，“在晚宴上，酒和茅台是敬酒时用的。除非向你的中国朋友敬酒，否则不要拿起酒杯”。由于每桌都坐有中国人，晚宴的敬酒很早就开始了。滴酒不沾的霍德曼，三番两次地向满腹狐疑的东道主解释他不能喝酒。何志立与中国电力部长大划酒拳，输的人必须大喊一声“干杯”，然后一饮而尽。何志立回忆说：“一部分是因为有茅台助兴，人民大会堂内的气氛高昂。在座的每个人和电视机前的每位观众，想必都感受到美中关系已出现崭新、伟大的进展。”[8]

会堂远处的尽头是媒体记者，其中多数是美国记者，伫立在椅子上，用望远镜见证这历史性的场景。尼克松希望记者在场，就如同他想要电视实况转播，他十分清楚记者的威力。尼克松每天都阅读厚厚一沓媒体报道的摘要，并在纸边写下评语和指示。他想要吸引媒体的注意力，但又不愿让媒体过度窥探；诚如他告诉霍德曼的，他应该保持“若即若离，深不可测、充满神秘感”的形象。不过，他也乐于展现较为粗俗的一面；他曾告诉一位幕僚，“他们的教养不过如此”。[9]

尼克松将大部分记者鄙为“小丑”，是无可挽救的自由派，见解偏颇。尼克松深信他们也对自己怀恨在心，“因为我老爱修理他们”。从阿格·希斯到美国人民的期待等诸多问题上，他们都是错的，他才是对的。（尼克松就职之初，曾指示资深幕僚准备一份新闻界的敌友名单；结果，敌人的名单比朋友长了许多。）尼克松有意绕过新闻界中他视为自由派的记者，直接把手伸向他位于美国中部的支持者。借由总统的职位，尼克松可以塑造新闻话题，不论是提供摄影的机会，或前往电视台发表重大政策声明。（他有能力窃听记者以了解他们的新闻来源，也确实这么做了。）尼克松认为，镜头比文字印刷品对他更为有用。基辛格曾冷冷地说过：“总统面前的电视，就好比酒鬼面前的酒。”[10]

尼克松就是需要像霍德曼这种人。霍德曼的广告界背景，让他很快就意识到电视的潜力。总统大选酝酿期间，诚如霍德曼告诉尼克松的，“走出黑暗时代，进入众目无所不在之美丽新世界”的时机，已经成熟了。在霍德曼的辅助之下，尼克松针对电视台新设立“传播办公室”（office of communication）及其分支机构。白宫方面提供了一系列新闻材料。总统摄影师和海军摄影团队随时待命，好捕捉尼克松总统的威仪，或总统与爱犬帝玛胡王子玩耍的画面。文胆撰述时评和发布新闻，不光发给主流媒体，也发给全美成千上万的小镇刊物。华盛顿的记者时常抱怨，他们不再有接近总统的渠道，无从得知那位遥不可及的独行侠的想法。而这正是尼克松与霍德曼想要的。当媒体抨击总统，譬如说他没能终结越战，行政部门便会反击。1969 年年底，副总统阿格纽大发雷霆，他在一系列由尼克松监督的演讲中，痛批媒体是“由一小撮特权人士所把持的封闭集团”。被视为敌意浓厚的记者，不再受邀参与总统的行程，或不再发给背景简报。某些更糟糕的情况是，记者会被税务人员和中情局干员盯上，对他们进行调查。[11]

在商讨尼克松访华事宜时，周恩来建议基辛格，尼克松访华的随行记者以十人为宜，美方希望把数字往上提，最后中方同意的数字为九十人上下。随后，有两千封记者的申请函涌向白宫，总统幕僚于是对外公布遴选标准。其实，人选由尼克松亲自挑选，他刻意让电视新闻的记者多于平面媒体。此外，尼克松还乐不可支地拒绝像《纽约时报》这类的媒体。（基辛格初访中国时，便曾拐弯抹角地提醒周恩来，对即将抵达北京的《时代》杂志记者詹姆斯·莱斯顿（James Reston）讲话要小心。）纽约当地报纸《新闻日报》（*Newsday*）的记者，才写完一系列有关尼克松与雷博佐两人暧昧财务关系的调查报道，他虽显然符合随行前往北京的标准，白宫还是以“没有空位”[12]为由，拒绝了他的申请。有电台高层主管厚着脸皮，想方设法弄到技术人员的资格，这让被围剿的平面记者非常不高兴。除了白修德之外，他们大都未曾到过中国，或对中国一无所知。

无论多么不信任媒体，尼克松还是了解媒体正面报道这趟中国行的重要性——美国舆论敌视共产主义中国已有一段时间，所以必须说服舆论，相信总统开启两国关系是正确的举动。一如以往，尼克松也很在意他的历史地位。1971 年秋天，基辛格以公开的方式第二度前往中国，任务之一就是磋商媒体报道的事宜。负责总统来访事宜的白宫幕僚，事先浏览行程并勘查拍照的可能地点。1972 年初，基辛格的助理黑格在中国停留一周，为技术专员做最后的安排。然后，在 2 月 1 日，近百人的先遣队伍抵达中国，为尼克松的访问预做准备。他们最迫切的任务之一就是架设通讯网，以利于电视实况转播的作业。

中方预料会与美方先遣人员一起工作，可是美方工作人员为了让尼克松能得到媒体的最大幅报道，以及其他原因，而对细节计划极为讲究，使中方大感吃惊。譬如，在北京机场，美方人员小心翼翼地算出总统专机降落的绝佳位置，以便镜头能从最好的角度，捕捉尼克松下机走向接待人群的画面。机场跑道经过精心测量，并用油漆画下标记。[13]

有鉴于中国相对与世隔绝，所以中国人并未听闻过美方已习以为常的一些技术。1971 年 10 月，基辛格搭乘总统专机飞抵中国，然后由中方人员完成上海到北京的航段，中方人员瞧了一眼驾驶舱内的惯性导航系统后，就无视这套系统的存在，直接采用目视飞航，由一人向另一人打手势。中国人从未见过复印机，对美国先遣人员所携带的复印机十分着迷（美国人得知中国人还在用手抄写文件后，便把复印机留下来）。中国方面没有卫星传输或能迅速将影像传送到国外的设备。中国媒体也不期望实时发布新闻报道。奉派采访尼克松此行的中方资深记者（凤毛麟角中的一位）回忆说，美国记者作业迅速，他们利用快讯报道最新重大新闻，或者由某人先写一小段开头文章，再由其他人接续拼凑出整篇新闻报道，她对这种作业方式感到印象深刻。这位中方记者告诉自己，

“我们应该在速度方面急起直追，改进我们的作业方法”。她还对美国人的设备，可携式电话、长竿子上的麦克风，投以欣羡的眼光。[14]

美国打算携带所有必要的装备，不过他们发觉必须顾及中国人的敏感反应。基辛格在 1971 年 10 月的中国行，曾提到架设通信卫星站的问题。基辛格建议，必要设备可以利用波音 747 运抵中国，然后飞机本身就可以作为容纳器材的空间。周恩来则是提出购买飞机、设备等所有东西的要求。“如果我们无法购买，我们会向你们租用。”最后折中的结果是，中国人承诺搭建合适的建筑（他们确实以创纪录的速度完成），然后租给美国人使用。而美国人将提供设备，让中国人可向美国人租用。（交涉过程并不顺利，因为中方认为美方索价过低，令美国人大惑不解的是，中方坚持付给比美方要求更高的价钱。）周恩来也对美国人期待这次访问有助于强化尼克松的世界领导人形象，提出某种程度的怀疑。周恩来告诉黑格：“我们实在很难理解。一个人的形象取决于他的所作所为，而不是其他的因素。我们不认为世界领导人的形象是可以塑造出来的。”[15]

尼克松抵达前三个礼拜，先遣工作人员即不眠不休地架设媒体器材，在所有尼克松伉俪有可能造访的景点，计算出最佳的摄影角度，并确保中方能理解他们的要求。他们可以发送电报吗？长城当地可有电话线？中国有可用来卸下重装备的堆高机吗？中方不知所措，不过相当配合。中方技术专家着迷于他们仍不熟谙的新科技，而要求把所有作业手册都抄写成中文。庞然大物的空军一号降落在上海机场，卸下好几吨重的装备，包括好几加仑摄影用的化学药品。当第一架飞机降落，第一台大型电视转播车出现，负责作业的白宫职员提姆・艾尔包恩（ Tim

Elbourne）与目瞪口呆的中方同事站在一起，骄傲地流下眼泪。[16]

在华府这边，行政部门还在试图追加随总统出访的记者名单。每个幸运中选的人都收到特别简报。他们收到叮咛，北京冬天酷寒，纷纷赶忙去购买御寒的衣服。他们必须注意自己的健康，否则一旦住进中国医院，恐怕就出不来了。他们势必要长时间工作，因为人手不可能像平常那么多。[17]

两架专机搭载记者、摄影师、支持的工程人员，连同导览书籍和器材设备，比尼克松早一步抵达中国。记者群中包括电视名人华特・克朗凯、埃里克・塞瓦赖德（Eric Sevareid），作家詹姆斯・米契纳（James Michener），以及白宫正有意拉拢的保守派威廉・巴克莱（William Buckley），他们搭乘同一班机。年轻的芭芭拉・沃尔特斯（Barbara Walters）是同行当中仅有的三名女性之一，她为了被贬谪到绰号“动物园飞机”与摄影、技术人员在一起而大动肝火。[18]

在飞往中国的途中，记者练习用筷子吃飞机上的料理，官员一行人也做了同样的事。他们还用分到的人民币为赌注打牌。根据记者海伦・托马斯（Helen Thomas）的描述，她有些同事还放弃饮酒作乐的机会，废寝忘食地阅读有关中国的书籍、报告、旅游指南。诚如她所说，自尼克松以降的大多数美国人都使用相同的比喻，形容访问中国就像是登陆月球。即便是阅历丰富、久经世故的老手，当飞机进入中国的领空，也忍不住赶紧冲到窗户瞧中国一眼。[19]

在北京，记者团住在天安门广场附近、体现出苏联建筑风格的“民族饭店”。在比多数记者习惯上更为朴素的房间内，糖果盒、新鲜水果、茶和邮票，已贴心地预先备妥。浴室内的木质马桶盖都重新上漆，不幸的是，天然漆中的漆树萃取，会让对漆过敏的人有痛苦的灼热感。（先遣队伍早已领教过他们戏称为“狒狒屁股”的状况。）[20] 民族饭店旁一栋新盖的房子内有篮球场与保龄球馆，这是因为先遣人员曾提到记者们也许需要做点儿运动，于是中方便在几周内赶紧搭建的。

每个美国人都配有一位中国人兼做翻译、向导以及监督者，这些中国人大多数本身也是记者。其中有位来自当地大学的学生，就对美国人的工作热诚印象深刻；导致他下定决心以记者为终身志业。美国人并不知道中国人当中有许多人因知识分子的背景，而被下放到农村进行改造，后来又被调回来。中国人向来彬彬有礼，总是直率地表达对美国人做事方法的好奇，如发送新闻稿、曝光量和胶卷速度等。中国人有时也会承认他们有所困惑。有人对电视制作人说：“我几乎知道你所讲的每个东西，输出（feed）、对空通讯（uplink）。但有个东西你一直说个不停，我却听不懂。可否请你解释，什么是‘他妈的音频’（fucking audio）呢？”[21]

晚宴进行到一半的时候，周恩来起身走上人民大会堂一侧的舞台。周恩来通过翻译，表达代表毛主席与中国政府欢迎尼克松伉俪之意。

尼克松这趟中国行，这场晚宴的重点在于象征意义，在于握手寒暄，在于两国领导人举杯敬酒——几十年来，他们所代表的国家彼此不信任。这场晚宴是关于国际地位，是关于唯恐杜勒斯怠慢周恩来的行为发生在自己身上，是关于在世人面前丢面子或保住面子。这同样重要，无论对中国人还是对美国人。它亦呼应了中国与外邦长期以来时而棘手的关系。不论中国是否真是世界的中央王国，几世纪以来，中国朝廷一直透过仪式的使用，彰显他们的皇帝乃天命之子，其他外邦君王则是天子的臣属。送礼给中国皇帝，与中国贸易往来，都被理解成朝贡。这虽不是对中国与外邦关系的实际观点，但却是一个影响深远的观点。臣属的统治者，换言之，也就是中国以外的所有番王，必须得到允许才能踏上王土，他们不可能受到中国皇帝的邀请，因为此举形同表示双方之间存在对等关系。[22]

周恩来继续他的祝酒辞，言谈更为现代。他说中国竭诚欢迎美国人远道而来，反映了中国共产党认为全世界人民有朝一日将合而为一的观点。两国人民都企盼双方的关系正常化。“人民，只有人民，才是创造历史的动力。”出席者都明白两国关系何以冰封了二十年。有鉴于双方的努力，两国的接触已经展开。当然，这并非轻而易举之事。“中、美的社会制度截然有别，中、美两国政府之间仍存有歧见。”但双方都不愿开战，且双方都愿意在相互尊重的立足点上共同合作。周恩来总结说:“我们期盼,通过双方的坦率和意见交流,更清楚了解我们之间的差异，努力找到共同的基础，必能为我们两国的关系开创新的起点。”然后周恩来举起酒杯，向在场的美国人与中国人，以及中、美两国人民的友谊敬酒致意。周恩来步下台阶，穿梭于官员桌之间，依序和每位贵宾举杯敬酒。[23]

几道菜后，轮到尼克松答礼。尼克松想让自己的祝酒辞看似即兴不做作，私底下他和幕僚为此准备了好几个礼拜。不过，这却导致尼克松和国务院的年轻传译傅立民，在晚宴开始前不久闹得不太愉快。傅立民出身新英格兰的传统家庭，家教甚严，为人彬彬有礼，他诙谐机智、多才多艺，拥有语言天分。他在美国和台湾学习中文，说得一口典雅流利的中文，言谈间还能不时引经据典。尼克松、基辛格尽管担心机密遭泄露，而不愿启用国务院的翻译员，不过当晚稍早，傅立民被告知他将担任尼克松的传译。傅立民要求事先看看尼克松致辞的讲稿，行程秘书查平回说，根本没有准备讲稿。傅立民指出他准备了一份初稿，也知道尼克松打算引用毛主席的诗词。“你若以为我会起身在中共政治局全体委员面前，即兴把毛主席的诗回译成原来的文句，那你一定是疯了。”所幸，周恩来的翻译员冀朝铸同意出手相助，而毛的诗词也正确无误地翻译成原来的文句。在整个晚宴上，尼克松都没给不幸的傅立民好脸色，忐忑不安的傅立民因此破了戒，又开始抽起烟来。两天后，当傅立民展现他的翻译才华，尼克松才向傅立民道歉，并对周恩来说，傅立民说不定就是美国首任驻华大使。就在周恩来喃喃嘀咕，好像是在说“总会有那么一天”时，受窘的傅立民心想，“那真是不自然”。[24]

尼克松先是对周恩来的竭诚款待恭维一番。筵席的菜肴“出色”，军乐队也很了不起。“我从来没有在国外听过奏得这么好的美国音乐。”尼克松和周恩来一样，坦承中美之间还存在许多差异。不过，无论如何，中、美两国人民还是能够缔造一个和平的世界，让年轻一辈的人，好比他自己的女儿们，能免于战争的恐惧。“因此，就让我们在往后的五天，携手展开一趟长征，不是齐步走，而是自不同的道路迈向共同的目标，这个目标就是要缔造一个和平、正义的世界架构，让人人都能同样有尊严地站在一起，国家不论大小，都有权决定自己的政府形式，免受外界的干预和宰制。”让傅立民坐立难安的那一刻终于到来，尼克松引述毛泽东的话：“毛主席曾写过，‘多少事，从来急；天地转，光阴迫。一万年太久，只争朝夕’。”[25]

尼克松举起酒杯，向缺席的毛泽东，向周恩来，向中、美两国人民的友谊致意。这时乐队奏起《美哉！亚美利加》（*America the Beautiful*）的旋律。尼克松很高兴得知这是周恩来亲自挑选的曲子，因为尼克松的就职典礼上也有这首曲子，周恩来还举杯为客人的连任就职干杯，尼克松认为这“意义重大”。音乐声响起，轮到尼克松向贵宾桌举杯敬酒。看到尼克松带着舞台总监般的自信，霍德曼认为“这实在太壮观了”。“他的一举一动极有说服力，沉稳地站在每个人的面前，注视着对方的眼睛，举起酒杯，轻轻碰触对方的酒杯，浅啜一口，再次扬起酒杯，断断续续向对方点头，然后转身走向下一位面前，重复先前的动作。”[26]

但并非人人都与霍德曼同感喜悦。根据保守派记者巴克莱的说法，“那感觉就好像是让哈特利·萧克罗斯爵士（Sir Hartley Shawcross）在纽伦堡大审时，从检察官席起身走下来拥抱赫尔曼·戈林（Hermann Goring）、约瑟夫·戈培尔（Joseph Goebbels）、卡尔·邓尼茨（Karl Donitz）、鲁道夫·赫斯（Rudolf Hess），乞请他们加入打造美好世界的行列”。地球的另一端，阿尔巴尼亚的独裁者恩维尔·霍查（Enver Hoxha）在日记里写道：“晚宴上乐队演奏《美哉！亚美利加！》美哉，美国的百万富翁、千万富翁！美国，这法西斯主义、野蛮帝国主义的中心。”在20世纪60年代，阿尔巴尼亚是中国少数友邦之一。[27]

根据中国人的惯例，最后一道菜上了之后，宴会便戛然而止。宾客开始走向座车，记者则赶稿写新闻。美国知名电视记者追上一脸困惑的中国副外长乔冠华，徒劳无功地想要取得独家专访。“我是埃里克·塞瓦赖德。”他向可能从未听说他名号的人自我介绍。加拿大记者约翰·伯恩斯（John Burns）取走尼克松用过的筷子当纪念品。有纽约商人出价一万美元要买这双筷子，但伯恩斯就是不为所动。[28]

返归宾馆，陶陶然的尼克松召集霍德曼、基辛格到他卧房，花了一个小时的时间检讨在华头一天的每件事，从飞机抵达，到与毛泽东的会晤，到最后的晚宴。霍德曼报告说，截至目前媒体的报道都十分正面，尼克松听了相当愉快。“在我们重新复习这周的行程之后，总统终于决定结束这一天，这也是美国史上值得大书特书的一天的结束。”[29]

第十章　展开行动

周恩来在晚宴上举杯敬酒说："我们两国人民向来友好相待。但是基于众所周知的原因，双方人民的接触推迟了二十多年。现在，通过中、美两国的共同努力，和睦交往的大门终于打开了。"开启这道大门的过程困难重重又难以捉摸，几度让人以为这是比登天还难的任务。

日后，基辛格以复杂的小舞步曲来形容美、中各自克服偏见而展开双边关系的步调："安排得如此巧妙，以至于双方都能一直说他们没有任何接触；如此风格独具，以至于任何一方都不需表现出主动的样子；如此圆融周到，以至于双方的既有关系都不受危害。"[1]这样的安排方式确实是明智的；双方都有想要对话的理由。然而，若没有合适的人选事先推动对话的过程，不论尝试几次终究都不会成功。有鉴于毛泽东是中国最高领导人，一旦他认为与美国交往有其必要，便能指示他的干部与美国人共事。毛泽东也有能耐保证，基辛格初次密访中国与促成密访的苦心谈判，皆不会走漏半点儿风声。不过，毛泽东无法担保美国人会作何反应，或者阻止美国新闻媒体抢先披露新闻。所幸，尼克松有基辛格这般得力的幕僚辅佐，而且对敲开中国的大门意志坚决，并欲于民意凝聚之前为之。

往来的每个讯息，协商基辛格密访与随后尼克松中国行的每个细节，若是都摊在众目睽睽之下，美方只会陷入公共争议的风暴。诚如黑格将军所说的："与中华人民共和国开启对话的敏感性高到无法高估，而且可能引发我们国会的一阵骚乱，而使整个计划胎死腹中。"[2]况且，美国的盟邦日本、中国台湾，自然也会表达他们的观点。中国共产党人对开放社会的运作一知半解，会因而以为美国政府没有诚意展开关系而中途收手。

的确，尼克松与基辛格是可以善用乐见中美关系改善的强大潮流，但若没有尼克松、基辛格灵活且秘而不宣的开局手段，这一切就不可能发生。尼克松、基辛格天性就喜欢暗中行事，以致有同僚形容他们在这方面已到了偏执的地步。当他们无法据实告知手下专家，或以尼克松为例，当他试图隐瞒"水门事件"时，这种暗中行事的做法并不总是能够奏效。人事上的隐匿并非总是必要，可是在细腻的协商中，而且是如此容易造成误解的情况下，保守秘密是很重要的。尽管尼克松、基辛格认为国务院老是走漏消息不见得公允，不过他们仅让少数人得知与中国的初步接触，却可能是正确的做法。因为即便此事极为保密，《纽约时报》特派员仅靠外交圈的蛛丝马迹，便大致察觉1970年秋天有事情正在发生。

稍后几年，尼克松、基辛格二人鼓起勇气，下定决心展开与中国的关系，而违逆了胆怯怕事的官僚体系，以及立场亲台、触角无所不在、能够渗透进国会和媒体的强势中国游说团。1998年，基辛格在一次访问中指出，国务院当时认为与中华人民共和国的任何敦睦动作都"十分危险"。苏联专家警告，假如美国打算玩弄三角外交，恐怕会对美苏关系造成严重的后果。"当然，"基辛格在回忆录里写道，"我们的设想，绝不是'利用'中华人民共和国来对抗苏联这么粗糙简单。"他说，官僚体系不仅口风轻率容易走漏消息，还拒绝接受尼克松为他们真正的领导人。“这位总统并未追随《纽约时报》社论的方向，这可是被认为有违常理的。”[3]

尽管尼克松经常抱怨自由派，其实他还是可以寄望来自学术界和国务院内可观的支持力量。到了1968年，过去规划中国政策的强硬派大都已告老还乡。年轻一代认为，套用其中一位的讲法，“我们应该朝与北京亲善的方向前进”。[4]

尼克松就职几个月前，中国与美国还在继续寄送类似瓶中信的讯息给对方，有时还会传回来某些答复。对中华人民共和国进行中文广播的“美国之音”（*The Voice of America*），缓和了它的广播用语。国民党人口中的“北平”，变成了共产党自称的“北京”。美国人直到日后才恍然大悟，中方留意到广播措辞的变化，而开始对其个中意义多所推敲。[5]1968年8月，苏联入侵捷克斯洛伐克后，国务院传讯息给中国，希望重新恢复双方自20世纪50年代中叶以降在华沙进行的大使会谈。中国有感于苏联干涉共产党阵营兄弟国家的内政，而以非比寻常的速度回以肯定答复。

随同尼克松前往中国的何志立，回忆华盛顿方面的兴奋之情，忆及中国的答复时说：“中华人民共和国一贯的政策，是在和平共处五项原则的基础上，与所有国家维持友好关系，而不论其社会制度如何。”这五项原则，周恩来在尼克松的欢迎晚宴祝酒辞中曾经提到，自20世纪50年代初，周恩来对印度总理尼赫鲁说出口之后，就被奉为中国外交政策的金科玉律。多年后，这五项原则虽不能阻止中、印两国兵戎相见，不过它传达高尚卓著的情操：相互尊重主权和领土完整、互不侵犯、互不干涉内政、平等互惠，以及和平共处。但说来奇怪，当赫鲁晓夫同样使用和平共处的字眼勾勒美苏关系时，中国人却勃然大怒。何志立说：“好家伙，铃声到处哨哨响。”[6]

双方都同意重启华沙会谈。美国人并未立即与中华人民共和国重新展开接触。况且中国依然处于“文革”的狂潮之中，对美国的猜疑又根深蒂固，要得到中国的响应是不太可能的。再者，毛泽东心意的转向一直到秋天与苏联开战才发生。

不过，在这一整年间，美国人再三释放出强烈的讯息，期望改善与中华人民共和国的关系。那年春天，罗杰斯在纽约发表关于外交政策的重要演说，声称“我们应该采取主动，重建与共产主义中国更为正常的关系，我们应该对他们较无敌意的任何讯息保持回应”。[7]尼克松就职的头一个月，便下令终止美国海军所属高速巡逻艇在中国沿岸的挑衅扫荡行动，同年秋天又下令停止第七舰队定期巡弋台湾海峡。1969 年 7 月底在关岛举行的记者会上，尼克松虽然指称中华人民共和国实行“十分好战”的外交政策，不过他也提到，美国已从越战中吸取教训，不再以军事方式支持他的盟国。此即日后所谓的“尼克松主义”。

7 月，基辛格所属的改造后的国家安全事务委员会建议，美国应该一步步改善与中国的关系，而不必等到中国有任何的回应。行政部门松绑美、中两国贸易和旅游往来的种种限制。持有美国护照的某些专业人士，如学者、医生，如今已可以前往中国，并携带他们所购买的东西回到美国（起初，仅有少数美国人能够带中国的商品回国）。美国公司也不再因其海外分公司与中国做生意而惹上麻烦。这些改变看似很小，却是象征美国外交政策的重大思维转向已经发生了。

美国也通过迂回的渠道向中国释放秘密讯息。美国外交官暗示波兰人、柬埔寨人、法国人，让北京知道美国基于改善双边关系的设想，希望能重新展开对话。在巴黎，美国大使馆的代表被告知待命，等候当时还是行政部门低阶官员的唐纳德·拉姆斯菲尔德（Donald Rumsfeld）的拜访，他将携带要交给中国的信函——结果这趟行程并未付诸行动。自关岛搭机展开亚洲行之际，尼克松在飞机上命令何志立草拟一封信函，传达相同的讯息给中华人民共和国。巴基斯坦与中国关系素来友好，在短暂逗留巴基斯坦期间，尼克松敦请叶海亚·汗将军充当他与中国的中间人。尼克松可能也请另一位独裁者、罗马尼亚总统齐奥塞斯库做同样的事，他是尼克松拜访叶海亚·汗后的下一个对象。8 月底，美国人尝试恢复在华沙的接触。当美国外交官造访中国大使馆时，他们受到馆方的热诚接待，不过中方拒绝恢复会谈（中国大使本人正在中国接受再教育）。[8]

尼克松在国内低调行事，准备调整美国的中国政策。2 月初，他指示国家安全事务委员会研究美国对中国以及台湾地区的现行政策，共产主义中国对亚洲的可能意图，以及“美国接近中国的其他途径及其可能的代价、风险”。他还命令基辛格，低调地向政府部门和政治圈透露，当局正在试探与中国敦睦的可行性。“我会继续酝酿这样的想法。”尼克松说道。尼克松本人亲自向政坛大佬、参议院多数党领袖迈克·曼斯菲尔德（Mike Mansfield）透露他的想法，尼克松告诉曼斯菲尔德让中国担负起“全球责任”的时机已经成熟了。尔后，在那年 6 月，曼斯菲尔德通过柬埔寨的西哈努克亲王与周恩来接触，探询他造访中国的可能性，曼斯菲尔德的询问虽然石沉大海，不过此举已引起中方的兴趣。[9]

是年秋天，尼克松向基辛格提议，说他想对两位强硬派大佬透露美国“微妙”转向中国的可能性，这两人分别是明尼苏达州的众议员周以德，还有参议员卡尔·墨德（Karl Mundt）。中国游说团是一批坚定拒绝承认中华人民共和国的“冷战”战士，到了20世纪60年代末，他们在过去一度极具分量与影响力的场域中，已俨然成了强弩之末。中国游说团的诸多元老级支持者，如亨利·卢斯已离开人世，尽管他的遗孀克莱尔·布斯·卢斯还很活跃；其他如尼克松本人，则想着挥别过去的时机已经到来。向来扑朔迷离的美国民意，似乎在疑惧红色中国与接纳中国成为联合国会员的两端拉扯。到了60年代末，美国学界渐渐出现呼吁开放与中国对口单位接触的声音。或许，更重要的是，美国商界也要求与中国进行贸易往来。[10]

尼克松就职的头一年，中华人民共和国没有显露出任何迹象，表示他们已察觉美国人态度有所转变。6月，中国驻华沙的代表响应美方的探询，提到他的政府无意立即重启搁置中的会谈。事实上，中国政府，其实就是指毛泽东本人，正密切关注美国人的种种兆象。更重要的是，毛已开始感觉尼克松似乎是他可以打交道的对象。毛显然已读过尼克松在1967年发表于《外交事务》的那篇文章，并推荐周恩来也去读。当尼克松选上总统时，毛同意《人民日报》刊登尼克松的演讲。演讲辞是以“沉痛的忏悔”为标题没错，不过它散布了尼克松想要有一个开放世界的想法，其中没有哪国人民应生活在“愤怒的孤立状态”。周恩来一度指示与美国相关的所有政府部门，都要密切观察美国的政策。[11]

随着1969年慢慢过去，而来自苏联的威胁转趋明朗，中国显然有必要打破目前的孤立状态。十大元帅拟定了中国大战略的报告，而毛泽东也慎重思考这份报告的主张。中国又开始派出驻外大使。不少美国友邦不愿再苦等，而中国这方面，显然也愿意增加与世界各国的接触，即使美国不是最先接触的对象。在 1970 至 1971 年这段期间，中国与包括意大利、冰岛在内的许多国家重建外交关系。

在所有外交关系的接触之中，别具意义的是中国开始与美国的北邻加拿大展开对话。加拿大人同西方国家一样，在“冷战”之初的年代特别挂虑苏联，并曾加入朝鲜战局，但他们并未强烈感受到共产党中国的威胁。加拿大传教士过去几十年来在中国十分活跃，不论哪个政府执政，他们普遍同情中国。加拿大外交界的中国通，大多是传教士的子弟，他们在中国长大成人。总之，加拿大人并不认同美国对共产党中国采取的强硬路线，而且如美国其他友邦一般，对美国延宕朝鲜战局，且口无遮拦地说要使用原子弹驱逐新政权，感到不安。20 世纪 50 年代，加拿大外交部即主张承认中华人民共和国，而路易斯·圣劳伦（Louis St. Laurent）的自由派政府也举手赞成。然而，加拿大必须在诸多因素之间取得平衡。

加拿大仍然唯英国马首是瞻，而英国方面已经与中国建交。再者，有愈来愈多的英联邦成员国在 50 年代承认中华人民共和国，加拿大自己也在乎英联邦的团结。此外还有美国，美国总是加拿大人思考中的一个变量。加拿大若是太过远离美国政策，可能会伤害到北大西洋公约组织的同盟，以及加、美两国之间的关系。美国当局如果认定其友邦对中国态度过于软弱，很容易就会大发雷霆。60 年代初，中国京剧团前往多伦多表演，美国当局宣称凡购买戏票的美国公民，形同违反美国法律。当少数美国人不顾一切买票听戏时，他们因而得到义愤填膺的加拿大人的热情欢迎；长期以来，加拿大人常常因美国政府老是要在境外强行行使美国法律，而感到愤愤不平。[12]另外，加拿大与美国的关系休戚与共，更胜中国，所以加拿大政府不论作何感想，有时甚至口出惊人之语，也都不会在中国议题上越雷池一步。

直到50年代末，加拿大突然发觉中国共产党人频频向他们示好，不是为了外交承认，而是有求于加拿大的小麦。中国新闻披露中国遭逢严峻的粮食短缺（对真实情况的轻描淡写）。加拿大政府一度打算无偿提供援助，不过认为中国人可能会把善举视同羞辱。无论如何，中国起初准备支付强势货币，而且若是能取得一些贷款额度，似乎还想买下更多的加拿大小麦。加拿大麦农乐观其成，舆论则是静悄悄的，尽管美方表示反对，60年代加拿大政府还是持续开放双边贸易。加拿大驻香港的贸易代表持外交护照往来于中国，俨然是加拿大的外交官。在渥太华，外交部年复一年地讨论要给予中华人民共和国外交承认，但直到60年代末都一事无成。

1968年，加拿大新总理上台，事情开始有了转机。皮埃尔·特鲁多（Pierre Trudeau）虽是出了名的激进自由思想家，不过他基本上是个务实主义者。一方面，他本人虽对美国文化或美国并不特别感兴趣，但他明白加拿大别无选择，只能与巨人邻居和睦共处。另一方面，他亦认为加拿大的外交政策过于固步自封，察觉到加拿大人逐渐想要与美国保持距离的意愿。加拿大人刚刚庆祝建国百年，整个国家沉浸在蓬勃文化发展与加拿大民族主义的情绪中，或许连加拿大人本身都对此感到意外。大批美国逃兵蜂拥而入，让加拿大人理解到在越南问题上，美国错得离谱，而加拿大正确无误。〔加拿大并未加入战局，这主要是因为他在“国际监察委员会”（International Control Commission）扮演的角色，该组织设立于1954年，目的是监控中南半岛所通过的种种协议，因而把加拿大排除在战局之外。〕对曾两度以平民身份造访中国的特鲁多而言，拒绝承认中华人民共和国的政府似乎是不合理的。

特鲁多执政不久即指示全盘评估加拿大的外交政策。对于亚洲，学者专家应该将中国台湾纳入考虑。随着加拿大人步步为营地扭转他们的中国政策，美国人感到不快；根据传闻，国务卿罗杰斯告诉他的加拿大对口代表：“我们实在不喜欢你们正在做的事，不过你们还是我们最好的朋友。”1969年1月，加拿大内阁授权准许其驻瑞典代表与中国大使接触（瑞典是绝佳的中立地区，拥有良好的沟通）。加拿大的三等秘书适时邀请一位熟识的中国人出席家中晚宴，并欣赏以白求恩（Norman Bethune）医生为题材的新电影；这位加拿大籍医生在共产党人眼中是为革命献身的圣人。这位中国外交官有义务向北京汇报邀请事宜，两周后，晚宴当天的下午，授权出席晚宴的急电传到，很可能是毛泽东本人批示同意的。这部加拿大电影呈现白求恩活跃、多彩多姿的传奇一生，或许令这位中国外交官不知所措，但他们确实感受对方的友善意图。北京传来开启建立外交关系会谈的许可。尽管当时的“文化大革命”让中国对外面世界所知有限，加拿大被视为是美国阵营中相对友善的大国；加拿大人对会谈感兴趣，这或许是美国人思维改变的一个迹象。[13]

加、中的会谈轮流在中国大使馆与加拿大大使馆举行，中国大使馆是一幢雅致、古朴的斯德哥尔摩房舍，而加拿大大使馆则是坐落于红灯区、外观平庸的官式建筑；会谈的进行高度形式化且旷日持久，必须禀报请示各自的政府。到了1970年秋天，协议内容大致敲定，使用中文或加拿大官方语言文件的关键问题有了结果后（双方折中采用瑞典文），加拿大与中国同意 10 月正式建立外交关系。首位加拿大外交官于 11 月抵达北京寻找住所。1971 年 2 月，中国在渥太华开设大使馆。

此时，美国自己亦暗中寻求与中华人民共和国的接触。由于美国迂回释放讯息并未得到中国的响应，1969 年秋天，尼克松与基辛格决定采取单刀直入的方式。美国驻华沙大使沃尔特·斯托塞尔（Walter Stoessel）受命与当地中国外交官接触。12 月 3 日，斯托塞尔与略懂汉语的同僚前往南斯拉夫人举办的时装表演秀，而所有外交使节团都获邀出席。正当中国首席代表要离去时，这位会讲汉语的美国人冲过去拦下他。“我自我介绍。然后，你可以想象，他表现得像个地道的中国人，鞠躬握手。我说，‘我希望你能见见我们大使’。”斯托塞尔传达美国政府要求会谈的讯息，并询问他们是否可以再碰面。这位中国外交官慌慌张张地用中文说：“好的，好的。”然后就跑向正在等他的座车。周恩来日后告诉美国人：“你若想让中国外交官心脏病发作，你就在外交场合对他说话。”[14]

这位中国大使即刻向北京回报这“非比寻常的举动”，周恩来马上去找了毛泽东。“机会来了，”周恩来告诉主席，“现在我们已握有敲门砖。”服装秀结束后四天，中国代办雷阳悄悄拜访美国大使传达消息，说中国政府决定释放自 2 月以来即关押在狱中的另外两位开游艇的美国人。12 月 11 日，斯托塞尔响应中国之邀。媒体注意悬挂国旗的黑色轿车忙进忙出，国务院则根据标准作业程序通知所属各部及驻外大使。据基辛格表示，尼克松担心主动出击的消息过早曝光：“孩子还没生下来恐怕就被我们扼杀了。”基辛格认为这是国务院僵化、颟顸的又一明证，也是何以白宫应该主导中国政策的很好理由。1970 年 1 月 8 日，中国与美国宣布重启华沙会谈。尼克松在一个月后送交国会的外交政策报告里说道：“采取可以实质改善与北京关系的步骤，这当然是基于我们的利益，以及亚洲乃至全世界之和平稳定的利益。”[15]

在 1 月 20 日的一次非正式会议上，斯托塞尔奉华盛顿方面的指示告诉雷阳，若有必要，美国打算派高级代表前往北京进行讨论。在 2 月 20 日召开的首次正式会议上，已接获中国指示的雷阳答复说，中国愿意接见美方高级代表，“以进一步探讨中美关系根本问题的解决办法”。他提到对中国而言，最根本的问题就是台湾的未来地位。美国有心改善与中国的关系，但却持续支持长期以来不被中国人民接受的“蒋介石集团”。“这难道不是自相矛盾吗？”不过，双方还是同意再次会晤。中方礼貌性地婉谢茶水离去。到头来，这是最后一次正式召开的华沙会议。[16]

在美国，白宫与国务院之间争论不休，双方争论的焦点是，在关系未有实质性改善之前就考虑派使节前往中国，是否为明智之举。国务院质疑，此举是否会造成美国与亚洲盟邦如日本、中国台湾关系的生变？中国难道不会利用美国表现的热衷，让苏联被迫与之重修旧好？基辛格大表不快，他眼中官僚的食古不化莫此为甚。外交官自然想维持老式的谈判方法，“不求结论、不求真相，也不要有灾难和针锋相对”。美国人内部争得面红耳赤时，下一轮的谈判日期也就跟着延宕。到了春天，中南半岛长期纷扰不休的冲突打乱了华沙渠道的微妙对话。3 月，柬埔寨的局势突然恶化，由美国撑腰的朗诺（Lon Nol）将军推翻了西哈努克亲王的中立政府。5 月初，西哈努克亲王在北京成立流亡政府，南越人和美国军队入侵柬埔寨，以拥护朗诺政权。中国发表声明，谴责这是“厚颜无耻”的侵略，并声称在这种局势之下，“不适宜”举行原定5月20日召开的会议。天安门广场上示威人群麇集蜂萃，毛泽东呼吁全世界人民抵抗“美国侵略者和他们的走狗”。[17]

乍看之下，中、美两国关系又倒退到冰封时代。此时的尼克松，可想而知，专注于中南半岛以及美国各地因柬埔寨而起的示威抗议。诚如日后所揭晓的，毛泽东正开始怀疑他选定的接班人、国防部长林彪的忠诚。虽然如此，还是有乐观迹象显示双方仍有意愿改善两国的关系。5月的第二个礼拜，抗议入侵轰炸柬埔寨而起的示威运动让华府举国震撼，尼克松不顾维安人员与幕僚的想法，冲动地决定走出白宫直接与示威人群讲话。在林肯纪念堂的一场诡异的深夜谈话中，尼克松试图对一群学生自我辩解，并谈及他的愿景。尼克松在毫无章法、但被广泛报道的谈话中，鼓励学生多多旅行，不只见识这个国家，更要走向全世界。而他对所率领的政府最重要的期望之一，就是“敲开广袤中国的大门，让我们了解住在中国的七亿人口，这地球上最引人瞩目的人”。是年秋天，尼克松接受《时代》杂志的访问，提到“在我死前假如还有什么愿望的话，那就是到中国去。如果我没去成，我希望我的孩子们能”。[18]

尽管1970年5月入侵柬埔寨的事件，中断了中、美渐次开展的接触，但双方在态度上并没有退回原点。7月，就在美军撤出柬埔寨之后，中国突然释放了一位命运多舛的传教士，他在中国狱中被关了二十年（这位传教士经由边界，被人用担架抬往香港，不久即蒙主宠召）。中方还宣布，关押监狱里的美国人几年前已自杀身亡。美国这边撤除了长久以来的反对立场，允许意大利输出重型货车给中国。作为交换，意大利获得冷冻猪肉。那年秋天，在款待罗马尼亚齐奥塞斯库的国宴上，尼克松首度脱口说出“中华人民共和国”这个称呼。

部分出于不信任由国务院掌理华沙渠道的接触，尼克松与基辛格此时决定建立属于他们自己私人、高度机密的渠道。他们希望巴黎是其中之一。驻巴黎武官弗农·沃尔特斯（Vernon Walters）已待命一年多了，他在1970年夏天接获指示，代尼克松传话给中国大使馆，表示美国打算进行秘密会谈，且若有必要，尼克松可以指派一名高阶官员前往巴黎。沃尔特斯在回忆录里并未提到确凿的时间点，有一回他从波兰大使馆做客出来，发觉他独自与中国武官方文等候接送座车。沃尔特斯逮到机会用法语表示，他有尼克松要给中国政府的讯息。方文结结巴巴地连忙说道：“我会告诉他们，我会告诉他们，我会告诉他们。”[19]沃尔特斯尚未来得及转交信函，方文已跳上他的奔驰离去。几天后，沃尔特斯才终于转交手中的信函。中方对待沃尔特斯慎重而礼貌。

巴黎渠道并未立即奏效。直到下一个夏天，在基辛格密访北京之后，他才与中国驻法国大使对上话。基于某些理由，或许基辛格已习惯秘而不宣，所以他都是使用化名进出巴黎，神不知、鬼不觉地往来沃尔特斯的住处和中国大使馆。长期下来，沃尔特斯与同为退休将领的方文变得相当亲近。他们一同为尼克松的行程打点细节，交换对苏联与如何对付毒贩的见解：前者是个威胁，后者的解决方法是处以极刑。沃尔特斯离职时，中国人照惯例送他蜜饯作为礼物；沃尔特斯受不了蜜饯的味道，不过他担心危及身家安全，于是把蜜饯全塞进保险箱。[20]

尼克松、基辛格开启的另一个渠道是巴基斯坦，而正是通过这个渠道，终于产生了他们期盼已久的重大突破。自1969年以来，尼克松便通过叶海亚·汗居间传递讯息给北京。譬如，那年秋天，美国请叶海亚·汗向中国转达美方打算取消第七舰队巡弋台湾海峡的消息。双方舍弃现代科技，仅仅通过可信赖的使者居间穿梭，方法犹如古希腊或文艺复兴时期威尼斯使节的翻版。尼克松若想与北京接触，他或基辛格便将要传达的内容，用打字的方式打在普通纸张上，不留下署名，然后交由巴基斯坦驻华盛顿大使阿嘉·希拉利（Agha Hilaly）亲自转交给叶海亚·汗。在巴基斯坦，叶海亚·汗会召见中国大使，当着中国大使的面读出讯息的内容。这两人再仔细核对中国外交官的手写稿，接着美国的讯息内容就会传到人在北京的周恩来和毛泽东。中国的答复会循相同的路径回传而来。希拉利会携带叶海亚·汗的手写摘记前往白宫，口述内容给基辛格听，然后谨慎小心地将摘记带走。这些讯息的传达，有时要花费数天的功夫，有一次甚至耗费三周才传抵对方。中方完全不理解尼克松为何坚持要如此秘密。毛泽东告诉他的老友斯诺，尼克松甚至不愿让国务院知道他与中国接触的秘密，实在是太神秘难懂了。尼克松与基辛格试图解释，协商内容若走漏了只言片语，恐将在美国政坛掀起轩然大波，而损及协商的继续进行。[21]

10月1日，中方向美方传达了一个他们自认相当公开的讯息，即在中国国庆节当天，毛泽东邀请斯诺陪他一起在天安门广场阅兵。《人民日报》刊登了两人的照片。斯诺在20世纪30年代，共产党还在延安时初次见到毛泽东。他在中国多逗留了几个月，并与毛泽东有一次长谈。毛泽东说，他很高兴尼克松赢得总统大选。“如果他想来北京，请告诉他，他可以秘密来，不必公开——坐上飞机就来。”尼克松清楚表达他想要直接与中方会谈，而不是通过华沙的渠道。“所以，只要他愿意来，我们已准备好和他谈。不论协商是否成功，我们是否有争吵，他是以观光客或总统的身份来，都无关紧要。”台湾显然是双方的障碍，但这问题又与尼克松何干呢？台湾问题是前几任政府所制造出来的，台湾的一千万人口，如何能与亚洲其他十亿人口相提并论呢？“难道中国和美国会持续不建交一百年？毕竟，我们并没有占领你们的长岛！”遗憾的是，美方没有抓到斯诺访问中国的重要含义，这有一部分是因为斯诺花了好几个月的时间，才找到媒体刊登他访问中国的新闻，另一部分是因为华盛顿的官方立场视斯诺为共产党的同路人，所以没有人前往他瑞士的家见他。这时的斯诺已垂垂老矣，又有病痛缠身，似乎也没有意愿向政府简报这次的中国行。在回忆录里，尼克松宣称美方在斯诺访问毛泽东几天后即得知此事。另一方面，基辛格则说中国人高估了美国人的敏锐度和情报搜集能力，几个月下来，华盛顿还是被蒙在鼓里，直到巴基斯坦渠道发挥功能才真相大白。[22]

叶海亚·汗虽然全神贯注于东巴基斯坦分离主义的威胁，以及随之而来的印度紧张局势，但还是继续扮演中间人的角色。1970 年 10 月，叶海亚·汗前往美国出席联合国成立二十五周年纪念大会，顺道去华盛顿拜会尼克松与基辛格。尼克松请叶海亚·汗带话给中国，表示美国迫切企盼两国关系的正常化。11 月，叶海亚·汗飞抵北京进行官访，正确地向周恩来传达美方的讯息。周恩来说：“一个国家的首脑透过另一个国家的首脑，又向另一个国家的首脑提出建议，这还是头一遭！美国知道巴基斯坦是中国最好的朋友，因此，我们十分重视这个讯息。”不过，周恩来也明确表态，中方只愿意接受与特使讨论美国军队撤离台湾的相关事宜。[23]

或许是一方面穷于应付东巴基斯坦风暴造成的伤害，另一方面又忙着筹备即将到来的国内选举，叶海亚·汗花了几个星期的时间，才把周恩来同意的消息顺利传达，美国最后在 12 月 8 日接获答复。基辛格发觉答复是乐观的，不过他忽略了中方把台湾问题与美国派遣特使绑在一起的事实。其实，中方要求美国人撤离台湾一事是个大障碍，而美方在 12 月 16 日的回复中坚定表示，“在北京的会谈，不仅仅局限在台湾问题上，而将包括旨在改善关系及缓和紧张局势的其他种种步骤”。至于美国人在台湾的驻军，美国政府的一贯政策是“随着东亚和太平洋紧张局势的缓和，相应裁减在该地区的驻军”。美国也透过罗马尼亚渠道传送副本，俄国人因而及时接获。尼克松与基辛格一度考虑另辟渥太华渠道，中国已于 1971 年 2 月在渥太华开设大使馆，不过最后还是作罢。透过渥太华渠道接触的风险太大；况且尼克松受不了特鲁多的作风。关于所有已发展的接触，国务院都被蒙在鼓里。[24]

中方确实收到美方的回音，接触渠道随后沉寂了几个月。尼克松于 2 月向国会提交的第二份外交政策报告，提到美国打算先单方面解除中、美人民交往的障碍。“我们期待互惠，但不会因为缺乏互惠就却步。”3 月 15 日，美国政府取消美国人前往中国旅行的所有限制。北京这时还是不动声色。基辛格在回忆录里提到他利用空余时间几度与学院派的专家碰面，学习中国知识。“要是我的老同事们能传达具启发性的见解，那该有多令人快慰。”往后几年，学院派的专家仍然没有能力针对战略或眼前的问题提供建言。“我礼貌地倾听，”基辛格说，“尽量克制内心的不耐烦，因为我意识到我在担任前两届政府的顾问时，同样言不及义。”[25]

1971年4月6日，中国政府突然邀请在日本参加世界乒乓球锦标赛的美国队访华。这个后来被称为“乒乓外交”的决定，是在双方乒乓球员偶遇之后，由中国最高层也就是毛泽东本人拍板定案的。在“文革”最狂热的年代，中国队一度被抨击是“修正主义之苗”，如今才刚刚开始重新参与国际赛事。在日本举办的这届锦标赛，是好几年来首度见到中国队的身影。毛泽东同意中国队参赛，不过球队奉命必须一天向北京汇报三次，并且严格规定球队队员的举止。“比赛期间，我队如果遇到美国代表团的成员，不可以主动攀谈或互相问候。如果与美国队比赛，我们不可以先与他们交换队旗，但可以握手，互相问候。”锦标赛举行之初，有位美国球员在宴会上不经意地说:“嗨，中国人，好久不见了。你们这些家伙打得真好。”这件插曲很快就向上级汇报了。有美国人开玩笑问道，为何他们没有与墨西哥、加拿大一同获邀前往中国比赛，北京方面便挑灯夜战，想要探究这美国人话中的含义。[26]

在4月4日这天，锦标赛已接近尾声，而中、美各一位球员共同引发一起意外插曲，吹皱了北京的“一池春水”。美国队的球员一般说来都是外表干净，有位美国外交官回忆说：“在这种情况，你祈祷牵涉其中的是这种美国人。”格伦·科恩（Glenn Cowan），这位出身加州的青少年冠军选手，在美国队里却是异类，他喜欢自比为反文化运动的一分子。“他习惯穿艳紫色的汗衫，配扎染的豹纹裤子”，有位长期忍受他异类打扮的代表团成员回忆说，科恩“蓄留达达尼昂（《三个火枪手》主角）式的长发，戴着一顶邋遢的帽子，有几分嬉皮的模样”。据说，有一次科恩出了练习馆，却发现没有车可搭回赛事举行的体育馆。有位中国选手招手示意他上一辆巴士，科恩上车后，发觉中国队的成员几乎都在车里，大家都在对他笑。科恩开心地对茫然不解的中国球员胡言乱语，说他们全都太压抑了，这时庄则栋（世界冠军、中国的球星之一）拿出织锦领巾送给他当礼物。中国领队试图阻止他的球员，庄则栋不予理会。“放轻松，你身为代表团的领队有很多考虑，我只是个球员。”球员下车时，一群记者记录了当时的场景。一脸尴尬的科恩，并未准备回赠的礼物。后来他找到一件红白蓝三色、配有和平标记的汗衫，上头还有披头士歌曲 Let It Be 的字样。隔天他在众目睽睽下把汗衫送给这位中国选手。美国官员形容科恩是“嬉皮投机分子”。[27]

日本锦标赛即将在 4 月 7 日闭幕，不过毛还迟迟未决定是否邀请美国队访华。4 月 6 日这天，毛泽东同意周恩来的建议，不邀请美国队来访。入夜后，一如往常，毛泽东的护士念锦标赛的新闻给他听。毛泽东激动地说：“这个庄则栋，不但球打得好，还会办外交。”午夜，照例服下高剂量安眠药之后，毛泽东突然起身，指示他的护士立刻通知外交部，要他们邀请美国队。直到护士打完电话，毛泽东才安稳入睡。诚如毛自己日后所形容的，一颗小小的乒乓球，转动了地球这颗大球。[28]

隔天送抵美方的这张邀请函，彻底展现中央王国的心态。有鉴于美国人“多次”发出请求，中国同意接下美方的请求。“如果他们旅费短缺，我们会尽力给予协助。”最先在日本现场得到消息的美国外交官，简单答复说，球队如果决定前往必须不违反美国的既定政策。他赶紧火速查了记录，这才松了一口气。他发现几则尼克松的声明，内容表达了希望中、美能够有所接触。在华盛顿，国务院的职员也有类似反应。“试一试，做就对了。”这位职员回到家里告诉妻子，如果他错了，很可能饭碗不保。[29]

然而，这两人都没有丢掉差事。中方的邀请令尼克松、基辛格虽惊却喜。一群不知所措的乒乓球员与“美国乒乓球协会”职员，就这么出发前往中国。临行前得到一堆美国外交官的叮嘱，行李满载记者采访报道所需的照相器材和录音设备，以及从东京大使馆挖来作为礼物的美国笔。这一行人是自 1949 年以来，第一支进入中国的美国代表团，他们先坐火车到广州，然后搭机飞抵北京、上海。美国队所到之处看见的尽是巨幅毛泽东像，尼克松侏儒与中国巨人一起的漫画，以及“打倒美帝”的口号。在街上，当地人无不用异样的眼神盯着他们，特别是科恩的那头长发和一位青年女球员的迷你裙，美国球员也回敬以异样的眼神。有个年轻的女球员一直哭个不停，因为她坚持不肯吃中国菜。最后，中方特地为她准备汉堡与炸薯条。[30]

周恩来亲自过问接待美国球队的每个细节和安排，为了避免红卫兵破坏而关闭的紫禁城，也特别开放给美国球队参观。这趟行程，套用基辛格的话说，是一场“国际盛事”，受到世界各国媒体的广泛报道。美联社的记者也一同加入驻北京外国记者的采访行列，这是一项创举。中国这方面，所有赛事都经由电视、广播实况播出。周恩来还指示中国球员礼让美国队几场比赛。[31]

4 月 14 日，周恩来在人民大会堂盛大接待来访的球队。各国球队依国名字母排序，加拿大、哥伦比亚、英国、阿尔及利亚和美国的球员爬上令人印象深刻的台阶。一年后，尼克松也会爬上去。周恩来是个魅力四射的东道主，他和球员闲话家常，耐着性子摆姿势照相，谦称自己不擅长打乒乓球。他和英国人开天气的玩笑，对加拿大人提到他所钦佩的白求恩医生。而最富深意的话，自然是对美国人说的。他引述中国谚语，对“美国乒乓球协会”会长说，“有朋自远方来，不亦乐乎”。接着说：“有了你们的起头，中、美人民未来一定能常常接触。”[32]

随着欢迎会接近尾声，周恩来问还有没有什么问题要提的，这时，科恩突然起身说：“您对嬉皮运动有什么看法？”周恩来说他并不了解嬉皮运动，所以他的观点可能很浅薄。或许全世界的青年对现状不满，想要有所改变，但尚未找出改变现状的方法。这位老革命家说：“我们年轻的时候，也是一样。所以，我知道年轻人的想法，他们很好奇。”科恩说嬉皮运动真的很深奥：“这是一种全新的思考方式。”周恩来表示嬉皮运动不是灵丹妙药：“在世界向前走之前，精神必须转变成物质力量。”（科恩的母亲送花给周恩来，以感念周恩来教育他的孩子。）最后，周恩来称赞科恩和中国队比赛时打得不错，并祝他球技进步。科恩告诉记者，“我可以聊上几个小时”。一时之间，科恩成为拥护中国人的人，不断提到他想留在中国，他认为中国比美国政府更懂得尊重不同声音。结果，就在因病住进中国的医院后，科恩便断了这念头。[33]

依据基辛格的见解，美国队访华过程全是“周恩来的杰作”。“这给了白宫一个信号，表示我方采取主动已经被注意到了。”美方小心翼翼地回应。4 月 14 日，尼克松解除美中贸易往来余下的多项限制。两天后，尼克松对“美国报纸编辑协会”（American Society of Newspaper Editors）发表演说，他提醒听众千万不要对美中关系的立即突破抱持太高的期待。不过，尼克松也附带提到，他向女儿特里西娅建议蜜月旅行的去处。“我希望你有生之年，最好是早些而不是晚点，能够去中国，见识那里的大城市、那里的人民，那里的所有一切。”尼克松并未评论他本人前往中国有多大机会。但4月底，他在一个记者会上悠悠地说道：“我希望，事实上是期待，能以某种身份访问中国大陆。”[34]

由于尼克松、基辛格与周恩来的秘密接触一直没有走漏风声，美国政府甚至因而发出自相矛盾的讯息。某晚，副总统阿格纽和一群记者长谈，他大声嚷嚷，抱怨乒乓球队访华期间媒体对中国过度吹捧的报道，以及解除限制的整体政策。尼克松指示阿格纽，不要针对中国政策的议题发表言论，并命令白宫新闻官员对外表示阿格纽完全支持总统的中国政策。到了4月底，国务院发言人针对美国对台立场表示，台湾是一个“悬而未决的问题”。人在伦敦的罗杰斯，对美国和中国的种种秘密渠道一无所悉，他说毛泽东对斯诺说的话，构不成尼克松访问中国的一种“诚挚邀请”。罗杰斯还进一步评论说，中国的外交政策是“扩张主义式的”，而且“十分偏执”。基辛格对罗杰斯的说法大为光火，偏颇地认为这是国务院有心夺权的“官僚诡计”。[35]

所幸4月27日，巴基斯坦驻华盛顿大使希拉利终于捎来周恩来的口信，回复去年12月尼克松所传的秘密讯息。中方重申他们的坚持，在中美恢复关系之前，美国必须先从台湾撤军，不过提议由尼克松派遣特使，或甚至尼克松本人前往北京，协商相关事宜（这已是较先前软化的态度）。日后在回忆录里，基辛格兴高采烈地写道：“每隔一段时间，就有少数幸运之人能参与他们知道将改变世界的事件。”基辛格回忆说，当晚他坐在书房时，经历了前所未有的宁静和满怀希望。“北京讯息告诉我们最重要的，就是不论中南半岛情况如何，我们有可能将美国人的眼光投向未来的机会之上。”[36]

通过希拉利的居间臂助，尼克松即刻回复周恩来。中方的讯息“具建设性、正面、热心”，美国打算回敬精神对等的讯息。考虑到国内政局，尼克松请中方在这段期间还不要发签证给美国的政治人物。5月10日，基辛格召见希拉利，把美方的正式答复给他，由他转交中国。尼克松接受中国的建议，由他本人出马访问北京，商讨两国关系的棘手问题。为了安排进一步事宜，尼克松提议先由基辛格密访中国，针对双方共同关心的所有议题，交换初步意见，并就尼克松访问中国的细节与行程预作讨论。“基辛格与中华人民共和国高层官员的初次会面，必须严格保守秘密。”中方再次因美方坚持秘密行事而感到纳闷。毛泽东说：“如果他们想来，大可光明正大地来，何必缩头藏尾？”基辛格总是能够提出有力的论据，为他初访前秘密行事的必要性辩解。他还指出，一旦破冰之后，美方提议由他再进行第二次、公开的访问。当时美国唯有通过巴基斯坦才能与中国接触，当时中、美政治人物对于彼此想法还一头雾水，在访问成行之前，让这件事摊在阳光下几个星期，并放任可能造成伤害的臆测恣意横行，是十分危险的。诸如此类的公开评论，不论是出于热情支持者还是反对阵营，都有可能纠缠中国，让美国盟邦担惊受怕，使美国民众对这次出访产生疑虑。美国反对接纳中国的人士将有时间彼此串联，其他国家也可能从中作梗。“两年来茹苦含辛养大的嫩芽，很可能就这么被扼杀。”[37] 国务院主管中国事务的官员比尔·布朗（Bill Brown）说：“回顾过去，我不觉得美国人怯懦，或者国会与美国人民如此敏感。”令人费解的是，何以基辛格前往北京秘而不宣，直到访问结束。基辛格自圆其说，表示这是中方的坚持，难以教人信服。当然，这趟中国行的确是一次令人叹为观止的冒险，一个美妙的预告，而其本身亦符合尼克松、基辛格对历史深刻的洞察力。

中方在5月17日收到美方的口信，几天后又有另一则，保证新一轮美苏限武谈判不是针对中华人民共和国。“尼克松总统希望强调，”通过巴基斯坦转传的口信说，“他的政策不会做出不利于中华人民共和国的协议。”在北京方面，毛泽东指示周恩来召集中央决策核心的政治局会议，准备给美方一个答复。周恩来演讲时开门见山地说，美国国力正在衰落，急于从越南抽身。这给予中国一个与宿敌改善关系的契机，有助于中国和平统一领土，取得制敌（并未特别言明苏联）的奥援。开启关系的行动如果成功，将会使得美、苏的竞赛更为惨烈；如果失败，也会让中国人更加认清美帝国主义的反动面貌。[38]

毛泽东赞同这份报告，周恩来赶紧回复对方。巴基斯坦方面通知基辛格，他们正派遣特使传送十分重要的讯息。6月2日晚上8点，希拉利用颤抖的手交给基辛格两张纸，基辛格读完后先是如释重负，然后露出扬扬得意之色。周恩来竭诚邀请基辛格6月前往北京，共商尼克松访问中国的事宜。周恩来进一步说：“不消说，第一个要解决的是中美之间的重要议题，亦即美国军队从台湾与台湾海峡全面撤离的具体方法。”基辛格认为，这是谈判前美军必须撤离台湾的中国最初立场的重大调整。基辛格上气不接下气地冲到白宫，当时尼克松正以国宴招待尼加拉瓜总统安纳斯塔西奥·索摩查（Anastasio Somoz）。尼克松读口信时，基辛格郑重说道：“这是第二次世界大战结束以来，美国总统所收到最重要的信函。”基辛格日后把这时间点又推回南北战争。[39]

尼克松、基辛格谈论该做如何安排，直到半夜。正当基辛格要告退时，尼克松认为他们两人应该好好庆贺一番，于是尼克松取出一瓶上等白兰地。尼克松、基辛格举起酒杯，而尼克松记得他举杯时是这么说的：

“亨利，我们干这杯酒不是为了庆贺我们个人，或者我们的大功告成，也不是为了庆贺我们政府的政策促成这则讯息，并成就了今晚；让我们为今后的世世代代干杯，因为我们今天的所作所为，他们可能有更好的机会活在和平之中。[40]

第十一章　秘密访问

在尼克松收到基辛格传达的中方邀请之后，尽管他后来承认自己的祝酒太过正式，但这毕竟是“重大的历史一刻”。[1] 不过，这仅仅是一个开端而已。在尼克松中国行成行之前，从专机降落的技术性琐事，到他抵达中国之后所要讨论的主题项目，有许多大小细节要安排。总统出访总是需要巨细靡遗的事前安排，更何况中国是一个神秘的国度。再者，直到所有细节安排妥当之前，任一方反悔退却的风险都一直存在。有鉴于此，密使的人选就攸关重大。

在 4 月 27 日传抵华府的讯息里，中方建议由基辛格本人担任尼克松的特使。毋庸置疑，这是基辛格梦寐以求的差事。他早已透过希拉利传口信给中方，表示由他打开与周恩来会晤的先河是“必要”的：“除了基辛格之外，没有人够资格参与这些会谈，因为他是了解尼克松想法、思绪，且不必请示华府就能当场做决定的唯一人选。”基辛格所言不假，他的确是不二人选，不过他也是让尼克松萌生戒心的人选。尼克松早已对媒体多方报道基辛格、推崇他的精明干练而心生忌妒。于是，诚如艾森豪威尔过去对付他那样，尼克松也拒绝表态。基辛格不可以去，尼克松起初说：“因为这会让国务院察觉到有关中国的所有动作。”当尼克松大声嚷嚷说要自己出马时，基辛格只能在作壁上观，辩称这么做太冒险了。那派罗杰斯？基辛格转动眼珠，露出不屑的神情。“这么说吧。

亨利听完反应不是太热切。”尼克松日后如此回忆道。改派老经验的外交官戴维·布卢斯（David Bruce）或亨利·卡伯特·洛奇（Henry Cabot Lodge）？尼克松否决了这两个人选，因为这两人与越南政策的关系太密切。或者，基辛格的老长官尼尔森·洛克菲勒？“有意思。”基辛格说，不过洛克菲勒不会全然听从他的指示。还是美国的联合国大使乔治·布什（George Bush，老布什）？“太温和，而且不够老谋深算。”杰出的共和党元老政治家，托马斯·杜威（omas Dewey）？很遗憾，基辛格说，他在几个月前已经过世了。[2]

“亨利，”尼克松说，“我想你得亲自出马才行。”这是无可避免的决定。基辛格了解尼克松的想法。他参与了每个阶段的秘密协商，更重要的是，对总统心思了如指掌。基辛格说：“在所有可能的人选之中，我是最听从他命令的。”身为一个地位相对暧昧的国家安全事务助理，基辛格既没有自己的班底，也欠缺权力基础。尼克松还是想淡化这趟显然非比寻常的旅程的重要性。也许，基辛格可以在北京以外的某地和周恩来会晤。基辛格则竭力将北京以外任何地方的可能性全都排除。不意外地，尼克松还表示基辛格的名字不必出现在任何联合公报上——不必向大众宣布美国政府曾派代表访问中国。[3]

在巴基斯坦，美国大使约瑟夫·法兰（Joseph Farland）收到一则诡谲的讯息，指示他前往加州某处与基辛格会面。他被指示前去一处民间机场，打听一架特定的飞机。法兰不可告知国务院有这趟行程。恼怒的法兰依照一步步指示，最后在棕榈泉（Palm Springs）的一处宅院与基辛格碰面。“亨利，我绕了该死的大半个地球，一点儿头绪也没有。”

“我要你把我弄进中国。”基辛格说。“我不认为这很有趣，亨利。”

法兰说。当法兰确定基辛格是认真的之后，这两人生出了一个计划。基辛格将会展开一趟亚洲行，而他们打算刻意让整个行程尽可能无趣，以摆脱媒体记者的纠缠。基辛格的行程将包括在巴基斯坦停留一个周末，届时大使会对外宣布他在印度感染病毒，因而取消所有原定行程，然后大家都会听说基辛格将前往穆里（Murree）的山间别墅疗养。基辛格的座机将显眼地停在跑道上，而他则会搭乘巴基斯坦政府准备的民航机飞往中国。[4]

以巴基斯坦做跳板进入中国是显而易见的选择。巴基斯坦政府在建立中美联络渠道上，向美国人展现了他们的谨慎和忠心，而且他们国家的航空公司有固定飞往北京的航班。叶海亚·汗很热衷地参与这个计划，亲自检视所有细节,因为他向华盛顿承诺一定能做到“安排得滴水不漏”。法兰在基辛格抵达之前采取了一连串措施，坚持让他手下观察力敏锐的几个大使馆官员去放年假，然后将大使馆的医生送到东巴基斯坦。中方则派来了机组团队待命。[5]

在北京，周恩来组建了一个高层的特别小组，由他本人亲自挂帅安排基辛格到访的所有事宜。依据毛泽东的指示，周恩来召集政治局特别会议为协商谈判做准备。周恩来从容不迫地解释说，美国国力已不如第二次世界大战结束时。美国的经济根基已动摇，涉入中南半岛尤其重创其国际地位。美国人急于从泥淖中脱身，所以有必要与中国接触，而这也是中国提升自身安全，“通过和平手段”统一的契机。政治局向毛泽东提出建议，毛也批准了。二十年不共戴天的敌人如今却有了不同的定位，为了缓和中国人的震惊，周恩来在一次会议上对来自全国的干部发表演说，告诉他们新政策的梗概。毛泽东也下令将他与斯诺的对话，其中曾提到邀请尼克松访华一事，刊登在中国的媒体上。

政治局的建议证明了台湾在中国人思维中的重要地位：美国必须明确表示将从台湾撤离军队，必须承认台湾是中国的领土，而且北京当局是中国的唯一代表。假如美国人提起联合国的议题，中方必须清楚表示，他们拒绝接受联合国出现“两个中国”。“两个中国”是美国和其他国家提议的解决方案。中国还要让美国了解，他们应该自亚洲其他地区撤军，从中南半岛到日本皆然。一切顺利的话，两国也许可以协商在对方的首都长期派驻外交代表。政治局的建议中并未提到任何针对苏联所商定的政策。[6]

在华盛顿，美国人亦准备就绪。基辛格的助手洛德草拟了两份不同的简报，一份是为亚洲的公开行程随行人员准备的，另一份则是为知道代号“波罗一号”（Polo One）的北京秘密行程的人员准备的。（尽管基辛格一行人辗转亚洲各国首都，洛德还是成功地让不同的简报送到适当的人手上。）基辛格自己为波罗一号所写的注记长达八页，仔细陈述美国在关键领域的立场，其中自然包括中南半岛、台湾，以及与苏联的关系。他的简报书还包括美国在朝鲜半岛与南亚地区（印度与巴基斯坦的关系正迅速恶化）的立场，以及他想要说的祝酒词的草稿。基辛格说，中国人可能会是难缠的谈判对手。他们可能要求美国自台湾撤出军队，不过，美国人手中也不是没有筹码的。中国十分渴望被承认是大国，与尼克松的高峰会将成为一种“令人惊艳的证明”。中国甚至可能倡议某种形式的同盟关系，用以对付苏联。[7]

7 月 1 日，基辛格启程前往亚洲的当天，尼克松又对临行前的基辛格耳提面命一番，而诚如基辛格所说，“每一次我出任务，他都一成不变地给我强硬路线的指示”。尼克松提醒基辛格不要太殷切，在台湾问题上，应该“略作高深莫测状”，不要暗示美国会撤除对台湾的支持，“除非真有必要”。他应该向中方提起三个“幽灵”：如果南越的困境持续僵持、尼克松本人会怎么做以及中国来自日本和苏联的威胁。如果中国想与他举行高峰会，必须先释放仍被中方羁押的美国战俘，在越南问题上提供帮助，并接受美国的谷粮——这一条是为了迎合美国农民的需要。作为答谢，基辛格可以提议美国乐于在高峰会后，在华盛顿与北京之间架设热线，双方或许还可以签署协议，以防止突发性的核战争。基辛格在回忆录里轻蔑地说，尼克松的建议大都“刻板陈腐”。[8]

基辛格虽吸收了一些外交官员进国家安全事务委员会，但并没有向国务院透露他中国行的消息，即便是国务卿罗杰斯也不知道他的计划。可想而知，国务院想必对国家安全事务助理为何必须亲赴亚洲实地考察大惑不解。令人同样关切的是，基辛格取道印度与巴基斯坦会给外界一种印象，仿佛美国正介入印、巴之间的紧张关系。这个秘密也让副总统阿格纽碰了钉子，阿格纽本来即将前往台北拜会蒋介石，可是届时他将在基辛格抵达北京的同一天抵达台湾，于是阿格纽遭劝退，取消这趟计划已久的行程。尼克松、基辛格到了才恍然大悟，已有政府部门察觉到蛛丝马迹。由于不满围绕美国外交政策的秘密气氛，参谋长联席会议已派人暗中搜集情报。海军派了查尔斯·雷福德（Charles Radford）到国家安全事务委员会卧底，担任书记员。他的任务是额外影印收到的所有公文，然后转呈给他在军方的上级主管。[9]

对尼克松、基辛格二人而言，所幸他们的动机仍不为外人所知。他们两人当然是冒着极大的风险。基辛格深入未知领域。根据叶海亚·汗表示，基辛格内心七上八下，甚至惊恐不已，并央求巴基斯坦的总统陪他进行这趟初访。叶海亚·汗说：“我告诉他，假如他需要精神支持的话，我会派一位将军与他同行，不过我个人是不能前往中国的。周恩来已对我承诺，说一定会妥善照顾他。”[10]基辛格同时承担了政治风险。假若他与周恩来会晤，但并没有获致具体的成果，他在华盛顿的地位恐怕会被削弱，而向来警告与中国对话不可操之过急的国务院，其势力肯定会随之增长。

1971年的尼克松需要有所建树，尤其是在他一向自称擅长的外交政策上。尼克松已经着手规划下一届的总统大选，但截至目前，他的政绩是瑕瑜互见：在越南的战事歹戏拖棚，与北越的谈判陷入僵局；老挝、柬埔寨向共产势力进一步靠拢；苏联表现得很难相处。4月，当美国在等待中国的回复时，尼克松告诉基辛格：“我们现在下了很大的赌注，时间所剩不多，我们不能再瞎混了。”[11]

基辛格一行人于7月1日晚间离开华盛顿。由于所有的总统专机都另有公务，不是载尼克松飞往西岸，就是送阿格纽前去中东和非洲（弥补他未成的台湾之行），于是基辛格被分配到一架改装过的空军加油机，这架空军加油机相当老旧，需要额外加长的跑道才能起飞。“起飞时，”基辛格说，“你感觉这架飞机真的好像要横越大陆抵达目的地似的。”基辛格独享宽敞、舒适的座舱，其余的人，包括洛德、何志立、国家安全事务委员会的几位官员，还有两名特勤局干员，与他们携带的打字机、公文包挤在一起。基辛格时常穿着他的长袍现身，查阅他的数据。何志立说：“这幅景象不免让人联想到罗马战舰，舰长立于船尾，威风凛凛地发号施令，坐在船身两侧的舵手则不舒服地划着桨！”这架飞机途经西贡、曼谷，再飞往印度，基辛格在印度与其疑心重重的总理英迪拉·甘地（Indira Gandhi）共进餐会。英迪拉·甘地暗中支持东巴基斯坦反抗叶海亚·汗政府的势力，她很可能怀疑美国正计划提供巴基斯坦援助。[12]

7月8日，基辛格抵达西巴基斯坦的拉瓦尔品第（Rawalpindi）。基辛格的助理说，基辛格在印度得了痢疾。有位眼尖的美国外交官发现，即便如此，基辛格在法兰大使的自助午餐会中胃口还是不差，因而感到印象深刻。那晚，叶海亚·汗安排了小型的私人餐会，基辛格在餐会上继续抱怨胃不舒服，叶海亚·汗则坚持基辛格务必与他的随扈一道上山，住进叶海亚·汗的私人别墅，山上的冷空气能帮助基辛格康复。特勤局干员赶紧派了一位同事前去检查总统的宅邸；巴基斯坦政府被迫把那个人留置当地，直到基辛格完成中国行为止。

凌晨3点半，基辛格戴着松垮的帽子与墨镜作为掩护，搭乘由巴基斯坦外交部长所驾驶的蓝色小车，疾驶穿越荒芜的街道，前往拉瓦尔品第机场。其余的美国人连同行李，尾随在后。巴基斯坦国际航空公司的飞机待命中，引擎已经启动。飞机舷梯的上端，有包括毛泽东私人翻译唐闻生在内的一群中国官员，等着迎接美国人，此景令特勤局干员大感震惊，他们不知道这是怎么一回事，也不清楚他们要去哪里。其中一名干员甚至伸手准备掏枪。当时，伦敦一家报社的特约记者碰巧在机场为母亲送行，他注意到这不寻常的现象而向警察探听消息。“那是亨利·基辛格，他正准备前往中国。”这位特约记者火速把新闻发送到伦敦，但他的编辑认为他一定是喝得酩酊大醉，拦下了这则新闻。翌日，美国大使馆内部有传言散开来，说基辛格生病的消息有些不对劲儿。[13]

7月6日，尼克松在堪萨斯城发表演说时，差点儿让秘密曝光。他以政治家口吻大谈世界新秩序，其中扮演主导角色的五大强权包括：美国、苏联、西欧、日本、中国。尼克松提到，他的政府有必要跨出第一步，终结对中国的孤立。美国媒体对这番发言不特别重视，倒是敏感的英国、亚洲记者听进耳朵里了。幸好白宫成功说服记者保持缄默。[14]

飞机起飞，飞进黑暗的夜空。基辛格走进他的贵宾舱房，其余的美国人没想太多选择坐在走道的右手边；中国人则坐在左手边。曙光自中国与邻国为界的兴都库什山脉升起。当飞机进入中国领空之际，或许是出于刻意，洛德坐在最前排，成为二十二年来第一位进入中国的美国官员。中国人与美国人礼貌性地彼此寒暄。何志立瞥见有位中国机组人员，悄悄把空服员端来的整盘香烟塞进口袋。“这似乎是一个可喜的迹象，他只是个凡人，中国终究还是中国。”第二次世界大战前，还是小孩子的何志立便到过中国。把时间都花在写注记的基辛格，在得知助理忘了帮他打包替换的衬衫时，短暂发了一顿脾气。基辛格于是向身材较高的何志立借了几件（实在很巧合，这些衬衫都标明是台湾制造）。洛德说，基辛格虽设法用松紧带卷起袖子，但在中国停留期间，他看起来就像个企鹅。[15]

在世界的另一端，尼克松才刚刚把基辛格的行程透露给罗杰斯知情，而尼克松之所以邀请罗杰斯前往圣克利门蒂，部分原因是想要就近看住罗杰斯。最近几个星期，罗杰斯心里一直都不好受。5月，当他在正式宣布前最后一分钟被告知，尼克松、基辛格二人与苏联谈完一桩大军事案件——第一回合限制战略武器谈判，以及基辛格一直以来都定期密会苏联驻华盛顿大使多勃雷宁，罗杰斯内心相当受伤。如今他又被人搪塞，说基辛格在巴基斯坦的时候，中国始料未及地邀请基辛格前往北京与周恩来会晤。[16]

巴基斯坦国际航空公司的飞机穿越过去曾经丝路绵延的广袤沙漠，然后在接近午餐时间降落在北京市郊的一处军用机场。在机场，撰写报告促使毛泽东与中国朝新国际关系迈进的叶剑英元帅，率领一队人马，迎接来访的美国人，并陪同前往钓鱼台国宾馆。何志立与黄华同车，黄华是一位阅历丰富的外交官，最近才刚被任命为驻加拿大大使。黄华打开话匣子说:“你知道,1954年在日内瓦,你们的国务卿拒绝和我们总理，周恩来总理握手。”何志立连忙向黄华保证，这一次铁定不会旧事重演。周恩来于午后来到钓鱼台，他伸手探身走出轿车。多年后，何志立还记得当时的情景：“基辛格迈步前去欢迎他。基辛格伸出手，两人握手，然后，轰、轰、轰，镁光灯此起彼落。这是一次历史性的握手。”在场的中国人认为基辛格看起来不安又紧绷。[17]

中方隐瞒基辛格到访的消息直到他离开中国，不过消息已在政府内部传开。章含之当时还是外交部的新进人员，她和同事都察觉到有大事正在发生。政府官员看起来都很兴奋。两位高级翻译四处都不见人影。午餐时间，她们现身了，并披露这天大的消息。“那就像一颗炸弹，在外交部爆炸开来。”[18]

头一天，基辛格与周恩来谈话直到接近午夜。讨论开始时，周恩来请基辛格先做开场白。“我还看到，你已经准备了厚厚一沓资料。”基辛格赶紧解释他鲜少使用书面数据，但他想让尼克松知道届时他会讲些什么。基辛格提完美国主要关心的议题后，轮到周恩来讲话。[19]基辛格、周恩来二人，还有他们的同事，于是开始了十七个小时的谈话。他们仅有两天时间去了解彼此，建立足够的信任度，以便进一步接触，过去双方的接触一直很难产生具体成果。

周恩来经验老到，多年来，他与共产党的对手国民党，以及曾是盟邦的苏联谈判斡旋，外交手腕也愈来愈出色。历经多年的兵马倥偬与党内斗争，也让周恩来懂得克制与忍耐。基辛格较为年轻，不过拥有同等的外交才华，尽管不像周恩来那么成熟老练，不过他的学习能力很强。这两位政治家，一位经验老练，一位崭露头角，各自展现独特的魅力。基辛格不吝赞美中国："这是一片美丽，对我们而言，又罩着神秘面纱的土地。"周恩来说："一旦你熟悉她，她就不会像从前那样神秘了。"除此之外，基辛格把握每个奉承周恩来的机会："总理是这么地冷静，实在令人难以置信。"提到谈话录音的问题时，基辛格就抗议说："你在表达方面的精准度和条理都比我好，这会使我居于劣势。"周恩来回答说，这可不一定，"你比我年轻，而且更有活力"。[20]

基辛格在中国头一天的午夜，周恩来向毛泽东汇报。主席很高兴美国有意开始撤离军队，并撤除对台湾的支持。至于越南，毛泽东以一种悲天悯人的态度说，美国处理好越南问题十分重要，因为那里已经沦为杀戮战场。"我们不该只为自己的利益而邀请尼克松来访。"毛泽东也指示周恩来，明天早上针对重大议题提出声明，并阐明"天下大乱"的道理。这是毛泽东很喜欢的主题，他相信历史性的改变都发生在世局纷扰的时候，共产主义的胜利即为一例。也许毛泽东并不高兴基辛格保证美国不会勾串其他强权对抗中国，于是虚张声势地补充说，可以告诉美国人，中国已经做好准备，等着美、苏、日入侵，瓜分中国。事实上，根据中方数据显示，听说美国并无侵略中国的意图，毛泽东可是松了一口气。如果美国人说话算话，中国军方大可调动更多军队至中苏边界。[21]

翌日清晨，周恩来特地为美国人安排一趟紫禁城之旅。他们先是被带到一个小型的展览馆，参观“文革”期间出土的文物。美国人虽不知情，但有鉴于“文革”对中国文化遗产恣意的摧毁，这次的文物展示不啻令人伤感。为了不让中国民众看到这批非比寻常的访客，紫禁城并没有开放。美国访客行经这偌大的皇宫，以及过去皇帝祭拜天地社稷的宫殿，基辛格告诉尼克松：“雄伟壮观的红、金色建筑群连绵成一片，简朴匀称，令我们叹为观止。”洛德回忆说，基辛格不幸的助理们在盛夏酷暑中，拎着他们不放心离身的公文包，汗如雨下。[22]

中午在人民大会堂重新展开会谈。中方刻意选择在“福建厅”，这个以台湾对岸省份命名的厅堂举行。周恩来遵从毛泽东的观点，发表措辞强硬的陈述。或许，周恩来也认同毛泽东的看法。对一个老资格的共产党员而言，与世界上最大的资本主义强权代表会谈，毕竟不是轻松简单的事。“天下大乱。”周恩来这么告诉美国人，而他们因周的语气改变感到惊愕。“过去的二十五年，”周恩来继续说道，“出现了一个大动荡、大分裂，又大重整的过程。”两个超级强权竞相控制中立国家和介于其间的领土。“苏联也像你们一样，把手伸到世界各地去。”周恩来补充说，中国还只是个弱国，但并不畏惧他的三大敌人联手。中国已经准备好打一场人民战争。“这得花上一点儿时间，当然，我们也会牺牲很多人。”[23]

全世界的人民正在动员。“这般抵抗来自你们的压迫，你们的颠覆，以及你们的干涉。”美国被台湾与中南半岛绑住；助长日本军国主义；与苏联密谋垄断核武器。假如两国的鸿沟依然如此巨大，也许尼克松就没必要走这一趟了，特别是台湾问题的分歧，美国认为台湾事小，但对中国而言却并非如此。周恩来表示："台湾并不是一个孤立的问题，而是与承认中华人民共和国有关，同时也攸关世界上其他国家与中国的关系。"如果尼克松想到中国来，他就必须面对台湾问题的讨论。[24]

基辛格予以反击，以同等坚定的态度表达他的立场。他说，他要把话说清楚，首先尼克松来北京的建议是中方首先提出的，中方必须决定尼克松访华的最佳时机。其次尼克松访华对中美问题的解决，将带来长足进展。"这同时具有重大的象征意义，因为此举显示关系正常化是必然的走向。"至于台湾问题，基辛格说，他已经解释过，美国有意自台湾撤离军队，而中国忧虑的其他问题，譬如承认台湾是中国的一部分，也将适时地自我化解。总有一天，美中关系将迈向正常、和平。[25]

中方的讲话结束之后，周恩来便恢复他一贯的谦逊态度。他表示自己依照美方的希望，保守了基辛格访华的秘密。《纽约时报》的记者詹姆斯·雷斯顿正在前往北京的途中，而他所搭乘的慢速火车，让他不会在基辛格离开之前抵达。至于其他想要造访中国的美国政治人物，周恩来说："我的桌子上还堆着一大摞他们的来信，想向我们索取访问的邀请函，但我没有答复。"基辛格说，尼克松会很感激你所做的一切。周恩来回答说："这一切是拜毛主席的指示和英明所赐。"[26]

时间下午两点。周恩来说，北京烤鸭要凉了，美国人或许也需要休息一下。在大家转往用餐时，其中一个美国人因耐不住暑热，再加上早上情绪紧绷，昏厥过去了。品尝烤鸭时，周恩来问基辛格有没有听说过

“文化大革命”。周恩来说这是一段艰苦的时期，他还一度被红卫兵困在自己的办公室里。“中国现在坚定追随毛泽东的领导。”那天下午稍后，周恩来表示，尼克松来访时，毛泽东或许会谈论更多有关“文革”的事。“有时候，我们不确定我们是否可以谈论这些事，但毛主席是可以随意谈论这些事情的。”用完午餐，周恩来，这位周到、和蔼的东道主，领着美国人来到厨房，让他们看看他们这顿饭是怎么做出来的。[27]

这段和善友好的插曲过后，双方又开始唇枪舌剑的争辩。他们讨论中南半岛与当地的美军、日本、韩国、苏联、南亚的印巴紧张情势——这些议题在接下来的几年里仍然是双方讨论的主轴。会议中，最迫切的讨论是关于尼克松访华的问题。周恩来说，中国打算发出正式邀请，但对当前的时机有所保留。尼克松何不先与苏联领导人会面呢？基辛格说，美国预期与苏联的高峰会，可能安排在往后的六个月内。其实，基辛格在曼谷就已经得知苏联领导人将高峰会无限期延宕，所以他决定提前促成尼克松的中国行，这不失为一种给苏联施压的方法。基辛格提议，尼克松访华时间就定在来年的 3 月或 4 月。周恩来表示同意，并说他会向毛主席报告。[28]

周恩来说他很抱歉，得暂时离开去参加另外一个会议，要一直开到晚上 10 点（根据基辛格回忆录的说法，周恩来接见的是金日成）。他与黄华之后会回来继续讨论，商讨基辛格此行与日后尼克松中国行的公告内容。美国人返回钓鱼台国宾馆吃晚饭。他们草拟一份文稿，并等待中国官员。10 点钟到了，却不见黄华与周恩来的踪影。美国人在庭院里散步，提防隔墙有耳，一边揣测黄华与周恩来迟到的原因。基辛格在回忆录里提到：“就我们所知，这可能表示中国人另有考虑。”基辛格猜测，中国人这么做至少也是有意使他们心神不宁。[29] 其实，黄华正在等待毛泽东对他的指示。11 点过后不久，周恩来出现了，满口歉意，说黄华稍后会带中方公告的草稿过来，届时双方可以比对彼此的措辞用语。基辛格与周恩来又聊了一会儿，接着周就先告退了。

约莫午夜时分，黄华终于带着公告草稿现身，内容提到尼克松要求中国邀请他访华，目的是讨论台湾问题，以踏出两国关系正常化的第一个必要步骤。“我拒绝接受这两项陈述。”基辛格表示，“我们不会以恳求者之姿出现在北京。我们前往北京的目的也不仅仅是讨论台湾问题，甚至不光是为了谋求‘关系的正常化’而已。”[30] 双方的言语拉扯持续到凌晨 1 点 40 分，黄华提议稍作休息后，暂时离去。美国人一直等到将近凌晨 3 点，才得知黄华要到上午 9 点才会再回来。美国人既困惑又忐忑不安。他们的飞机必须在下午 1 点起飞，好让基辛格配合巴基斯坦所规划的行程，而他们非常需要这份公告。

美国人不知道，黄华后来是赶去了毛泽东的住处，但主席已经就寝了。黄华终于在隔天清晨见到主席，毛泽东轻松写意地处理了谁主动提出邀请的问题：“不是哪一方采取主动，是双方都采取主动。”用语就这么轻而易举地定下来了。周恩来“获悉尼克松总统希望访问中华人民共和国”而适时向他提出邀请。尼克松将于 1972 年 5 月之前访问中国。这次中、美双方领导人的会晤，是为了谋求两国关系的正常化，并就双方共同关心的问题交换意见。“尼克松总统欣然接受邀请。”[31]

中方同意在 7 月 15 日星期三早晨发表公告，好让美国的周刊如《时代》《新闻周刊》（*Newsweek*），以及周末的报纸来得及完整报道。就在美国人准备前往搭机时，基辛格表示他期望此行已为两国崭新、友好的关系奠定基础。周恩来说他们已经踏出第一步。基辛格告诉周恩来，“你和你同事的理想主义和精神特质”深深打动了我。周恩来回答说，“我建议我们一起吃顿简便的中餐”。[32]

最后这顿饭吃得宾主尽欢，就连神情木然的中国官员都笑逐颜开。周恩来送给美国人中国茶叶，作为“小小的纪念品”。登上巴基斯坦国际航空公司的飞机后，美方人员发现座位上摆着英译版的毛泽东著作，以及记录他们此行的相片簿。在前往机场途中，叶剑英元帅和基辛格聊起他早年加入共产党的戎马岁月。长征期间，他们谁也没料想能在有生之年目睹胜利。“如今我们却在这儿，你们也来了。”[33]

“这四十八小时，尤其是我与周恩来的多次讨论，”基辛格在事后写给尼克松的备忘录里提到，“就像风味独特、食材精致、菜肴丰盛的中国飨宴。基于悠久传统文化的熏陶，火候精到的巧手烹调，用餐的环境既庄严又素朴，我们的餐宴丰盛，有甜有酸，相互交融，形成一个连贯的整体。”基辛格发觉周恩来不仅在智性上与他旗鼓相当，同时是一位灵活的谈判高手，从不拘泥在细枝末节的琐事上。基辛格认为，一般而言与中国人协商谈判还算容易；中方会开门见山地确定他们非常在意的原则。他对尼克松说，这是令人愉快的不同感受，尤其是在面对苏联那种细琐、霸凌、吹嘘的谈判风格之后。周恩来则认为基辛格“头脑灵活”，诚如他后来接受美国记者采访时所描述的，“他可以侃侃而谈一整个小时，而不给出实质答案”。[34]

基辛格一行人返回巴基斯坦，他们的秘密之行幸运地还未曝光。在拉瓦尔品第，美国大使法兰令人信服地佯作愠怒状，解释何以基辛格迟迟未从静养的山居下山。“那驴蛋还在穆里市集，跟人讨价还价一条地毯还是什么的，想讨个好折扣。”法兰说。世界的另一端，在华盛顿，国务院里的少数人无意间获悉实情。主管亚太事务的助理国务卿格林，对同事开玩笑说，基辛格大概没有得什么痢疾，而是到中国去了。此话脱口而出后，格林才发现自己做了什么好事。他赶紧去见罗杰斯，脸色惨白的罗杰斯要格林发誓，保证他和他的同事不会再透露只字片语。[35]

基辛格一行人终于在巴基斯坦降落，然后挤进车子里，特别地从穆里下山，继续前往机场。基辛格短暂逗留，会见了兴奋的叶海亚・汗，并与美国官员闲话家常。法兰设法把基辛格拉到一旁。基辛格说：“我得到一切想要的。我的部分大大的成功。我完成了一趟出色的任务。”傍晚6点，美国人登上他们自己那架不舒适的飞机，飞抵德黑兰，基辛格与伊朗外交部长简短会晤，并拍发一则电报。在加州，黑格读了只有一个词的电报：“EUREKA！”（希腊文，意指“找到了”），然后马上飞奔去见总统。尼克松说：“亚力，我早跟你说过，我早跟你说过。”尼克松忘记自己先前曾指示不要做无谓的通讯，反而命令基辛格写一份报告给他。基辛格回复说：“在我所有的白宫经历中，这次会谈是最激烈、最重要，影响也是最深远的。”他提醒尼克松，在他尚未返回美国之前，不要向任何人透露消息，包括罗杰斯在内。[36]

7月13日一大早，基辛格抵达加州。他与尼克松、霍德曼，在罗杰斯的协助下，全面整理了这趟中国行，并集思广益，讨论未来几天要如何处理这趟中国行的新闻。当周恩来说他希望基辛格与北越的谈判顺利圆满，这究竟代表什么意思？苏联究竟会如何响应尼克松中国行的公告？定于7月15日的电视演讲，尼克松的讲词内容应该很戏剧化，还是要低调一点儿呢？霍德曼担心媒体的报道。此时的基辛格疲惫不堪，而且有点儿情绪低落，或许因为过去几天一直处于紧绷状态。罗杰斯很有风度、大方地向基辛格道贺。总统异常兴奋，迫不及待地想要对外发布消息。7月14日，他偕同英国著名的记者亨利・布兰登（Henry Brandon）夫妇在圣克利门蒂的花园散步。尼克松暗示他即将发表重要演说，然后驻足摘了一朵白蔷薇给亨利・布兰登夫人。但等到他把花茎折断时，花瓣早就掉光了。[37]

翌日，下午5点45分，尼克松前往位于（加州）伯班克（Burbank）的摄影棚，发表电视演说。他的演讲扼要，披露基辛格已在北京与周恩来举行过会谈。然后，尼克松朗读了基辛格与周恩来协议的公告。尼克松说，他之所以采取这项行动，是因为他相信所有的国家将受惠于美中关系的改善。“正是本着这样的精神，我深切期盼这将成为一趟和平之旅，不仅是为了我们这一代人的和平，也是为了与我们共享这个地球的后代子孙的和平。”尼克松向老朋友们与（没有直指其名的）苏联保证，美国无意借由所建立的新关系伤害任何国家。尼克松要离开电视台时，一群抗议人士连声叫嚣，“滚出越南”。鲜少带幕僚外出用餐的尼克松，这回带着他们前往洛杉矶曾经盛极一时的知名餐厅用餐，并点了一瓶价值不菲的葡萄酒（经过厄立克曼的讨价还价，从六百美元杀到三百美元）。[38]

尽管尼克松受到右派人士的挞伐，但却赢得美国民众的普遍认可，乃至热烈的支持。参议院民主党领袖曼斯斐尔表示：“我十分诧异、欣喜、高兴。”雀跃的企业家梦想能像上个世纪的先辈一样，开拓中国这个未开发的广大市场。国务院听闻得克萨斯州有位棺木制作者，想要率先在先人的美国棺木上刻上中文。还有经纪人请基辛格帮忙，为旗下歌手安排前往中国各地的夜总会巡回表演。[39]

少数保守派，自然还有中国游说团，牢骚连连，不满尼克松向共产主义卑躬屈膝，但尼克松还是竭尽所能地安抚他们。尼克松告诉霍德曼，他们应该要了解，打通与中国的关系将有助于对付苏联，以及纾缓越南的困境。越战拖延不止，与北越在巴黎的协商又没有任何重要成果。尼克松在国内也深陷泥淖。经济恶化，通货膨胀率已超过百分之七。由于越战的因素，外国人大量持有美元，而日本、西德这类景气繁荣的经济体，其产品正严重打击美国的出口。尼克松迫于压力而采取薪资与物价管制政策，并贬值美元。部分因为转向中国的政策凸显了他外交政策大师的形象，8 月底的民意调查显示，他大幅领先 1972 年总统大选的民主党挑战者埃德蒙德·马斯基（Edmund Muskie）。他明白向中国人表示，希望不要让其他美国政治人物，早他一步踏上中国领土。[40]

美国盟友看法分歧。已与中国建立外交关系的英国，乐见美国的政策转向，倒是英国首相爱德华·希斯因未获尼克松信任，而感到很受伤。西欧国家普遍表示欢迎；譬如西德领袖威利·布兰特（Willy Brandt），便寄望苏联更能够配合东、西欧关系的改善。在最后一刻才被告知的日本觉得不被重视，而台湾一方面大为光火，一方面又忧心忡忡。根据勃列日涅夫顾问的说法，苏联领导阶层“如果称不上是震惊，起码也是摸不着头绪”。许多苏联领导人担心中国会倒向美国阵营，甚至组成抗衡苏联的共同战线。苏联告诉美国方面，他们之前延宕的高峰会现在可以举行了。虽然无从评断中国民意的走向，不过至少有一个人应该会很高兴。“主席走这么一步，”老元帅陈毅振奋地说，“整个棋局就活过来了。”[41]

基辛格离开北京两天后，周恩来飞抵河内向北越保证中国不会抛弃他们。实际上，周恩来论称中美关系的改善，最终会让美国人相信，他们不需要烦恼亚洲的局势，而应该专注于欧洲以及苏联对欧洲的威胁。这反而有益于北越与美国的谈判。周恩来这番话未能说服北越。北越人认为，中国“把救生圈丢给溺水的尼克松”。随着中国此举成为河内不利于北京的另一个抱怨题材，毛的雕像和小红书也逐渐从河内的商店消失。[42]

周恩来随后飞往朝鲜，传达类似的讯息。返回北京后，周恩来与柬埔寨西哈努克亲王和阿尔巴尼亚大使会晤，前者因遭美国支持的将领放逐而流亡在外。西哈努克亲王别无选择，只能接受这则消息。在地拉那（Tirane），阿尔巴尼亚的独裁统治者恩维尔·霍查大为震惊。[43]

基辛格访华后几个月，中国人也面临内部政治危机的压力，即林彪事件。

就美国人的观点，不论个中原委如何，林彪的消失，总是除去了毛泽东政策转向可能的绊脚石。连带使得气焰高涨的反美激进派，像是毛夫人江青，大为收敛，而赞同毛泽东政策的周恩来则总揽大权。党内干部接获命令，为了尼克松的来访，人人必须研读第二次世界大战后毛泽东与国民党的谈判。“为什么我们不该与尼克松总统谈判？”周恩来问一位来访的英国记者，“举例来说，过去我们也曾与蒋介石谈判。”美中外交官员在华沙谈了十六年，周恩来继续说道，不过共产党人从内战与国民党的交手学到教训，关键问题只能通过高层谈判来解决。为了准备接待尼克松的来访，共产党领导高层观看美国电影、美国人制作的电视节目。负责筹备接待事宜的周恩来，指示参与尼克松访华行程的所有五十岁以下官员学习英语（范围之外的人不硬性规定）。而周恩来本人也借由阅读尼克松的著作《六次危机》，并欣赏尼克松最喜欢的电影《巴顿将军》来做准备。[44]

第十二章　准备就绪

1972年2月，白宫先遣队伍的领导罗恩·沃克（Ron Walker），率领筹备尼克松访问行程的近百技术人员与专家抵达北京。沃克一行人携带好几吨重的器材和紧急医疗设备，其中包括美国制的厕纸、威士忌，来到当时没有冰块、没有电传打字电报机、没有汉堡的国度。他们发现中国人好客、有礼，十分关切尼克松之行的成败。总统午餐该吃些什么？他希望他住的宾馆维持气温几度？

双方发现他们新建立的关系极富挑战性，时而困难重重，且经常让人不知所措。听过美国流行歌曲《美国派》(*American Pie*)的年轻传译问，何谓圣父、圣子、圣灵？当美国人试图解释，而这名传译又说她从没听说过耶稣时，美国人惊愕得难以置信。有时，中国人会同美国人一起观赏先遣队伍自美国带来的电影，譬如《虎豹小霸王》（*Butch Cassidy and the Sundance Kid*）。某天，发生了令人困窘的场面，有位中国官员走进正在播放电影《毕业生》（*The Graduate*）的放映室，这时剧情刚好演到罗宾逊夫人正在宽衣解带。除此之外，还有更严重的意外事件发生，譬如，思乡情切的技术人员在晚间猛抽大麻，豪饮自己带来的伏特加，结果在他下榻的饭店酿成火灾。[1]

沃克以卡通人物“跑路鸟”（Road Runner）为代号，他向来习于穿梭全球大小城镇，或威逼、或哄骗当地人士，确保总统出访包括全程新闻报道在内的每个细节，都能井井有条。这回，沃克向华盛顿发出抱怨，他说他想得到确切答案和厘清疑问都很困难。同意尼克松访华是最为重要的第一步，不过往后的几个月，很多时候，尼克松的访问经常看似无法成行。套用基辛格的描述，眼下是在绝崖边缘跳小步舞曲，而且舞者无法确定舞伴下一步将做出什么样的动作。

基辛格初访过后，中、美开始通过巴黎渠道商议所有事情，譬如美国飞机补给油料、与苏联的关系。10 月，基辛格重返北京，磋商总统访问行程结束后双边要共同发表的联合公报，以及继续讨论尼克松之行的细节。基辛格对周恩来说，“中国虽然有丰富的经验应对外人，但从未经历过像美国总统访问这类的现象”。基辛格这回搭乘“空军一号”，好让中国人能习惯总统专机。基辛格还带了阵容庞大的工作人员，其中包括通讯技术与安全专家，以及率领白宫先遣队伍的查平，他是尼克松的行程秘书。这次，基辛格的队伍中，还安排一位代表国务院的官员艾尔·詹金斯（Al Jenkins），他是经验丰富的中国通。基辛格在回忆录里提到：“我的任务是要给他有种参与感，但又不让他介入任何关键的地缘政治讨论，尤其是公报的起草。”[2]

基辛格这次从美国起飞，10 月 20 日飞抵上海。之后由中国飞行员接手驾驶的工作，尼克松访华时也会比照这样的模式。他们在北京讨论时，中方还是坚持尼克松在中国的行程应该搭乘中国的飞机。基辛格说美国总统不搭乘自己的专机，这是相当不寻常的。周恩来直截了当地表示，“毕竟是我们的领土”，并且指出他本人将陪在尼克松旁边：“我们会负责，你们特勤局的特工也可以检查我们的飞机，一切不会有问题。”[3]

在北京，尽管美国一行人不得而知，林彪出逃一事还是在中共高层掀起轩然大波。周恩来忙于稳住局面，抵挡来自激进派的攻击。在钓鱼台国宾馆，这个美国人先前下榻的住所，美国人发现房间内摆放有英文新闻稿的特刊，内容谴责美帝国主义，呼吁全世界人民推翻美帝国主义。基辛格搜集所有特刊交给中国官员，并自我解释这想必是先前住在这里的宾客遗留下来的。周恩来认为这可能是中国官方新闻机构内的激进派意图从中作梗，打乱好不容易才开启的对美关系。周恩来马上向毛泽东汇报这桩意外事件，毛一派轻松地说："告诉美国人，这不过是一些空话。"翌日，基辛格驱车前往人民大会堂，中国外交部副部长一再向他解释，就像美国人是通过新闻报纸来沟通，中国人则是通过口号。他示意基辛格看一面墙，上头原本贴着谴责美国的海报，最近才重新贴上亚非乒乓球锦标赛的欢迎标语。[4]

美国一行人在北京逗留一周，商讨尼克松之行的大大小小细节（为了防止不被中国人窃听，他们播放约翰尼・卡什乡村乐的录音带；当美国人想向中国人要些什么时，譬如一杯茶，他们就关掉音乐高声大喊）。美国人先行游览尼克松预定参访的景点：长城、明陵、颐和园。毛泽东的夫人江青，为美国人安排了著名的现代革命样板戏。有趣的是，节目还包括北京交响乐团演奏贝多芬交响曲，该乐团是自"文化大革命"以来第一次公开演出。通讯技术专家聚集在一起，想方设法，试图克服美国人快速通讯的庞大需求与中国电话体系陈旧不堪的落差，并安排卫星传输的作业。美国人还想带上为总统特制的防弹轿车；中国人坚称尼克松总统坐他们的轿车安全无虞。美国安全主管要求中方在尼克松访华之前，逮捕所有惹是生非的惯犯，此话一出令中方人员不知所措。其对口单位对美国人的傲慢态度迭有怨言。[5]

基辛格告诉周恩来说，美方会带自己的翻译，“不过主席与总统私下会晤时，我们希望借用你们的传译员，以确保安全”。基辛格宣称，他不相信美国传译员会保守秘密不向新闻媒体透露消息。中方自然爽快答应。起用他们的传译员，有利于他们操控尼克松对话的记录。不过，要寻找足够能讲英语的人是一项难题；中方从全国各地找来会说英语的人，这些人大都是在“文革”期间被下放，又从农村被调回来的。[6]

整体而论，基辛格与周恩来的对话都聚焦在一些关键性的政治议题上：苏联、南亚地区的紧张局势、日本、朝鲜半岛，以及联合国。台湾是中国人最关心的，而越南则是美国人的焦点。基辛格通常仅由洛德陪同。他告诉周恩来，他不希望“与不是我自己办公室的同僚”一同讨论重大议题。来自国务院的詹金斯，被派去同周恩来的部属协商基辛格心目中的次要议题，譬如贸易，要不就是被拉去参访炼油和化学工厂。基辛格说，和周恩来在一起，仿佛两人继续天衣无缝的谈话：“每个岗位的每个中国人对我所说的一切，都是一个精密复杂构思的一部分——就连我不那么西方中心的脑袋，都要花点儿时间才能抓到重点。”[7]

在二十五小时的对话里，基辛格与周恩来触及了种种世界大事与过往历史，但他们老是回到台湾这个话题。而正是台湾问题成为他们草拟尼克松访华行程结束后所要发表之公报的障碍。基辛格已备妥一份详细的草稿，于10月22日交给中方。周恩来评论说，“内容太长了”。这份草稿字字推敲，点出中美双方皆能体察彼此之间的差异，但他们愿意为国际和平与安全共同努力。双方都无意追求霸权——这是中国人控诉超级强权最爱使用的词。这份草稿对台湾这类有争议话题轻描淡写，传达和平解决问题的希望。这是那种千篇一律的标准公报。毛泽东非常不喜欢，或许这位老革命家还梦想着领导世界革命，不欣赏这种平淡、规矩的观念。[8]

周恩来依据毛的指示办事。10月24日早上，他告诉基辛格必须认清事实，两国之间存在着严重的歧见。不认清这点就是不诚实，就像苏联一样。周恩来训斥基辛格，美国人的举动就像拿破仑战争后的梅特涅：仰仗老朋友来镇压革命、维护秩序。梅特涅最终失败了，因为他终究还是无法遏阻革命风潮。眼前，美国人也面临相同的处境。“人民意识的觉醒正助长世界的改变，或者我们可说它是骚动。瞧瞧越南，亚洲其余的地区，非洲、拉丁美洲，甚至欧洲，周恩来说，美国人应该认清革命的力量；毕竟，美国人本身也历经革命，曾经为争取独立而奋斗。“美国与中国都渴望和平，但是，”周恩来追问说，“难道要把这一代人的和平寄托于未来，或者老朋友？”这是两国的根本歧异。美国人若还偏好梅特涅的行事作风，几年后会发现他们将面临革命的挑战。周恩来语气平和地说道：“当然，可能是受限于体制，你们没有办法做任何更大的改变，而我们有鉴于我们的哲学，预先看出了这点。”[9]

中方自己也拟定了一份草稿，勾勒出他们的总体架构，以及他们对关键议题的看法，并为美方留下同样的空间。中方还在文中增添必要的革命情绪，譬如压迫滋养抵抗，以及人民走向革命。毛泽东十分高兴。他说，现在这份公报有“声音”了。10月24日晚间，周恩来朗读新草拟的稿子，然后告诉基辛格：“今天我本来很想不理会它，不过看来已经不可能了。”基辛格大感意外，不过也渐渐改变了原先的看法，诚如他在回忆录说的：“我开始明白这种别出心裁的架构或许能解决我们的难题。”有关台湾，中方坚持美国设定撤离所有军队的时间表，承认中国拥有该岛的主权。基辛格无法做出这么大的让步，虽然他强调一旦美国自越南抽身，便会逐步撤出美国的军队。基辛格也暗示，1972年尼克松若是连任成功，未来还会有更大的让步：“我告诉总理两件事：第一，我们可以做的比说的多。第二，我们可以在来年之后而不是来年当中有更多动作。”基辛格承诺，尼克松来到中国会重新确认。基辛格告诉周恩来，中国应该缓和对美国的批评，“外人会说总统跨越一万两千英里，就是为了被人要求签署一份针对美国政策提出最尖锐批评的文件”。[10]

基辛格延迟登机返美，他与洛德针对中方的公报草稿一直工作到10月24日的深夜，寻找基辛格所谓“一种坚定但不好战的语气”。翌日白天晚上，双方来来回回。“我郁闷地指出，”日后基辛格向尼克松报告说，“中方草稿仍然以挑衅口吻强调了我们之间的歧异。”双方一步步地在公报的措辞用语上达成共识。歧异仍然存在，但措辞愈来愈平和理性。而台湾仍旧是棘手的难题。最后，10月26日早上，当时空军一号已在北京机场待命，基辛格针对台湾问题提出了双方都能接受的说法：“美国认识到，在台湾海峡两边的所有中国人都认为只有一个中国，台湾是中国的一部分。美国政府对这一立场不提出异议。”周恩来接受这样的措辞，后来他对同僚谈及“博士还真的很管用”。到了10月26日早上8点，双方终于达成对公报内容的共识。周恩来来到宾馆的门口为基辛格送行，他首度用英语说：“尽快回来共享会谈的愉快。”[11]

根据查平的说法，“基辛格博士还有一件事情尚未搞定，那就是如何不让国务卿罗杰斯参与各式会谈，不过多数情况都如基辛格博士之意发展”。[12] 当空军一号沿着跑道滑行，这时华盛顿传来密电。美国在联合国捍卫台湾会籍的战场中败下阵来。自从 1949 年以来，美国便坚持蒋介石在台湾领导的中华民国是中国的代表，所以是台湾，而不是中华人民共和国，据有安理会、联合国大会，以及联合国所属机构的中国席位。在美国国内，组织完善、财力雄厚的中国游说团，向来确保其决心的坚定不动摇。20 世纪 60 年代伊始，针对联合国中国席次之争，肯尼迪政府曾考虑过双重代表的可能性。离开公职时，尼克松还曾领导造势活动对美国政府施压，以继续支持台湾为中国唯一的合法代表。然而，在联合国继续维持现状变得愈来愈难。50 年代，通过美国代表的强力游说，以及紧急应变措施，譬如调派美国海军军机到马尔代夫群岛接送代表，联合国代表席次才得以原封不动。不过到了 50 年代末，随着欧洲大帝国的崩溃，如雨后春笋般出现的新兴国家，而多数第三世界国家与共产党国家年复一年投票支持阿尔巴尼亚提案，承认中华人民共和国的联合国会籍。直到 60 年代，美国人已经无法继续拖延中国代表权的争端，仅能将中国代表权的争端列为“重要”问题，亦即需要取得三分之二多数的同意；即便如此，也是为时已晚。

尼克松就职总统头两年，当被问到美国对中国代表权议题的政策时，他仅仅表示，“在这个时候”他没有计划改变政策。事实上，尼克松正逐渐调整他长期以来反对中华人民共和国加入联合国的立场。这大致出于他开始对中华人民共和国有所动作，不过也是因为态势渐趋明朗，美国即将输掉联合国中国代表权的投票。1970 年，联合国大会投票表决，以些微多数通过阿尔巴尼亚提案，将台湾逐出联合国，由中国大陆取而代之。美国等国家一度推出妥协方案，由中华人民共和国占有安理会席位，而台湾则保留大会席位，结果海峡两岸的中国人均拒绝承认对方在联合国的存在，美国提出的妥协方案无疾而终。基辛格初次密访中国时曾向周恩来提起双重代表权的问题，周恩来明白表示中国打算重新拿回属于自己的权利，拒绝与非法的政府分享。当毛泽东听闻基辛格的提议，坚定地说道：“我们绝不上他们‘两个中国’的贼船。”那年夏天，华盛顿遣特使前往试探蒋介石的态度。蒋介石同样坚决，根据这位特使的说法：“他宁可玉碎，也不愿瓦全。”[13]

1971 年初，华盛顿一个高级研究小组做出结论，美国有可能输掉该年度重要问题案的表决，即阿尔巴尼亚提案取得三分之二多数的同意。美国盟邦如英国、加拿大，均表态不再支持。该研究小组总结认为，台湾最早可能在该年被驱逐出联合国。该研究小组仅提议美国的可能选择，华盛顿方面渐渐萌生一种想法，美国应该作态努力为台湾在联合国的代表权奋斗，不过联合国若是接纳中华人民共和国，其实不失为好事一桩。

密访中国的那个夏天，基辛格还在为保全美国颜面做最后的努力，他向周恩来承诺，美国政府同意中国以多数表决的方式加入联合国，不过若要坚持驱逐联合国目前的会员国，则需要有三分之二多数国的同意。中华人民共和国马上可以取得联合国的席位，而台湾很快就会被逐出联合国。周恩来冷淡地说道：“我们并不认为重新拿回联合国席位是一个迫切需要解决的问题。我们已经熬了二十一个年头，而且也都熬过来了。”[14]

基辛格访问中国的震撼新闻削弱了美国的立场，不过由美国驻联合国大使乔治・布什所领导的美国驻联合国代表团，在那年夏天和初秋，仍继续为台湾的代表权而奋斗。然而，形势并不利于美国代表团，直到

9月，他们还迟迟收不到华盛顿方面关于美国政策的明确指示，究竟是要固守旧的底线，还是做出某种程度的妥协。是年秋天，联合国召开大会，美国代表团多日奔波，游说各会员国把中华人民共和国入会案列为重要问题，需要取得三分之二多数的同意。美国代表每晚都聚会，沙盘推演可能跑票的老朋友名单。10月，联合国大会即将举行这重大的表决，而基辛格却在这个时候让他的二度中国行登上新闻的头条。美国的一个代表说："看来这是致命的一击。就算我们守住底线还有一丝希望，现在也毁掉了。"[15]

当时，且直到现在，基辛格因访华时机的选择而受到抨击，但他访华的时间也可能是刻意挑选的。9月30日，在一次与罗杰斯、尼克松的对话中，基辛格说他被告知10月19到28日是棘手的时间点。罗杰斯牢骚满腹，指称联合国大会进行投票表决时，基辛格几乎一定会在北京，"每个人都会认为我们是刻意在挖自己的墙脚"。基辛格同意尝试变更访华日期，不过当天稍晚他和尼克松单独对谈，决定依照原定时间，不值得为这事更改时间。基辛格说，"我认为如今表决结果已定"。尼克松也同意这看法。[16]

10月26日早上，基辛格与周恩来在北京为公报内容做最后关头的协商，当时是纽约的10月25日傍晚，联合国大会即将进行关键性的表决。突然间，令美国代表团感到不悦的，沙特阿拉伯大使提议休会用餐。大厅里的各国代表一哄而散，尽管美国代表团在自助餐厅和附近餐馆找人，许多代表还是消失得无影无踪。大会继续召开，表决两大议案：一是采取简单多数的形式表决中华人民共和国入联，一是驱逐台湾。表决结果宣布之后，许多国家尤其是非洲国家的代表，在通道上手舞足蹈，而台湾代表则列队缓缓步出会场。尼克松告诉媒体，他看到这一幕相当“愤慨”，但私底下他其实大大松了一口气，这个棘手问题终于尘埃落定。他指示基辛格、霍德曼前去告诉保守派的里根（Ronald Reagan）与戈德华特（Barry Goldwater），政府已在维护台湾的联合国会籍上尽全力了。[17]

在纽约，布什告诉美国代表团，他们现在的工作就是去会晤中华人民共和国的代表团，以礼相待。布什想必感到扼腕。倒是当基辛格说他如何失望时，布什的愤慨情绪油然而生。“我也是，”布什日后写道，“但真相是，我们在纽约说的是一套，在华盛顿做的又是另一套，这个结局早已注定。”[18]

北京对这一结果的反应是近乎惊愕。外交部仍吃力地自“文革”的伤害中自我重建，中国也少有历练丰富的外交人才堪用。况且毛泽东本人曾经表明，无论结果如何，中国是不会在这年加入联合国的。周恩来匆匆召集他的高级幕僚，共同会商中国该如何响应。激进派主张强硬路线。中国不应该加入属于资产阶级、官僚政治的机构，“那里的人们喝咖啡，闲聊斗嘴，不会替被压迫国家和人民讲真话”。温和派则主张中国至少需要一年的时间研究联合国，准备参加联合国的工作。正当周恩来表示认同，信使传来指示，毛泽东召集他们前往其住处。他们发现毛泽东满面春风，一次排除了所有的反对意见。毛说，中国必须立刻派出代表团。他在这年打赢了两场重要战役：首先，林彪的政变阴谋被揭穿；其次，中国又在联合国获胜，美国甚至连传统盟友如英国、加拿大的支持都得不到，而英国、加拿大的做法，就好比不屈服的优秀红卫兵。中国在联合国的第一次演讲，必须大肆挞伐帝国主义的超级大国，并鼓励各国人民起来革命。毛泽东提议，假使中国的发言人需要灵感，可以参考为与基辛格协商所准备的笔记。[19]

中国驻加拿大大使、历练相对丰富的黄华，匆匆忙忙被派往纽约，另有中国官方代表团搭乘中国飞机降落在拉瓜迪亚机场（La Guardia）。临行前毛泽东告诉代表团团员："不入虎穴，焉得虎子。"有位中国代表日后回忆说，中国代表团对美国没什么认识，除了中国新闻媒体中传达的贫穷、压迫的刻板印象。中国代表在美国遇上不可避免的尴尬场面，譬如一小撮亲台湾的支持者，在中国总部外面示威抗议，以及可能酿成极大风波的中国代表意外食物中毒死亡。不过，整体而言，中国代表愉快地发现美国人十分友善。就美国人而言，他们也对中国人一贯严肃、低调的做事态度感到佩服。[20]

基辛格和尼克松也发觉联合国里的中国外交官员，不失为另一个通往北京的私人渠道。

这个渠道对运作尼克松的中国行很有帮助，此外，当南亚爆发重大危机时，这个渠道也发挥了极大作用。南亚危机已酝酿几十年了。自1947年以来，印度与巴基斯坦的关系就不稳定，当时这块次大陆即分裂成以印度教徒为主体的印度，及以穆斯林占绝大多数的巴基斯坦。分裂的结果，造成双方大举屠杀各自境内的少数族群，以及瓜分资源、水源、领土，以崇山峻岭著名的克什米尔（Kashmir），争端不止。1965年，两国爆发大规模的战争，由苏联出面斡旋，双方勉为其难达成停战协议。两国各自寻求同盟；巴基斯坦坚定站在"冷战"时期的西方阵营，倒向美国，印度则是以不结盟国家的领袖自居，不过还是向苏联倾斜。1949年共产党胜利之后，中国崛起成为亚洲要角，又为次大陆的局势平添变量。中国共产党与印度关系良好，直到50年代末，这两个亚洲大国关系生变。印度给予包括达赖喇嘛本人在内的流亡藏人庇护，激怒中国，两国又因双方边界悬而未决的领土问题发生摩擦。1962年，两国兵戎相见。结果中国赢得胜利。尽管坚定站在西方阵营，且坚决反对共产主义，巴基斯坦不出所料是支持中国的。中国投桃报李，给予巴基斯坦军火装备及反制印度的外交支持。

70年代初，巴基斯坦开始分裂，美、中同表关切。巴基斯坦分隔两边，被近一千英里的印度从中间贯穿，这个国家陷入窘境、难以运作。东巴基斯坦与西巴基斯坦的共同基础是伊斯兰教，但这仍不足以让双方克服彼此的语言和文化鸿沟。由于无人能整合国家，所以军队习以为常地介入政治，且军官多出身西巴基斯坦，自1958至1969年，阿尤布·汗（Mohammad Ayub Khan）将军统治巴基斯坦。阿尤布·汗将军下台之后，由叶海亚·汗将军继任，他和阿尤布·汗一样，也是西巴基斯坦人。看到西巴基斯坦的政治优势，东巴基斯坦的居民内心逐渐产生憎恶之情。1970年夏天，两次飓风重创东巴基斯坦，但中央政府的接济却姗姗来迟。12月，叶海亚·汗被迫举行大选，主张分离主义的“人民联盟”（Awami League），几乎囊括东巴基斯坦的所有席次。1971年夏天，基辛格与叶海亚·汗会面，基辛格说：“总统先生，身为一位被选出的独裁者，您的选举选得很糟糕。”[21]

“人民联盟”赢得足够的席位组织巴基斯坦政府，但叶海亚·汗就是拒绝召开国会。1971年间，东巴基斯坦与西巴基斯坦走向公开决裂。3月，“人民联盟”策动大罢工，宣布东巴基斯坦独立。军方出兵残暴镇压，逮捕了联盟的领袖谢赫·穆吉布·拉赫曼（Sheikh Mujibur

Rahman），并使用美国提供的坦克与飞机攻击反对势力。无数难民跨越边界逃往印度，最终人数达到数百万。对印度而言，巴基斯坦分裂的危机既是负担，也是撕裂敌人千载难逢的契机。英迪拉·甘地率领的政府以炮弹、银弹支持东巴基斯坦进行抵抗，早已是公开的秘密。世界各国大多谴责叶海亚·汗政权，华盛顿国务院、国防部的高官，以及几乎所有驻东巴基斯坦的外交人员，敦促美国政府明确表态以遏止叶海亚·汗的政府。此外，大部分华盛顿资深官员认为，对比巴基斯坦，印度较大、较富，较为稳定，所以对美国而言，维持与印度的友好关系更为合理。然而，基辛格拐弯抹角提及叶海亚·汗与尼克松关系非比寻常。直到那年夏天之前，听者都不知道原来尼克松、基辛格把保护联络中国的巴基斯坦渠道视为重要性更高的事情，这都是因为与中国的接触极为秘密。即便中国与美国的关系公诸于世后，尼克松、基辛格还是对巴基斯坦心存感激。“他们如何统治跟我们有什么关系？”那年夏天，基辛格向华盛顿高层的跨部会小组抱怨道。“总统一再说要支持巴基斯坦，但我所得到的每个提案都背道而驰。有时候，我觉得我是在精神病院。”[22]

尼克松、基辛格二人总是偏向巴基斯坦更胜于印度。“印度人真他妈不是好东西。”尼克松在与基辛格讨论这场危机时如是说道。基辛格附和说：“这些狗娘养的，从未为我们举起一根手指头。”他们觉得叶海亚·汗是个热心、精神抖擞的军人，比起印度总理英迪拉·甘地更为好相处，他们眼中的英迪拉·甘地阴晴不定、自命不凡，而且拐弯抹角。在私人谈话中，他们通常会恣意发泄心里的不满，他们称英迪拉·甘地是老巫婆，是婊子。1971 年夏天，南亚次大陆战争一触即发。叶海亚·汗拒绝对东巴基斯坦人做任何重大让步，甚至扬言要以谋反之罪起诉拉赫曼。另一方面，整个 1971 年春夏，甘地夫人都在寻求政治而非军事的解套方法。[23]

不过，7 月访问过新德里之后，基辛格认为有可能爆发战争，而在 8 月 9 日印度与苏联签署友好条约之后，基辛格更加确信不免一战了。基辛格揣测，苏联借由援助印度向中国发出轻蔑的讯息：中国若不出手相助巴基斯坦就是在示弱，然而中国如果出手干预，苏联便有了攻击中国的借口。巴基斯坦假使在战争中败给印度，而这几乎是可以肯定的，则美国与中国的共同友人便要蒙羞。[24]

然而，中国的反应并不明朗。7 月，与基辛格的初次会晤，周恩来说中国不会坐视巴基斯坦受到攻击，尽管他并未表明中国会采取何种援助方式。基辛格后来安抚尼克松说，周恩来可能也试着给他们上一课，“支持中国并且信守承诺的国家，也会得到同样的对待”。10 月，基辛格二度访问中国时，周恩来不仅很不情愿花时间讨论南亚问题，还对支持巴基斯坦人一事语多保留。基辛格在摘录他们的谈话时写道：“我相信中华人民共和国不愿表现敌意，是担心会给莫斯科攻击的借口，这情况一旦真的发生，中国会面临左右为难的局面。”[25]

战事真的爆发了。11 月底，印度军队入侵巴基斯坦，12 月 3 日，巴基斯坦攻击印度西线。尼克松和基辛格认为这是一场“冷战”冲突的战争，印度有苏联撑腰，美国则不得不支持巴基斯坦，以维持南亚次大陆的均势状态。如果巴基斯坦溃败，基辛格认为，这将是苏联的胜利。而且会让美国在中东的地位岌岌可危，有苏联做后盾的阿拉伯国家会因而嚣张妄为，同时也会冲击美国与中国的关系。再者，基辛格坚持，美国必须让中国知道自己是值得信赖的朋友。[26]

尼克松与基辛格暗地里大力协助巴基斯坦。“我们竭尽全力，”尼克松在1971年11月告诉巴基斯坦的外长，“不让这可怕的悲剧、你们正在经历的痛苦，演变成开战的借口。”[27] 12月的第二周，随着战事扩大，基辛格传讯给伊朗国王，他同意运送军火前往西巴基斯坦。根据尼克松的指示，基辛格还下令美国海军特遣舰队前往改国号为孟加拉人民共和国的东巴基斯坦沿海。美国借此举向印度施压并警告苏联，尽管美国对外宣布，派遣航空母舰群是为了要拯救少数仍留在孟加拉国的美国公民。纵然尼克松、基辛格对巴基斯坦表示同情，战争真的爆发之后，他们还是配合苏联拟定了双边都能接受的停火协议。

12月12日，尼克松与基辛格有过一次不安的谈话，两人忧心南亚次大陆的局势，以及它会带给全球的冲击。他们担心已占领东巴基斯坦大部分领土的印度，还会继续挥兵入侵西巴基斯坦，将西巴基斯坦纳为附庸国。而印度的背后，尼克松、基辛格认定肯定有苏联在撑腰。尼克松、基辛格都认为时机已到，应该勇敢抵抗印度明目张胆的入侵，并迫使苏联做出选择，是要继续替印度撑腰，还是与美国一同促成停火协议。“这是典型的尼克松作风。”基辛格说，“你又孤注一掷。但我认为，我们若不采取行动，一场灾难将发生是可以确定的。”[28]

如果中国插手保护友邦巴基斯坦，届时苏联就极有可能介入。基辛格称，美国不可能仅仅袖手旁观，否则中国可能被击败或遭受羞辱。至少，美国主动开启与中国的关系将会完蛋。尼克松问道，那么他们该怎么做？“开始投掷核武器，这是你的意思吗？”基辛格并未正面答复，只是勾勒出一幅毁天灭地的景象：“如果俄国人威吓中国人而安然无损，如果印度人挑衅巴基斯坦人而全身而退，我们眼前就是最后关头了，我们可能已经可以看到火药桶了。”就算美国置身日渐扩大的冲突之外，也可能会受到不可修复的伤害。“有鉴于这世界的规模，权力均势将出现新的改变。”基辛格说。相比之下尼克松没有这么悲观：“俄国与中国不会走向战争。”尼克松的看法是正确的。黑格匆忙赶去见黄华，发觉中国打算接受联合国的停火协议。[29]

到了12月16日，印度与巴基斯坦同意东线、西线停火，叶海亚·汗黯然去职，孟加拉国独立。印度日益坐大，而割离后的巴基斯坦则渐次衰颓，这迫使巴基斯坦不得不发展自己的核武器。另一方面，美、中新关系毫无损伤。基辛格听巴基斯坦新总理佐勒菲卡尔·布托（Zulfikar Bhutto）说，周恩来认为是美国解救了西巴基斯坦。基辛格本人的光环暂时消失。尼克松原本就对基辛格窜升的公众声望妒火中烧。再者，基辛格在印巴危机期间的表现，譬如曾暗示要取消即将与苏联召开的高峰会议，让尼克松对基辛格的判断能力产生了疑虑。当专栏作家杰克·安德森（Jack Anderson）披露耸人听闻但确凿无误的消息，关于尼克松与基辛格如何偏袒巴基斯坦，尼克松不公平地责备基辛格所属职务办公室。有几个星期，基辛格发现总统都没有时间见他，或回复他的电话。基辛格扬言要挂冠求去，不过，最终，他告诉霍德曼，他认为尼克松和国家需要他，特别是中国访问成行在即，然后还有莫斯科峰会。冰封解冻后，这两人又恢复原本的关系，套用基辛格的讲法，“实质上亲密，个人关系疏远”。[30]

这时，尼克松的中国行只剩下几周的时间。国务院与国家安全事务委员会不眠不休地为尼克松和罗杰斯准备简报。在国务院里，有一个三人特别小组，在严格保密的指示下，为基辛格起草一系列的立场书和意见书。由于不能让同僚知道他们究竟在忙些什么，因此这三个可怜人必须先完成日常业务，然后在夜里鬼鬼祟祟地忙基辛格交代的工作。在国家安全事务委员会里，自国务院调来的傅立民也焚膏继晷地撰写报告。他日以继夜工作，经常每晚只睡两三个小时，废寝忘食。在最后一刻，有人决定也要为佩特·尼克松准备简报。傅立民仅有二十四小时的时间摘要中国艺术和文化，简介她预定造访的每个地方。傅立民回忆说：“对我而言，那几个月，我猜是六个星期，感觉就像一年。”奉基辛格之命，华盛顿的每个部门都在从事专门研究。这些报告流进国家安全事务委员会而无影无踪，任由基辛格团队随心所欲地运用。国家安全事务委员会的官员有时只把简报封面去掉，然后换上他们自己的单位属名。为了反制这种现象，国务院改用特制的纸笺，让国家安全事务委员会的官员不能偷天换日。[31]

中国也在如火如荼地准备。当局拍板定案的原则是，接待尼克松一行人应该“礼貌、尊敬；不卑不亢；不热不冷”。周恩来在钓鱼台成立一个特别小组，其中包括：十大元帅之一的叶剑英；“文革”期间，外交部头一个受难的资深外交官章文晋；周恩来提拔、与十大元帅合作无间的熊向晖。周恩来本人时常召集他们并亲自主持会议。这个小组分析国际局势，美国内政，巨细靡遗搜集有关尼克松与基辛格的信息，包括他们的思维、人格特质。这次的访问虽已经过毛泽东批准，周恩来还是得应付吹毛求疵的激进派。文化部反对中国乐队在欢迎晚宴上演奏《美哉！亚美利加》歌曲。毛夫人江青不希望美国电视工作人员“在中国的土地上为尼克松宣传”。[32]

1972年1月，基辛格派遣他的副手黑格前往中国，为尼克松的中国行做最后准备，而激进派还在继续从中作梗。黑格检查尼克松会看到的每一处地方，晚上则待在上海，而上海正是激进派的大本营。晚宴时，发生了不好的事。根据中方的说法，黑格在晚宴时一直闷不吭声，且拒绝回敬东道主之一（上海市委书记徐景贤）的敬酒。黑格的说法是，他认为这个人的祝酒辞是咄咄逼人的反美言论，于是拒不回礼。不仅如此，黑格还说，晚宴尾声前，激进派领袖之一、日后成为四人帮一员的王洪文上前向他粗鲁地宣布宴会结束。黑格一行人接着来到杭州，当地官员冷淡地接待他们。当时天气凄冷，不过黑格一行人还是被带去西湖，这也是尼克松预定的行程之一。船上没有东西可吃，仅备有几杯清茶。随行的中方传译章含之质问地方官员事情原委。结果得知，佳肴其实都已备妥，不过他们接获上海方面的来电，指示他们不要友善对待美国人。“人人都畏惧上海的激进派，所以我们撤去船上的所有东西。”章含之和随行人员于是召开紧急会议，并把情况向周恩来汇报，周再转知毛泽东。“周恩来非常非常严厉地训斥了我们，他还说上海、杭州的事差点儿破坏毛泽东的美、中破冰计划。”[33]

黑格不光是来观光的，他还身负微妙的使命。他必须安抚中国，使其相信美国坚定站在中国这边以抗衡苏联的威胁，还必须淡化处理美国对北越的轰炸行动。另外，他还要设法更动公报上涉及台湾的措辞。“我完全信任他”，基辛格10月时告诉周恩来，他小心指出，尽管黑格更像是个军人，而不那么擅长外交辞令。黑格聪明又迂回，那是他喜欢展现出的形象。[34]

抵达北京后，黑格一行人照惯例受到晚宴款待，而且在宴会中干了好几杯茅台。正当黑格不胜酒力准备瘫倒在床榻上时，又被召到人民大会堂去见周恩来。黑格发现总理周围都是高官和记者、摄影师。周恩来一见黑格，便开始尖锐地公开抨击美帝国主义。最后，黑格以坚定的语气说他不会让他的国家受辱。如果有必要，他和他的队伍会打道回府。周恩来马上支开官员和记者，语气转为和善。周恩来问，基辛格好吗？听说他感冒了。[35]

黑格、周恩来一直谈到清晨。黑格说苏联提出他所谓驽钝的军人评估，企图借由南亚次大陆最近的冲突，分化美国与中华人民共和国。当然，此举并未成功。苏联一心一意围堵中国。这正是为何他们要支持印度，何以他们的外长最近才刚访问日本，何以他们怂恿河内频频在老挝、柬埔寨从事活动。更有甚者，北越不愿和美国协商中南半岛的停战；事实上，他们似乎有意羞辱美国。黑格倾全力把美国对北越发动轰炸，解释成一种反制苏联的方法：“我们强烈感受到莫斯科正在鼓励河内继续朝军事行动的方向发展，借此，他们锻造了另一条用来束缚中华人民共和国的铁链。”周恩来并不认同黑格的说法：“美国的轰炸只会提高苏联在这个区域的影响力。”当周恩来向毛泽东转述黑格的讲法时，毛也不以为然。所以美国是为中国忧心吗？“美国关心我们，就像猫哭耗子！”[36]

另有征兆显示，中国人在应对外国人时仍有许多敏感之处，毛泽东和周恩来都觉得黑格的安抚令人厌烦。与周恩来深夜对谈时，黑格提到美国关心中国的“viability”（生存能力）。会谈结束后，周恩来转向传译章含之问道“viability”是什么意思？周恩来命人找来几本权威的英语辞典，查找“viability”这个单词的解释。确定了“viability”的意思后，他们感到大为光火，而且相当受辱，黑格居然认为中国不是一个有生存能力的国家。下次与黑格会面时，周恩来义正词严地驳斥黑格。

周恩来说，中国的确还不是一个强国，但中国有能力捍卫自己，就如同北越一样。社会主义的中国是在反抗外国入侵的过程中诞生、存续，现在仍继续迎战各方敌人的挑衅。周恩来继续说道："事实已经证明，也将继续证明，所有孤立、围堵、颠覆中国的阴谋，最终都会以可耻的失败收场。"黑格为他用了不够精确的军人语言而道歉，唯恐这样不得体的措辞会造成误解。[37]

黑格在中国的谈话内容有几分令中国人困惑，因为他也试图强调尼克松之行的成功被世人承认有多重要。黑格提到美国国内存在一个反对总统的邪恶联盟，而基辛格当初密访中国时，也强调过这个议题。在美国，受苏联左右的左派，支持台湾的右派，以及潜藏在官僚体系里的不知名力量，统统希望见到尼克松中国行的失败，好放缓美国与中国交往的进程（这自然也会损害到尼克松的竞选连任，虽然黑格并未明言）。黑格继续说，尼克松与基辛格认为，有必要确保没有任何公开侮辱会破坏总统在中国的停留。黑格向周恩来保证，"借访问强化尼克松总统作为世界领袖的形象，是我们双方共同的利益"。为此，黑格希望他们能够再检视公报的草稿。内容若是能再增加某些正面内容，譬如开启两国的贸易关系，将会更完善。更重要的是，如果能够淡化公报内容中涉及台湾的部分，找到一种简洁的陈述，"有些模棱两可，比基辛格访问时所用的措辞更含糊一些"，这对尼克松在国内是有帮助的，特别是在平息保守派怒气方面。[38]

讨论美国人的要求时，毛泽东问周恩来："尼克松怎么敢说要做世界领袖？"他甚至连美国都无法领导，"他承认国内所谓的亲苏、亲台、官僚力量统统反对他"。若要调整联合公报的内容，毛泽东说，他们应该增加世界人民想要革命这类的内容吓吓美国人。周恩来如实地向黑格传达主席的想法。周恩来数度提到："一个人的形象取决于他的所作所为，而不是其他任何因素。"至于涉及台湾的措辞，美国人应该了解中方为了双方都可接受的陈述而做出重大让步。所以台湾问题与公报本身，还是要在尼克松访华期间最终确定。[39]

不出意外，黑格自己也承认，他几度认为尼克松的中国行有可能横生波折。但如今双方已投入太多，不可能轻言退缩，黑格的行程因而能在友善的气氛之中画下句点。美国人再次来到上海，准备搭他们的飞机返国，发现气氛较之前截然有别。奉毛泽东之命，上海方面的高层自北京南下，在机场准备了丰盛的午餐筵席为美国人饯别。房厅里布置奢华，人人笑逐颜开。这一回，黑格举杯敬酒了。美国人登机时，人人都收到一个粉红色锦缎的大礼盒，里头装满糖果。毛泽东听到报告说，美国人在离开饭店时都把糖果打包带走，于是就下令准备糖果当作临别赠礼。由于礼盒是工厂工人连夜赶制的，所以盒子表面上的浆糊还未干。曾随口对盆栽表示赞叹的黑格，还收到一小盆高雅的常青树。[40]

距尼克松抵达北京还有三周时，由沃克率领的白宫先遣人员即离开华盛顿。临行之前，黑格严肃训勉大家，说他们身负确保尼克松中国行圆满顺利的重大使命："只要好好努力，我们与中国关系的整个基调会朝好的大方向进展。"他们将会发现，这趟中国行较之总统的其他行程困难重重，而且更为敏感。中国人也会密切注视他们的一举一动，"所以一定要非常、非常谨慎"。[41]

第十三章　言归正传

2月22日是乔治·华盛顿诞辰日。1972年的乔治·华盛顿诞辰日是星期二，根据官方新闻披露的消息，尼克松早上待在钓鱼台国宾馆处理白宫公务。他希望能创造一个具有新闻价值的议题，他签署一个法案以终结美国国内的码头大罢工，然后把签署法案用的笔，送给周恩来当礼物，但是周恩来心思缜密地又故作不解地婉拒了，让尼克松的盘算彻底落空。周恩来告诉尼克松，接受这支笔，感觉上仿佛是中国在介入美国的内政。美国人最后只好打消这个念头。[1]

尼克松召来霍德曼检讨昨天的种种过程。尼克松认为，周恩来举杯预祝总统当选连任这件事别具意义。至于美国媒体的报道，也诚如尼克松和霍德曼所希望见到的。媒体报道抵达机场的低调场景，但提到与毛泽东的会晤和晚宴是热情激动的。尼克松很开心地发现记者注意到他能自如地使用筷子，以及与周恩来轻触酒杯。基辛格后来加入他们，也带着同等的好心情。与毛泽东的会晤、周恩来的友善态度，他们一致认为这是个好的开始。[2]

基辛格正前去会见副外长乔冠华，然后当天下午，他将陪同尼克松与周恩来私下会谈，讨论导致中美分歧的议题，会商大的战略远景（他们显然不考虑让国务卿参与这类高级别会谈）。那周，基辛格相当忙碌。尼克松满意地说道，他的国家安全事务助理睡眠严重不足，除了要和周恩来会谈之外，还往往得利用深夜的时间，与乔冠华协力拟定公报内容，再向尼克松做简报。[3]

在这一周，当尼克松、基辛格与周恩来会面时，国务卿罗杰斯与中国外长姬鹏飞同时也在进行一系列的会议。基辛格在回忆录里语带轻蔑地提到，他们谈论的是国务院东亚科所关切的贸易、交流议题。事实上，基辛格是大费周章刻意做此安排的。他在初访中国时，就明确表示国务院不可靠。如今，在1972年访华的头一天，他与周恩来、乔冠华会商这一周的行程时，还是特别强调，罗杰斯与他的对口谈论的主题，应该局限在不重要的领域。基辛格还罗列美国代表团当中有谁知道详情，以确保“你们的人在与国务院私下谈话时，不至于一不留意说出令他们大为吃惊的事”。基辛格挖苦说，国务院是一个复杂的体系，不像中国人行事简单明了。

基辛格告诉中方，尼克松的核心圈子外，没有人知道他给中方传递有关美苏关系的详情，以及印、巴冲突危机期间，他和总统是如何与中国通力合作。他对台湾议题所做出的承诺，同样没人知道。尼克松之后还会重复这点。在正式开会期间吗？周恩来问。基辛格回答，不，在私底下。返回美国之后，他们才会把所有细节告诉国务院。再者，也没有人见过公报的草稿，尽管罗杰斯已经见过内容中涉及台湾的两个段落。基辛格认为，没有必要让罗杰斯在会议上讨论公报的内容，不过中方若能概述他们关于台湾的立场，让国务院的人记录下来，这或许是有益的。[4]

当罗杰斯提起台湾问题时，中方坚定地告诉他，他们不能和他讨论这个议题，因为这个议题是基辛格和周恩来负责处理的。[5]

担任罗杰斯与姬鹏飞会谈翻译的傅立民，靠自修学会倒着看中文字。他留意到姬鹏飞和罗杰斯一样，都十分倚赖他们的简报数据。就像其他与外国人会谈的中国人，姬鹏飞同样重弹历史创伤的老调，而对历史一知半解的罗杰斯，竟然和姬鹏飞辩论起朝鲜战争的起因，以及美国是否意图宰制世界。傅立民回忆说：“因此这是一次热络、但枝微末节的观点发泄。”[6]

重大议题是在别处讨论的。尼克松抵达当天与毛、周的会晤，已经为尼、周会谈定了调。双方都谈到两国政府直接会谈拖了这么久才成形的理由。彼此都向对方保证，他们各自的国家无意设计对方。他们代表自己的国家说话；双方都提到人不在场的毛泽东的贡献，尼克松向周担保美国对中国的和平意图，而周则是表达他个人的忠诚。周恩来表示中国之所以能转向美国，是因为人民对毛主席非常信任。尼克松连忙附和：“毛主席看得很远，我也是一样。”[7]周、尼虽有诸多争论，但态度大体上是礼貌的，甚至可以说是友善的。

谈话并无明确流程，也许是因为年前基辛格与尼克松已经定好基调，又或者谈话本身的重要性就与内容不分轩轾。两人都有意提及共同的敌人苏联，对其他议题，诸如亚太地区、中东的局势，也都感兴趣。不过，中方还是聚焦在台湾问题上。而中华人民共和国的立场，自始至终都没有改变，主张该岛是中国的一部分，台湾问题纯属内政。外界，特别是美国，无权置喙。一个分裂的政府和另一个中国的存在，冒犯了中国人民的国家尊严和中国的民族主义。至于美国，还是最关切中南半岛特别是越南的局势。

单独处理每个议题是不可能的。讨论这些议题的同时，双方还要考虑到国际关系的大架构。诚如尼克松于抵达北京头一天下午的正式会谈所说：“我们在讨论像南亚、印度这类重点区域时，不可能不去评估苏联对这些区域的政策。”[8]

星期二下午，为了与周恩来私下会谈，尼克松前往人民大会堂。他们在福建厅会晤，这并非出于巧合，1971年夏天基辛格与周恩来的初次会谈也是被安排在福建厅举行。周恩来礼貌性地请尼克松先表达他的观点。基于中国人的待客之道，他们总是这么坚持。这当然也是一种有用的谈判策略，而且即便中国人当宾客，也是请对方先表达观点。乔冠华曾告诉基辛格：“我们有两句成语：‘客随主便’、‘主随客便’。”[9]

就像往常一样，尼克松为这一刻做足了功夫，他花了很多时间向基辛格请益，广泛涉猎书籍。傅立民还借给尼克松几本有关中国的书（结果再也没拿回来）。国家安全事务委员会与国务院所准备的详细简报，每一页几乎都有尼克松的重点注记和字迹潦草的评论。离开华府前几天，尼克松在他随身携带的黄色横条记事本写下他的重要观点：

他们想要的：

一、建立他们世界地位的资格

二、台湾

三、美国撤离亚洲

我们想要的：

一、中南半岛（？）

二、沟通——以遏制中国在亚洲的扩张

三、未来——降低与中国对抗的威胁

我们双方都想要的：

一、降低对抗与冲突的威胁

二、更稳定的亚洲

三、遏制苏联[10]

基辛格事先给了尼克松许多建言，以应对初次与中国领导人的会面。尼克松会发现中国人十分文明，同时具有魅力和效率（完全不像俄国人）。事实上，美国人很难抗拒中国人殷勤待客的诱惑，而中国在这方面举世闻名。在为尼克松启程前几个礼拜所撰写的备忘录中，基辛格以生花妙笔写道："这次访问的国家，其戏剧性与色彩胜过所有你过去访问的其他国家。"十分了解总统的基辛格又提到："这次的对话，不论在强度上或时间上，都将远远超越你先前经历过的外交谈判。"尼克松对于每个问题的讨论，一开始应该以"大方向的哲学性发言"向中国人展示他是能掌握战略方针的大师。正如近日周恩来告诉巴基斯坦新任总理佐勒菲卡尔·布托的，中国人想要知道的是美国人的思考原则。对中国人而言，原则事关紧要；他们会固守原则，在策略上保有弹性。[11]

在尼克松飞往中国前几天，基辛格又上呈一份备忘录，提醒尼克松中国人狂热，效忠革命，不过也十分务实。他们之所以需要美国，是因为面对苏联与日本再起的威胁，以及台湾可能公然宣布独立。基辛格说，尼克松将会发现周恩来是个执行者，而毛泽东较像是个哲学家。尼克松会乐于与迷人的、表达能力强的周恩来交手，而依基辛格之见，周恩来可以同时暧昧、含糊、迂回又坦荡荡。周恩来十分强悍，必要时，尼克松应该与他针锋相对。"不过周恩来的坚定，不是我们在俄国人身上习惯看到的那种粗暴式泼悍，而是五十年革命历练所培养出来的坚韧与贯彻原则。”尼克松首要之务是向中国人保证，美国人是真诚的、是可以信赖的。“如果在我们正式和非正式的谈判过程中，我们可以给中国人留下这种难以具体化的感觉，”基辛格总结，“那么我们就可以让你的这趟行程成为一次载入历史的成就。假如我们无法做到这点，我们可以预期中国人会渐渐多方刁难，而历史也会记上一笔，说你的中国行是一趟壮美但胎死腹中的冒险。”[12]

尼克松的开场白竭力依循基辛格的建言方针。他告诉周恩来，他会直言不讳，同时希望他们的谈话记录不要外泄。“我严正要求凡是有关我们两国甚至世界命运的谈话，都必须保密。”尼克松还希望周恩来能代为向毛主席转达重要的讯息：“我是个不常做承诺的人，可是一旦做出承诺就言出必行，我希望他能明白这一点。”就过程而言，美国想要得到的就是与中华人民共和国关系彻底正常化。至于台湾，尼克松承认这的确是个问题，不过他打算与中国合作，和平解决妨碍双方关系发展的问题。[13]

尼克松亦不忘提醒中国人，他来中国可是冒了极大的风险。他的官僚体系反对他，国务院尤其如此。在美国本土，一个横跨政治光谱的邪恶联盟想看他失败，想要新的、有建设性的美中关系破局。根据尼克松的说法，左派亲苏、右派支持台湾。此外，也有亲印度、亲日的人士。另外一种危险来自孤立主义者，他们希望美国将军事预算减半，把军队撤离欧洲和亚洲。

尼克松向周恩来保证，他不是个穷兵黩武的人。确实，他是个贵格派信徒，爱好和平。不过他也确信，像印度乃至更重要的苏联，这类侵略性国家，如果没有强大的美国与之抗衡，世界将永无宁日。而依尼克松的看法，中国显然受惠于美国在亚洲的安全部署。苏联在冒进之前，譬如侵犯南亚次大陆，就必须三思而行。此外，美国可以约束中国的另一强敌：日本。美国也希望见到日本军国主义成为过去式，但谁又能保证？目前防卫日本安全的美国若自日本撤军，日本可能重新整军经武，以他们雄厚的经济实力与历史，这自然对中国或者整个亚洲不利。除此之外，美国不希望见到日本军队趁虚而入，进入台湾或韩国。只要美国在亚洲仍保有影响力，就能约束日本。“但是，”尼克松郑重提醒周恩来，“如果美国撤出亚洲，撤出日本，我们的抗议声，不论多么响亮，套用总理的话，都是在放空炮；毕竟相隔一万五千英里之遥，我们的抗议声无法让人听到，效果微不足道。”[14]

轮到周恩来响应，他不太理会中国受惠于美国在亚洲驻军的论调。他指出，事实上，美国屯兵中南半岛，只会让苏联扩张他在这个区域的影响力。周恩来也不愿触及反苏同盟的议题。尼克松提到一个强大的中国，与美国站在同一阵线，可与苏联在亚洲达成均势局面，也可顺便让美国削减军事支出，周恩来语气坚定地说：“你对我们太有信心了，我们并不想（成为强权）。”周恩来强调，两大强权投入发展军备的经费实在太多了。他们的军备竞赛，迟早会引爆战争。两大超级强权若能坐下来好好谈判，限制军备扩张，对世界也算是好事一桩。周恩来说，中国已清楚表示不反对尼克松造访中国之前，先与苏联举行高峰会。不过尼克松还是选择先访问中国，他说：“莫斯科对此多有怨言。随他们去抱怨，我们不在乎。”[15]

一如先前与基辛格的对谈，周恩来又谈起历史，尤其着墨对中国不公不义的国际待遇，以及中国人民蒙受的苦难。中国历史渊远流长，当然不光只有外人压迫的满纸辛酸和羞辱。举例言之，大唐盛世时期，中国声威远播。然而，中国共产党人最耿耿于怀的还是“百年耻辱”。他们的中国历史是在压迫下求生存的历史；共产党的胜利终于让中国“站起来”，正面对抗帝国主义。

在这故事当中，美国扮演关键角色（这是中国人谈判时的一贯策略，先强调对方的过错）。[16] 周恩来提醒尼克松，美国在内战期间支持蒋介石、压制共产党人，蒋介石逃往台湾之后还继续保护他，并自杜鲁门总统时代开始派遣第七舰队协防台湾；尔后，在 50 年代，不可一世的杜勒斯与台湾签署防御条约，至今仍然有效。朝鲜战争期间，杜鲁门的军队挥师至与朝鲜交界的鸭绿江边境，中国共产党人因而被迫加入战局。当两国于 1953 年签署停战协议，美国人还坐视蒋介石煽诱中华人民共和国的战俘定居台湾。1956 年，美国人言而无信，不遵守 1954 年日内瓦会议的承诺，阻挠越南普选。美国还支持南越、柬埔寨、老挝的非法政权，并派兵到中南半岛参战。

在那时以及随后几天的陈述中，周恩来点出令中国苦恼的其他三个国家。其中一个是印度。周恩来告诉尼克松，你若读过英迪拉 · 甘地的父亲尼赫鲁所写的《发现印度》（*The Discovery of India*）一书，就知道书中的想法太呼之欲出了。“他（尼赫鲁）在缅怀一个大印度帝国，其中包括马来西亚、锡兰等，可能还包括我们的西藏在内。”自 1959 年之后，印度就不时在中印边界对中国发动攻击。中国几度向时任印度总理的尼赫鲁抗议。“他是如此不礼貌；甚至连最起码的答复也不给我们，所以我们别无选择，只有把他们赶出去。”周恩来解释道。于是，

1962年，中国理有所据地发动自卫反击，给印度一个教训。最近的印巴战争，巴基斯坦战败，周恩来感到非常遗憾，尼克松也同意。周、尼都分别告诉佐勒菲卡尔·布托，他必须保护叶海亚·汗。周恩来说，叶海亚·汗不是个优秀的将军、领袖，不过因为有他在中、美居间穿梭，基辛格才能密访北京，进行决定性的会谈。尼克松曾说，“人们不应该烧毁一座被证明是有用的桥梁”。尼克松与周恩来也都同意，必须对印度施压，逼使印度撤出孟加拉国和西巴基斯坦的残余军队。他们互相承诺会通过巴黎的秘密渠道保持联系，以处理承认新国家孟加拉国的事宜。[17]

周恩来也对日本表现出超乎意料的忧心。中国人总是无法忘却日本过去的所作所为，以及日本对中国所造成的伤害。这个主题也反复出现在1971年他与基辛格的对话中。[18]日本经济发展神速，令人叹为观止，但需要原材料及海外市场。“以他们现在对海外所进行的如此大规模扩张，军事扩张将是不可避免的结果。”周恩来向尼克松提议，或许他们可以分享彼此所知的日本动向。

周恩来保持自己对日本军国主义可能复苏的看法。基辛格也把他的观点告诉尼克松，他认为中国对如何防患日本军国主义也十分矛盾。一方面，他们谴责美国扶持日本、让日本得以在战后崛起；另一方面，他们也承认，美国可以约束日本重整军备与军事扩张。中国人虽希望美国削减在亚洲的兵力，但周恩来在与基辛格会谈时，以及此刻与尼克松对话时，均再三表达疑虑，认为日本可能利用美国撤兵的真空趁虚进军中国台湾和韩国。[19]

除了日本，就周恩来的观点，中国的另一大威胁是苏联。周恩来告诉尼克松，苏联只是名义上的社会主义国家；实际上，苏联是帝国主义者，是惹是生非者。第二次世界大战结束后，苏联与蒋介石签订条约，抛弃了中国共产党。60年代初，中、印冲突，苏联怂恿印度攻击中国，当中国向赫鲁晓夫抗议，他们所得到的却是赫鲁晓夫的无礼答复。当然还有1969年，苏联威胁将与中国开战。同年3月爆发的武装冲突中，中国是无辜的一方，而且一直都愿意与对方谈判。[20]

在苏联高层领导之中，柯西金缺乏想象力但比较讲道理，而勃列日涅夫则是野心勃勃，富有侵略性，但遗憾的是，大权在握的是勃列日涅夫。在2月23日的会谈中，尼克松向周恩来保证：美国当然不希望中、苏交战，而且会支持中国；去年12月印、巴冲突危机期间，美国就打算站在中国这一边，往后也还会继续反对对中国的任何侵犯。尼克松坚定地说道："我们这么做，是因为这样的政策符合我们的利益，也符合确保和平、世界和平的利益。"然而，尼克松还向周恩来保证，美国坚持持续改善与苏联的关系，并与之达成协议，以缓和世界的紧张局势。尼克松也许是有意向周恩来暗示，中国不应把美国的善意视为理所当然。基辛格访华期间，也迂回传达类似的讯息。依照洛德的说法是，"我们与苏联的关系已取得某些进展，而你们中国人也该跟上我们的步伐，并改善与我们的关系，以免我们在与苏联改善关系上领先你们"。在这新的战略三角外交关系中，尼克松、基辛格认为美国应该维持其他两个大国之间的平衡。[21]

周恩来不讳言中国相对脆弱。"我们还是很落后，"星期二在北京的首次意见交换时，周恩来如是告诉尼克松，"而且我们也承认我们很落后。”周恩来坚称，中国无意追求超级强权的世界地位。1971年，周恩来告诉来访的美国记者：“我们只能说中国相对重要，而不是十分重要。”外宾想必会被这种自我贬抑的魅力所吸引。[22]

周恩来很可能把“以柔克刚”这句中国古谚谨记在心。他也为中国树立了良好形象。对中国共产党人而言，超级强权是指美、苏，两国都图谋宰制世界，或者套用中国共产党人的术语，都在追求“霸权”。中国不仅挞伐这种帝国主义的野心，也要挺身团结全世界抵抗这种宰制的国家与人民。周恩来说，毛主席教导他们，“凡自认老子天下第一的人，都注定要失败”。他一针见血地说越南只是个小国，但他们有伟大的人民。周恩来说这个世界正处在混乱无序的状态，这又是另一个虔心呼应毛泽东的讲法。中国明白不称霸所冒的风险，也清楚美、苏可能与他们的敌人如日本共谋侵略中国。[23]

尼克松、基辛格耗费唇舌向中国人保证，美国无意与苏联或任何国家合谋伤害中国。他们俩并未在回忆录里多费笔墨交代这方面的细节，不过几年下来，有鉴于他们提供给中国的信息，其中多数皆属高度机密，情况愈来愈清晰明朗。初访中国时，基辛格告诉周恩来，他打算透露美、苏谈判的内容，“以缓和你们对这方面的疑虑”，其中包括十分敏感重要的“限制战略武器谈判”。与苏联的任何谈判，凡是条约内容可能适用第三国的，美国都会先咨询中国。基辛格果然信守诺言。1971年二度访华时，基辛格带了美、苏之间的种种协议，其中包括防止意外爆发核大战的协议。那年12月，基辛格与黄华在纽约商讨印巴战争，基辛格告诉他：“为了交换彼此的做法，我们不经意地告诉你们我们与苏联的会谈内容；但我们并未告诉苏联我们和你的会谈内容。事实上，我们也没有告诉我们自己的同僚我和你见面。”[24]

这时,1972年2月,当媒体正关注弥尔顿(Milton)和马提达(Mathilda)这对尼克松送给中国的麝香牛时，基辛格也悄悄给了中国人美国情报单位搜集到的有关苏联的信息，以及美、苏会商的极机密内容。基辛格给中国的信息，大多数是就连国务院高层都不知道的，因为尼克松、基辛格在与莫斯科来往时，偏好运用自己的秘密渠道。

2月23日星期三，在与乔冠华、中央军委会副主席叶剑英的长谈中,基辛格给中方有关美、苏谈判内容的简报。欧洲有些事情正在发生,涉及苏联集团与西方集团之间紧张关系的缓和：可能签订有关柏林的条约，自二战结束之后，柏林的地位问题就处于不定状态；可能召开有关欧洲安全的会议，而且可能针对降低欧洲军力进行某些谈判。双方在中东地区也有利益问题，尤其是以色列与埃及展开谈判的可能性，以及印度洋的军备控制，而且可能在即将到来的莫斯科高峰会讨论这些议题。

两大超级强权也磋商一系列措施，从有关月球的条约，到民用航空器。除了“限制战略武器谈判”之外，这些磋商大多是不太重要的。基辛格说，他认为美、苏可能很快会在战略武器方面达成协议，而所谓战略武器，根据核战争的术语，是指可以携带核弹头攻击其他国家的远程导弹和轰炸机。还有少数问题尚待解决，譬如双方可拥有的导弹和潜艇数量，不过美国还是会告知中国谈判的进展。基辛格补充道，当然美国会避免可能被用来对付中国的任何事情。[25]

如同基辛格首次会晤周恩来的感觉,周恩来给尼克松留下深刻印象,因为他优雅、机智、毅力过人。在星期二午后长达四小时的会谈中，尼克松留意到年轻人昏昏欲睡（不管是美国人或中国人），但是周恩来整场会谈都神采奕奕。中国行之后，尼克松很喜欢拿自己与周恩来做比较。有一回，尼克松让他可怜的幕僚工作得比平常还晚。“毕竟周恩来是整夜不眠的。”尼克松如是告诉霍德曼。

第十四章　绊脚石：台湾

2月23日星期三一大早，尼克松写了一则给自己的备忘录，以备当天下午与周恩来私人会谈之需。

台湾—越南＝交易

一、你们的人期待我们对台湾有所动作

二、我们的人期待你们对越南有所动作

双方都无法即刻付诸行动——但两件事都无法避免。

让我们不要彼此为难。

尼克松、基辛格认为双方处境大体相似，美中关系改善过程中，各自横亘在眼前的障碍——而中国方面也会做出与尼克松、基辛格类似的假设。美国在越南的存在让中国人很难与他们展开正常关系；中国共产党人坚持收复台湾，也让美国人相当头痛。美国迟早会从越南撤军；长期而言，台湾势必重新回归中国。基辛格在回忆录里提到，美国的中国问题专家告诉他，对中国人而言，问题的关键是越南、台湾，而不是全球的均势状态，他们完全误判形势了。[1]

根据美国人的假设，双边的最大挑战是，如何在两国对苏联的共同畏惧架构下，治理、改善美国与中华人民共和国的关系。美国对苏联的军事扩张相当忧虑，生怕苏联的军事扩张，会使其军事力量达到与美国旗鼓相当的地步。除非军备竞赛，更确切地说应该是美苏之间的总体竞争能受到遏制，否则未来的世界恐将生灵涂炭。尽管否认有打中国牌的意图，但尼克松、基辛格深信，自从传出美国对中国敞开大门的消息之后，苏联愈来愈愿意谈判。就中国这一方，美国人相信，他们需要美国在亚洲扮演苏联的牵制力量。虽然这是显而易见的，但中国对美国的可靠度的信任有所保留。美苏之间的缓和谈判令中国感到不安。欧洲国家裁减军备与紧绷局势的趋缓，是否只会让苏联更自如地压迫中国？美国人会不会愚蠢到姑息苏联呢？毛泽东在 1973 年时曾提醒美国人，“北极熊是会把你们生吞活剥的”。[2]

对尼克松和基辛格而言，越南是美中关系改善的障碍，但他们俩总是一厢情愿地希望，这个障碍已在逐渐排除中。尼克松、基辛格可能始终没有认识到，中国共产党不只把台湾视为美中关系的障碍之一而已。在共产党人眼中，台湾是属于中国的，台湾对共产党人的重要性，不亚于他们与苏联的纠葛本身。周恩来在 1971 年 7 月对基辛格说：“这个地方对你们没有多大用处，但对我们却是一大创伤。”在初次会谈时，基辛格向周恩来保证，美国不会支持台湾与中国永久分离。“身为一名历史研究者，”基辛格措辞谨慎地说，“我的预测基本上是，政治的演进很可能朝周恩来总理告诉我的方向发展。”周恩来答复说：“解决问题的前景，以及我们两国外交关系的建立，是有希望的。”在场的基辛格助理之一何志立确信，若没有基辛格的这番表白，会谈是进行不下去的。[3]

基辛格二度访华期间，《人民日报》宣称台湾“自古以来，即是中国神圣的领土”。[4]

1895年，一场丧权辱国的战败之后，中国割让台湾给日本，台湾变成崛起中的日本帝国的一部分。由原住民与移民汉族混杂而成的台湾人，在学校学习日文，吸纳日本风俗习惯。到了20世纪，另一场战争又带来天翻地覆的变化。在1943年的开罗会议上，同盟国领袖们决议将台湾归还给蒋介石领导的中华民国。1945年，日本投降之后，蒋介石的部队进驻台湾。国民党官员颟顸腐败，台湾人于是在1947年挺身反抗；蒋介石下令镇压。对蒋而言，台湾作为可能的庇护所，重要性日渐增长。

当共产党在内战中胜利在望，成千上万的国民党官兵连同少数老百姓，弃守大陆前往台湾。1949年，蒋介石下令将黄金白银储备、国家档案以及故宫珍稀宝物（自此之后，台北故宫博物院成为典藏中国文物的重地）运送至台湾。1949年12月初，共产党部队逼临成都，蒋介石登上飞机，在浓雾中飞往台湾。

蒋介石一心一意想要反攻大陆。当年圣诞节当天，他在日记中写下：“吾当觉察，新任务与历史自今日始。”蒋介石毕竟也曾经历起起落落，因此他仍信心满满地认为历史挑中了他。家乡的长者形容他个性“固执、善妒、不圆滑、脾气暴躁、自我”。出身小康商人之家，蒋介石崛起于第一次世界大战前中国国事蜩螗的年代。如同他的对手毛泽东、周恩来一样，蒋介石也是个顽强的民族主义者；与毛、周不同的是，蒋介石始终未向左倾。他的社会意识、政治态度十分保守。蒋夫人，美丽的宋美龄，助长了蒋的专制、沙文主义倾向。罗斯福总统派驻中国的军事特使史迪威（Joe Stilwell）将军，在日记里形容宋美龄“率直、强势、活跃、爱权力”。“中国的外交关系完全不向西方观点妥协。中国人总是对的；外国人总是错的”。[5]

年轻时，蒋介石投身军旅，曾参与1911年的辛亥革命。20年代，蒋窜升至国民党的领导阶层，而在1927年领军北伐成功，终于促成中国十年来的首度统一。他转而将枪口转向同盟的共产党人，对他们赶尽杀绝。1937年，他同意领导国民党与共产党的新同盟，统一阵线对日抗战，而成为中国人眼中的英雄。日军大举侵华之后，蒋介石和他的军队撤退至战时陪都重庆。1945年，蒋介石以胜利之姿凯旋，回到中国沿海各大城市，成为中国政府最高领袖。往后三年，根据他手下将领和美国观察家的观点，蒋介石做了许多错误的军事决定。

胜利之后，中国共产党人明白宣示，台湾是他们中国领土统一的未竟事业。1949年10月，中国共产党人出兵蒋军扼守的金门、马祖两个沿海岛屿，结果铩羽而归。1950年，中国共产党人拿下中国南方外海的海南岛。那年夏天，中国共产党人还派出重兵镇守福建——台湾海峡的对岸省份。蒋介石偏安台湾时，他的夫人宋美龄在华盛顿倾全力游说美国决策者和舆论界支持她的夫婿、支持防卫台湾。

杜鲁门政府已无法坐视众多官员口中徒劳无功的援助。“国民党的军队不是被打败，”国务卿艾奇逊说，“他们是自我崩溃的。”美军军事首长只建议美国提供一些军备援助，但反对派遣美军。杜鲁门总统表示赞同，1950年1月公开宣称美国无意协助台湾的国民党军队。在日后广受抨击的一份声明中，艾奇逊界定美国在太平洋的防御范围包括日本、菲律宾；最重要的是，艾奇逊并未提到台湾。但国务院事先已拟好声明草稿，以备共产党人最终解放台湾之需。

1950年6月爆发的朝鲜战争扭转了杜鲁门和多数美国人的观感。美国仓促集结联军出兵朝鲜半岛，杜鲁门同时下令第七舰队进驻台湾海峡协防台湾，如今，台湾在一夕之间被视为美国面临共产主义全球扩张的重要战略资产（尽管并未公开承认，但第七舰队驻防台湾海峡的另一个目的，是要阻止蒋介石反攻大陆）。不久，美国在对台湾地位的界定上，表现大相径庭：台湾不再是中国的一部分，而是仍有待被决定。不意外的，蒋介石认为台湾是唯一合法的中国政权；直到90年代，台湾的老国代还宣称他们代表中国大陆各省。周恩来形容第七舰队巡弋台湾海峡是“武装侵犯中国领土”，不过，中国共产党人还是不情愿地接受，他们可能必须暂时放弃攻打台湾的希望了。1971年夏天，周恩来与基辛格会晤时，他首先就提醒美国人，杜鲁门阻扰台湾回归祖国怀抱，而杜勒斯还在伤口上撒盐，与蒋介石签署一纸“非法”的防御条约。令中国人同样怨恨的是，美国人在台湾岛上始终驻有军事顾问团，在越战酣热之际，更是高达一万人。[6]

五六十年代，台湾问题不仅是美、中关系的障碍，甚至可能成为美、中冲突的导火线。蒋介石念念不忘反攻大陆，同时得到来自美国军方、中央情报局及国务院内不少单位，当然还有中国游说团的鼎力支持和鼓舞。50年代中叶，美国每年提供台湾两亿美元的援助，其中大多数用于军事支出。美国和台湾地区情报机构以台湾为据点，通力合作监听共产党人的无线通讯，台湾飞行员驾驶美国飞机飞到大陆上空进行侦察任务。台湾的播音员通过广播，以及携带传单的气球空飘过台湾海峡，呼吁大陆人民揭竿起义，推翻共产党的统治。国民党的敢死队突袭炸毁大陆的铁路和港口。蒋介石的海军不时骚扰大陆的船舶，偶尔抓一些大陆渔民，给大陆渔民大快朵颐之后再护送他们回去。共产党人胜利后，有一支国民党残余部队滞留在邻近中国边境的缅北。这支孤军得到台湾与美国的奥援。尽管美方最终认为这支孤军的行动徒劳无功，但整个 60 年代，蒋介石还是不断援助这支孤军。除了激怒美国人之外，蒋介石此举可以说没替他挣得什么好处；这支国民党孤军屯驻之地，是全世界鸦片产量最丰富的区域之一，这些人渐渐投身贩毒。[7]

中国共产党人高分贝抗议，美国人有时也会设法遏阻蒋介石和国民党。资深美国外交官马歇尔·格林说："我们劝阻使用武力，试图让他们了解，如果他们过着有德行的生活，这会广泛流传，而在全中国造成有利的影响。"[8] 在某种意义上，格林的话的确应验了。转进台湾对国民党未尝不是一件好事。国民党内最守旧、最腐化的势力彻底瓦解，蒋介石亦承认国民党需要改革。国民党没有能力在中国打造一个行之有效的政府，但经过多年的胼手胝足，这理想却在台湾这个蕞尔小岛实现。该岛在 1950 年仅有四条柏油路，但到了 60 年代，已是亚洲的典范之一。

诚如强权国家经常面对的，美国发觉台湾当局对规劝充耳不闻，不愿集中全副精力建设台湾，将大陆的共产党政权留给命运来裁决。50 年代末，杜勒斯与美国外交官员对蒋介石不在意核武器使用的可能性，表达严正关切；如果他们知道蒋介石（正确地）猜测到，美国在 50 年代早期做出承诺后，已不能随便抛弃他，他们一定会加倍忧虑。[9] 不管谁执政，只要美国政府抛弃蒋介石，都要面对国内排山倒海而来的政治纷扰，以及承担向共产党威吓示弱的国际风险。结果，美国屡因台湾问题而被牵连，差点儿与中国乃至 60 年代初期分裂之前的苏联爆发大战。

中国离岸不远处有成列小岛，其中部分甚至只是大型岛礁，国民党军队占领这些小岛，并在岛上构筑防御工事，这些小岛犹如欧洲的柏林，是形势一触即发的火药库。列岛南方，金门扼守进出重要港口厦门的入口，套用一位美国外交官的说法，对中华人民共和国而言，这就好比曼哈顿为敌军所占领。[10] 列岛北方，马祖距另一重要港口福州亦仅仅几英里之遥。双方时不时就爆发冲突，起因可能是国民党人的行动，或者共产党人发动攻势，采取的形式不外乎突击队偷袭，或者从沿岸的排炮发动炮击。

最严重的一次危机发生在1958年8月，当时毛泽东突然发动大规模、持续性的炮击，而毛之所以下此决定，或许是美国正深陷中东危机而无暇他顾，更可能的原因是大跃进到了最关键时期，毛需要提振中国人民的士气。毛泽东两度发表鼓舞人心、广为流传的演说，呼吁中国及全世界人民挺身抵抗美帝国主义。艾森豪威尔政府觉得有必要响应。虽然与台湾签订的防御条约并未包括保护金门、马祖，但美国国会随后还是通过法案，授权总统使用武力防卫金门、马祖。艾森豪威尔派遣庞大舰队强化美国在台湾海峡的海军战力，美国军舰开始护送台湾补给舰艇往来于被包围的岛屿阵地。补给军备包括可以发射核弹头的美国火炮。毛泽东说：“几发炮弹，没想到就搅乱了整个世界。”8月底、9月几个礼拜的紧张对峙，美国军队与中华人民共和国军队交战一触即发。私底下，苏联对毛泽东的决定以及他甘冒核大战风险的心态相当不满，但表面上还是公开警告，一旦盟邦遭受攻击，苏联不会坐视不理。蒋介石敦促美国采取强硬立场，并威胁要动用自己的飞机轰炸共产党的沿岸防御工事。[11]

所幸，美国无意卷入蒋介石或毛泽东所期望的战局。美国海军舰艇刻意与这些岛屿保持一定的距离，远离共产党火炮的射程范围。杜勒斯在记者会上说，国民党反攻大陆是“高度假设性”的问题。然后，他与蒋介石发表共同声明，这份声明是由华盛顿斟酌草拟的，表达美国支持蒋介石恢复中国大陆自由的渴望，但这样的目标主要将通过政治手段来实现。自称不畏惧核大战的毛泽东也步步为营，他下达难以置信的命令给战地指挥官，要他们将炮口对准国民党的军队和船只，而不要炮击到美军。美、中驻华沙代表重启协商后，中国大陆的炮击逐渐缓和。双方各自宣称大获全胜。美国倒是清楚表态，不愿受台湾的牵连而与中华人民共和国交战。毛泽东日后则跟斯诺说，他逼使美国派出军队，然后中止炮击，让美军在那儿无事可干：“所以，美军被我们调来调去，跟蒋介石的军队差不多。”台面下，苏联与中国共产党的关系，也朝实质分裂迈进一大步。[12]

1958 年之后，共产党人并非真的有心夺回金门、马祖。他们满足于对轰炸行动所做的漫天宣传，以及对美国海军过度贴近中国海岸线发布“严正”警告，几年下来，这类警告已超过千次。尼克松访华期间，这类警告戛然而止。毛泽东宣称把金门、马祖留给国民党，是考虑到中国共产党的利益：“我们会让它们悬在那里，不死不活的，利用它们作为与美国人交涉的工具。”同时，国民党控有金门、马祖，也有助于畅通海峡两岸的联结。蒋介石若舍弃金门和马祖，在具体空间上，中国大陆与台湾的距离会瞬间拉大，从几英里扩大为上百英里，在观念上或许也会有相应的效果。[13]

1972 年 2 月与尼克松谈话时，周恩来声称共产党人已告知蒋介石：

“我们通知他不要被炮击打到——也就是我们单打，双不打、假日不打。所以他们了解我们的意图，也不会撤军。”[14]中国共产党人向来坚持台湾过去是、现在是、未来也将是中国的一部分，他们反对一切制造一中一台、“两个中国”的可能想法。多年来，只要是有台湾为代表的组织，或与任何承认国民党之中华民国政府的国家有正式外交的组织，中华人民共和国一律拒绝参加。

共产党人也十分挂心地注视着“台湾独立运动”的种种征兆，有鉴于台湾的历史发展，以及许多台湾原住民与中国大陆并无渊源的事实，“独立运动”不是不可能。在与基辛格和尼克松的先后谈话中，周恩来都要求美国承诺不支持台湾的“独立运动”。2月24日与尼克松会谈时，周恩来语带严峻地指出，“台湾独立运动”的领导人彭明敏教授曾在美国获得一些帮助，而且是在美国人的协助下逃出台湾。巧合的是，彭明敏曾是基辛格的学生。

周恩来以认可的口吻补充道，蒋介石知道该如何处理“独立运动”的言论；他会镇压台湾的任何“独立运动”。尼克松、基辛格二人竭尽所能向周恩来保证。基辛格说：“我告诉总理，不论是美国个别政府官员，还是美国政府机构，都不会直接或间接鼓动或支持台湾的‘独立运动’。”基辛格表示周恩来若有任何讯息，可以通过他们的秘密渠道交给美国，美国会针对这类运动采取行动。“我就在今天的会谈上为这项承诺背书。”尼克松补充说道。[15]

对一个长期支持民族自决的国家领导人而言，这样的态度未免太令人匪夷所思，但尼克松决意不让台湾妨碍他与中华人民共和国敦睦。早在他们动念开启对中关系时，尼克松、基辛格便准备好抛弃台湾，慢慢地、静静地，若是可以的话，尽量不要触怒右派人士。以欧洲为重的基辛格，从来就对台湾没有多大兴趣。诚如初次会面时他告诉周恩来的，他从未拜访过台湾。反之，尼克松对台湾十分了解。在尼克松还是反共人士的黄金时期，他一直是台湾的主要支持者之一。50 年代，他全心支持蒋介石反攻大陆，而且与蒋介石一同深信共产党政权必然崩溃。然而，到了 60 年代，当尼克松有闲暇时间四处旅行、沉思，才开始重新考虑先前的观点。日后他对记者说："蒋介石是朋友，也是 20 世纪毋庸置疑的巨人之一。我想知道他是否可能是正确的，不过我的务实分析告诉我，他错了。"[16]

然而，在总统任期的头一年，即便当他在重新思考对中国的政策时，尼克松仍持续向蒋介石保证对他的支持。"我不会出卖你们。"他在 1970 年的春天这么告诉蒋的儿子。当与北京的秘密渠道开始有了成果，尼克松便不得不做出"出卖"的行为。1971 年 4 月，当他坐立难安地等待周恩来的回音时，他告诉基辛格："好吧，亨利，改变剧情的事情就要发生了，它必须发生，它最好发生，最好是他们在这里还有朋友的时候发生，而不是等到他们已变成敌人才发生。"基辛格附和说："这发生在蒋介石的晚年是一场悲剧，但我们必须对此保持冷漠。"最后，尼克松说，"我们必须做对我们有利的事"。就在基辛格准备启程密访中国之际，尼克松不忘提醒他最后一次："非到万不得已，不要透露我们可能放弃对台湾大部分支持的意愿。"[17]

基辛格透露，在为初访中国所做的简报中，他预料中国会希望能在美国削减台湾与台湾海峡兵力方面达成某种协议。他发现好的现象是，他们在谈论此期望时，使用的是"最终"这个字眼。他认为，中国或许甚至打算接受美国和台湾地区现有政治关系的继续存在。在为尼克松所写的初次会晤周恩来的报告里，基辛格提到中国“关注”台湾，但他或许并没有把那视为重要的问题。基辛格的回忆录绝对有给人一种印象，好像台湾问题在他初访的那趟行程中是次要的。[18]

这与那场谈话的记录，以及中国看待台湾问题的观点，绝对有所出入。当时也在现场的黄华，在会谈结束后不久告诉加拿大的外交部长，他们几乎完全聚焦在台湾问题上。这当然是夸张的说法，但基辛格与周恩来确实花了很多时间在这个主题上。打从最初的试探性接触开始，中方就希望以收复台湾为改善美中关系的前提。基辛格密访中国之前，经毛泽东首肯、由政治局下达给周恩来的指示中，台湾被列为应最优先处理之议题：“美国所有武装力量和军事设施，在一定期限之内必须撤离台湾与台湾海峡。这是恢复中美关系的关键，若是无法事先在这一原则上达成协议，可能会导致尼克松访问的推迟。”[19]

1970 年 12 月，通过巴基斯坦政府，周恩来第一次传给尼克松的讯息中提到：“为讨论撤离中国领土台湾的问题，竭诚欢迎尼克松总统的特使前来北京。”美国人并不希望（事实上也不容许）以收回他们对台湾的支持当作基辛格或尼克松任一人访问的先决条件，或他们与中国会谈的议程将被限制在这个议题上。在回复周恩来时，尼克松坚持主张一个较为广泛的议程，可以处理两国之间所有的重大议题。中方接受尼克松的提议。台湾仍是中国协商清单上的最优先项目，但他们转而把焦点摆在美军必须撤出台湾，而非台湾与中国统一的终极目标。尼克松在自台湾撤军方面并未做出具体承诺，不过他指出随着亚洲紧张局势的缓和，美国自然会削减部署在亚洲的军力。双方若不改善彼此的关系都将濒临极大风险，因此他们对于相互妥协已有心理准备。然而，两国也都必须以一种看起来并非示弱的方式互相妥协。[20]

1971 年两次中国行期间，基辛格为台湾问题的共识奠定基础。此后基辛格不断受到抨击，谴责他轻易抛弃美国的老盟友，逾越授权范围而做出过多承诺。可是中国共产党人亦明确表示，美国人若不能在台湾问题上让步，他们就无意将中美关系推向较正常的基础。再者，身为一位外交高手，周恩来十分清楚谈判的过程总是交织着明确的陈述、暗示与提议。每当有必要时，基辛格便会给予中方坚定的承诺，不过他也暗示，一旦尼克松在 1972 年秋天当选连任，中方将得到更多承诺。基辛格明确表示，美国不支持“两个中国”或“一中一台”的观点。美国接受中方台湾是中国的一部分的立场。不过，在这点上他小心翼翼地表示，美国乐见这个问题“在一个中国的框架下”获得解决。诚如他告诉周恩来的，“在未来的一年半里，我们不可能正式承认中华人民共和国是中国唯一的政府”。但基辛格承诺，一旦尼克松顺利访问中国，一旦他连任总统成功，美国就可以很快地与中华人民共和国建立全面的、正常的外交关系。基辛格告诉周恩来，“其他政治领袖，可能会使用更为友善的措辞，不过，只要他们稍微偏向我对你描绘的方向，还是会遭美国所谓的中国游说团从中作梗”。[21]

基辛格还指出美国未来将终止对蒋介石的支持，虽然他对美国与台湾共同防御条约的命运含糊其辞。基辛格说，美国了解中国并不承认这纸条约的正当性，“或许应由历史来决定”（历史并未做出决定，这纸条约继续存在，造成日后美国与中华人民共和国交往的极大困扰）。基辛格还承诺，美国不会支持任何台湾人的独立念头。不了解民主政体如何运作的中国共产党人，对美国人显而易见的自我矛盾感到困惑与不安，譬如1971年10月基辛格访华之后，参议员雅各布·贾维兹（Jacob Javits）呼吁台湾人民，通过公民投票的方式来表达他们的意见。新华社说："他们的连篇废话，充分说明即使在联合国大会遇到挫败，美帝国主义仍在搞'一中一台'的阴谋。"周恩来三番五次地表达对日本扩张主义的疑虑，基辛格向周恩来保证，美国会阻止任何日本对台湾的军事动作（在更封闭阶段，据传中国忧心日本人正与"台独"运动的领袖暗通款曲）。另外，基辛格也承诺一旦美国找到解决越南问题的方法，将会订定一个明确的时间表，将驻兵台湾的三分之二兵力撤离，毕竟那些军队都是因为越战才驻兵台湾的。至于剩余的美军，则会随着美中关系的改善逐步撤离。[22]

并非所有的各式让步都来自美国这方面。中国接受了美国不可能在一夕之间调整对台政策的事实。不过，基辛格在初访中国时承诺，美国至少会撤出驻台的部分兵力，这点尤令毛泽东高兴。毛泽东对周恩来说，美国正在进步。就好比人猿进化成为人类，它的尾巴——在这里意指驻台美军——正逐渐渐变短中。有了毛泽东的认可做后盾，周恩来以友善、正面的口吻谈论台湾问题紧张气氛的逐步和缓，以及中国与美国的关系正常化。尽管美军还会驻留台湾一段时日，周恩来承诺两国关系的正常化可并行不悖，而不像中国最初所坚持的，以撤军作为先决条件。1971年秋与谢伟思（John S. Service）闲话家常时，周恩来清楚表示，他明白美国的台湾政策会随着时间进展而有所改变；谢伟思是前美国外交官，周恩来在第二次世界大战期间就认识他了。[23]

基辛格说美国希望台湾的命运可以和平解决，周恩来回答说，"我们正尽力而为”。在1971年的两度访华期间，基辛格三番五次地想让周恩来明确表示放弃借武力统一台湾，但周恩来都只是以强烈的暗示来响应。周恩来说，中国在台湾的问题上表现得十分克制：“为了两国关系的正常化，我们不要求马上全面解决，而是逐步解决。”在尼克松访华所要发表的联合公报草稿中，周恩来也接受美国人的措辞，也就是美国鼓励中国“通过和平协商”处理台湾问题。[24]

当尼克松启程前往北京之时，关于台湾的语句尚未底定。基辛格曾直率地告诉周恩来：“麻烦在于我们不同意彼此，而不是我们互不了解。”中方要求美方公开承诺台湾是中国的一部分，若不能马上实现，至少也必须在未来的某个明确的时间点实现；美方无法公开接受这个立场。基辛格说：“周总理想要明确清晰，而我则是设法做到模棱两可。”在与周恩来开始对话之前，尼克松似乎想先展现其高尚情操，对中方全然坦白。审阅开场陈述报告中有关台湾的参考资料时，尼克松在文件空白处以潦草的字迹写道：“不要把戏＝告诉你们我们能做什么，不能做什么。”而美国不能做的事情之一，就是片面违背与台湾共同签署的条约。基辛格给尼克松的建议，诚如他之前对周恩来所说的：“我们可以让历史来解决这个问题。”一旦所有美军撤离台湾，且与中华人民共和国建立全面性的关系，届时这个条约自己就会失去效力了。[25]

因为中方的记录大多尚未公诸于世，所以周恩来在与尼克松对话时是如何盘算处理台湾的问题，其细节仍不得而知，不过，2月22日初次私下会谈时，尼克松提到这个问题的说法，应该让他感到很满意。尼克松总统说：“只有一个中国，台湾是中国的一部分。”尼克松接着重申基辛格另外给出的承诺：不支持任何的台湾独立运动，运用美国的影响力阻止日本染指台湾，阻止台湾攻击中国大陆；渐次削减美国驻台兵力。尼克松说，美国坚持和平解决台湾问题，并与中国关系正常化。

启程前，尼克松鄙视基辛格的建言，这番话基辛格先前曾对周恩来说过，亦即美国同意做的可以比公开讲的还多。“一、太危险；二、听起来很狡猾。”这是尼克松写给自己的笔记之一。不过，此时此刻，尼克松对周恩来说：“以往的记录显示，一旦我确定了我们的政策方向，我总是做的比说的还多。”周恩来招呼美国人用茶点，并未立即响应尼克松。在花了不少时间重申美国所犯的错误之后，周恩来才在谈话的后段轻松表示，台湾问题讨论起来其实相对容易：“我们已经等了二十多年——我在这里可以十分坦白地说——也不差再多等几年。”在两天后的讨论中，诚如他与基辛格的对话所显示，周恩来并不打算声明放弃武力攻台。中国确实不曾声明放弃对台动武。[26]

在 2 月 24 日的会谈，尼克松依然忽视他写给自己的提醒，也就是不要给予超出他可以公开承认的承诺。他告诉周恩来，他打算在连任之后继续推动两国关系的正常化，而且他将撤离在台的所有美国驻军。不过，他无法在联合公报里明确表示，因为这会让竞选对手在大选期间找到攻击他的理由。“回到华盛顿后，我必须能说，我和总理未就台湾问题做任何秘密协议。”一旦顺利当选连任，他就有四年的时间“去达成我们的目标”。难题在于找到恰当的用语，既可让中国人感觉有保障，又不至于惊动美国人。诚如尼克松所说的：“我们的问题在于找出聪明措辞，既满足你们的需求，但又要避免在台湾问题上刺激这班野兽集结成群，而破坏了我们的计划。”这个难题被留给基辛格与乔冠华去处理。[27]

周恩来在台湾问题上对尼克松大力施压，可是在访华行程的最后一天，即 2 月 28 日，周恩来提醒尼克松，中国可以再多等一些时日来解决台湾问题。周恩来说，中南半岛是另一道难题。第二次世界大战结束之后，中南半岛上硝烟弥漫不断。“那里的人民一直在流血。”周恩来说。中国禁不住同情心作祟：“我们有义务同情他们、支持他们。”尼克松总统与基辛格博士对缓和远东地区的紧张局势若是真心真意，而周恩来也相信他们是，那么越南及其中南半岛邻国的问题就是“关键”。遗憾的是，尼克松还在中国时，美国仍继续他们的攻击。“你们给苏联机会，让他们说北京欢迎尼克松总统的音乐，同时伴随着轰炸北越的爆炸声。”[28]

第十五章　中南半岛

离开华盛顿之前，尼克松给自己写下一则摘记：一、台湾——最重要；二、越南——最迫切。[1]尼克松就任总统时，还乐观地认为他有能力在六个月内让美国自越南脱身。可是在越南，北越并无衰弱的迹象，而且自1968年展开的巴黎和谈又陷入僵滞。战争不仅并未结束，甚至还蔓延开来，新加入了柬埔寨与老挝。一如约翰逊总统时代，中南半岛冲突的乌云也笼罩着尼克松的任期；中南半岛的冲突撕裂了美国社会，妨碍尼克松处理国际大事的能力，譬如对苏联关系。

对外公开的巴黎谈判，涉及美国、北越、南越三个政府，以及由共产党人撑持的南越民族解放阵线，各方人马陷在诸如该使用什么样式的桌子的无止尽争吵中。然而，基辛格一方面正在开启中国门户，同时在巴黎，与北越代表进行极需细心呵护的秘密谈判，试图推动走向和平的进程。北越有意谈判，但不愿做出重大让步，而且双方在许多问题上还存在歧见。其中两大关键是，北越坚持阮文绍总统领导的南越政府必须解散，而这是美国万万不能接受的条件，除非美国胆敢背负抛弃盟友的骂名，同时北越拒绝公开声明只要美军撤离，他们也会撤出在南方的军队。深信军事力量是谈判最佳后盾的尼克松，试图借由对北越狂轰猛炸软化其立场。1970年春天，尼克松将战事扩及至柬埔寨，轰炸、攻击共产党人在当地的据点，1971年2月又挥师进入老挝。战局的升高引发了美国国内排山倒海的抗议声浪，而对柬埔寨的进犯亦导致中国共产党人威胁终止与美国正在进行中的接触。

尼克松与基辛格都希望借由开启中国门户，对北越施加压力，进而逼使北越在巴黎谈判桌上做出重大妥协。他们俩向来都把共产党世界的组织，想象成一支军队或成功的企业，其中低阶军官绝对服从上级的命令，尽管有许多证据指出情况并非如此。就好像朝鲜或东德，北越也是共产世界里俯首听命的臣属者。不过有一个问题，现在上级间发生纠纷，就不清楚北越听从的是哪一个老大哥了，是苏联，还是中华人民共和国。起初，尼克松与基辛格寄望苏联就是关键角色；先前与苏联驻华盛顿大使多勃雷宁会晤时，基辛格为两国的良好关系勾勒引人入胜的景致，提议双方应时常举行高峰会。唯一的条件是苏联要协助美国解决越南问题。苏联本身即与北越心存介蒂，认为北越耳根子硬且恣意独行，他们明确表示乐于与美国讨论如何改善关系，不过不会轻易让美国如愿以偿。[2]

尼克松与基辛格向来不忘考虑连锁关系，即以某方面的收获交换在另一方面的损失，渐渐地，他们把希望寄托在与中华人民共和国所发展的新关系上。1971 年 4 月 27 日，即周恩来邀请尼克松派高级特使拜访中国的消息传到华盛顿的那天，基辛格沉醉于开启中国门户的机会来了："总统先生，我先前不曾这么说过，但我认为如果这件事情进展顺利，我们可望在今年结束越南问题。"两度访问中国之后，基辛格还是继续保持乐观。

基辛格和尼克松都知道，中国当然了解结束越战对美国的重要性，但他们不认为这对中国有何重要，坚持置身事外，不愿协助解决冲突。毛泽东相当坚持，中国是世界革命的中心，而北越是反帝国主义世界斗争的一部分，所以中国必须给予支持。

河内与北京的政治宣传都提到中国与北越的关系，犹如前线与后防唇齿相依，但这并未意味着双方意见总能保持一致。

1968 年，当北越决定与美国展开和平谈判，周恩来告诉北越他们“太急、太快了”。而随着谈判的放缓脚步，中国还是未停止批评：北越光是同意进行谈判，就等于竖起白旗了；最少最少，他们也得坚持美国全面而非部分停止轰炸行动；而且他们也不应该接受南越的“傀儡政权”参与谈判。在越南独立周年庆祝会上，周恩来借机表示如果北越肯继续作战，必定会赢得胜利。这种紧张关系也蔓延至老挝和柬埔寨，中国与北越都试图操纵当地的共产党势力，借以扩展自己的影响力。[3]

在与尼克松的初次会谈时，周恩来就已暗示中国与北越之间的歧异（“越南的意识形态也是一样，不一定完全与我们相同”），但不管是尼克松或基辛格，似乎都并未感受到中国与北越分道扬镳的可能性。尼克松、基辛格二人倾向认为，只要有意愿，中国是有能力对北越施加影响的。1972 年尼克松启程前往中国前夕，美国发现巴黎会谈的北越首席谈判代表黎德寿，届时将与尼克松同时出现在北京。负责巴黎北京秘密渠道的沃特斯将军，致函探询中国是否会安排尼克松与黎德寿会晤，得到的却是唐突的答复：美国人与越南人应该自己处理自家的事。[4]

这本该是意料之中的反应，因为周恩来在 1971 年与基辛格、1972 年 1 月与黑格讨论时，曾经清楚表明中国不愿介入且持续支持北越。在他们 1971 年 7 月的初次会晤中，周恩来已表达中国的立场，尔后也从未偏离这个立场。就像世界上所有人一样，越南人民有权选择自己想要的政治制度，周恩来尖锐地指出：“只要没有外国势力介入这个地区，问题就可以迎刃而解。”周恩来继续说道，美国必须撤出所有军队与军事设施。不仅如此，美国还应该停止支持南越的阮文绍政府，还有柬埔寨的朗诺政府。只要战争持续下去，中国就会继续支持越南、柬埔寨，以及老挝的英勇人民。[5]

周恩来忍不住又给听众上了一堂历史课。自杜鲁门之后，周恩来告诉美国人，他们的总统就不断插手越南及其他中南半岛国家的事务。而中国从不干预邻国的内政。美国人多次自食其言，包括不尊重 1954 年在日内瓦达成的协定。恶名昭彰的杜勒斯，拒不举行原定在 1956 年的选举。周恩来手拍桌子，说“杜勒斯的所作所为是不正确的、卑鄙的”，基辛格感觉周恩来是真情流露。[6]

即便如此，基辛格还是令人诧异地做出乐观结论。1971 年 7 月，在北京的最后一天，基辛格说，周恩来以“一种出奇认同、开放的态度”谈论中南半岛，并暗示美国会发现北越比预期的还要大方。基辛格在他们的对话中做了某些重大让步，或许带来了一些帮助。基辛格在初次会谈时向周恩来保证：“如果没有谈判，我们最终也会单方面撤离。”基辛格还透露放弃南越政府的意愿：“我们的立场不是在南越维护任何特定的政府。”美国当然不能参与推翻他的前盟友。“如果这个政府就像你们所认为的不受欢迎，那么我们愈快撤离，它就愈快被推翻。”基辛格说，一旦撤离后，不论发生什么事，美国都不会干预。这当然不是美国公开的立场。基辛格密访中国前几个月，尼克松曾发表全国演说，表示美国不应该宣示不论北越做什么，美国都将从越南撤离。“这样我们会丢了赢得释放美国战俘的筹码，会消去了敌军借由谈判尽快终止战争的最强烈诱因，而且敌军指挥官听了这些消息会称心如意地，在我方最脆弱的时刻，整军攻击我们还留在当地的部队。”更何况美国对南越人民有义务，“难道我们不该给南越人一个可以自由生存的合理机会，然后再离开？我的计划会提供这样的一个机会，同时结束美国的参与”。[7]

基辛格信心满满地离开北京，预料周恩来即将对北越施压，逼使北越与美国达成协议。事实上，来自中国的武器装备，正急速增量地运抵北越。基辛格前脚一离开北京，周恩来后脚就抵达河内，向北越人解释做简报，并保证中国对他们斗争的支持一如以往。同年的某个时候，周恩来也告诉北越共产党的某位领导人，中国打算向美国人施压迫使他们全面撤离，而且要订出确切日期。“如果他们不配合，我们会强力反击。”如果尼克松说他想要撤离越南的话是虚假的，中国将能够揭穿他们的“欺骗阴谋”。[8]

1971 年 12 月，在一次中国共产党的会议上，周恩来坦言不讳地说，中国当然还是支持越南、老挝、柬埔寨的反美帝主义斗争。“但就目前而言，过度表扬越南是不合宜的；我们应该一视同仁地对待越南和其他两个国家。”最终，中南半岛的国家必须解决他们自己的问题。北越对尼克松的中国行惴惴不安，周恩来继续说，尽管中国已向他们解释何以这是必要的。“如果这时候他们不能理解，就让他们静观事实的发展。”[9]

尼克松到达北京后，几乎未谈及越南，但周恩来马上就提驻扎越南问题。尼克松高谈阔论整个世界局势；周恩来则倾向处理与中国有关联的区域。周恩来力劝美国迅速撤离中南半岛：“至于如何处理这个问题我无法说，因为我们并未参与协商，同时我们也不想参与。”尼克松试图说服周恩来，美国真心诚意想要撤离，但问题的症结在北越，他们不肯真诚地进行协商。两天后再讨论越南问题时，尼克松告诉周恩来，河内若是继续执迷不悟，美国可能不得不升高战局。尼克松附带说道，他可以理解中国届时必须做出反制。他还试图对周恩来施压，敦请中国发挥他们对河内的影响力。[10]

一如先前面对基辛格那样，周恩来还是不肯承诺协助美国。两天后，当他和尼克松又转到中南半岛的议题上时，他再三重申，中国必须支持他的友邦，即使美国人撤离之后，中南半岛的人民自相残杀——这可说是周恩来的先见之明，不论发生什么事情都不是中国的错，中国只盼望该地区维持和平与稳定。假使北越入侵柬埔寨与老挝，无视于越南历史上入侵邻国的长串教训，也是因为他们不得不反制美国的缘故。如今这个区域还埋藏另外一个危机，“某一个大国”有可能深入建立他的势力范围。[11]

周恩来顶多表示，“协商渠道不应该关闭”。他补充说，“我们只能做到这里，不能插手他们的事务”。中国不能代表中南半岛的人民进行协商。尼克松被迫承认，连锁效应的做法不总是行得通，诚如对苏联一样，“总理的意思是他无法在越南问题上协助我们”。2 月 28 日尼克松即将离华时，周恩来又强调了同样的观点：“我们无权代替他们协商。对此我们已反复重申。我们很认真看待这个立场。”[12]

不过，光是尼克松前往中国的事实就有助于美国。北越不得不接受中国把强化对美新关系摆在优先地位。1972 年 3 月，周恩来飞抵河内向北越扼要说明尼克松的中国行，他告诉他们：“如果中南半岛的问题不能解决，中美关系正常化就不可能实现。”尽管周恩来再三保证中国打算继续支持北越，但他的北越同志却早已接获消息。“如今尼克松已与你们会晤过了，”越共中央第一书记黎笋说，“他们很快就会更猛烈地攻击我们。”那年春天，美国人的确更为狂轰滥炸，以报复北越对南越的大举攻势，美国飞机轰炸北越，并于北部港口海防布雷。中国公开谴责美国，并持续大量军援北越；但通过基辛格的私人渠道，中国澄清立场，仍愿意继续进行两国的关系正常化。中国还鼓励美国与北越在巴黎和谈做出个结论。毛泽东向北越建议，何不让南越总统阮文绍代表南方参与临时的联合政府。美国人一旦撤离，他们就不可能再回来了。“你们可以在安顿、重整之后，再战一场，取得最后的胜利。”[13]

结果的确如此。1973 年 1 月 27 日，基辛格与他在巴黎的对等代表越南的黎德寿签署和平协议，终止了美国的越战。这两人后来同获诺贝尔和平奖，但是和平仅维系到 1975 年春天，之后北越军队就横扫南越，再度统一越南。同年 4 月，柬埔寨也得以解放。

第十六章　霍德曼的杰作

“中国行是霍德曼的杰作，是他的西斯汀大教堂。”一群白宫幕僚这么说。握手、举杯敬酒、美国国旗在北京迎风飘扬；尼克松与毛泽东，尼克松登上长城、进入紫禁城；尼克松夫人访问模范农场，在厨房、在幼儿园、在工厂。这些影像画面传回美国，锁定晚间新闻的黄金时段。此时适逢美国大选年，霍德曼有意将尼克松塑造成一位伟大的领袖、政治家，民主党的两位候选人则在党内初选中痛打对方。美国媒体圈戏称尼克松的初选是在北京。这次中国行的舞台控制极为出色，对细节的关注简直到了着魔的地步。先遣队伍实际勘察了尼克松会造访的每个景点，测量了他会踏出的所有步伐，而且算好了每个拍摄影像的角度。[1]

与周恩来对话时，尼克松表现出对公共宣传的鄙视。当尼克松对周恩来提到麝香牛时，他说：“我不认为需要对一份国家礼物做公开展示。”他向来对美国媒体十分粗鲁。某个早上，周恩来来到尼克松下榻的宾馆，准备进行会谈之前，总理问等在一旁的记者群在中国过得舒不舒服。尼克松粗声耳语道：“过得比他们应得的好”。然而，尼克松在中国的每天早上，都巨细靡遗地阅读美国本土媒体报道的摘要——电视与广播时段、全国性大报与地方性小报的新闻报道。尼克松十分清楚，最重要的是他所投射出的形象；诚如霍德曼在日记里所提到的，“在电视上,美国总统受到百万中国人的欢迎,其价值百倍于一纸公报的效果”。

霍德曼与总统都认为，届时必然有一大群亲切的中国人迎接他。在筹备行程时，基辛格就极力主张不要让尼克松这趟访问沦为媒体的竞技场，在总统大选前夕演给美国民众看。基辛格指出，这会挫伤美国在世界上的形象。“这么说是没错，”霍德曼写道，“只不过我们的观点是，为了得益于这趟行程，尤其是在这么短期之内，我们需要最大量的媒体报道，而且总统也与我们意见一致。”[2]

尼克松找到了最棒的舞台操盘手。霍德曼是个永不懈怠的工人，他行事井井有条、自律甚严，而且以身作则。他不喝酒、不抽烟，身为基督教科学会教徒（Christian Scientist），他认为疾病只是心理幻觉。尽管从就读斯坦福大学开始，霍德曼就一直是共和党人，也曾经在加州帮助尼克松竞选，但他始终没有政治野心。他以卓越的工作效率为尼克松效命。身为幕僚长，霍德曼严格管控总统的行程。霍德曼的政敌有时以“柏林围墙”来称呼他与厄立克曼，因为他是总统的守门人，不过，他更像是个缓冲垫，介于这个世界和一个不喜欢与陌生人打交道或处理冲突的人之间（他也知道什么时候可以不理会尼克松莫名其妙的指示）。基辛格认为，霍德曼的缺点是凡事都从公共关系的角度来思考。霍德曼当年是洛杉矶成功的广告人，曾为知名马桶清洁剂公司（Sani-Flush）和华特·迪斯尼（Walt Disney）工作，十分清楚如何贩卖形象。如同尼克松本人，霍德曼相信所有的政治问题其实都可以通过做出白宫所期待的新闻来解决。就像尼克松一样，霍德曼也鄙视新闻媒体。在中国的那一周，没有每日媒体简报，也几乎没有任何政经时事新闻。美国国家广播公司（NBC）的约翰·钱斯勒（John Chancellor）抱怨说：“从没有哪个总统在和平时期的出访，封锁新闻到如此密不透风的地步。”[3]

中国运用他们的新闻报道，让中国人民适应中国外交政策的巨变。中国当局已经让基辛格访问的消息曝光；尼克松与毛泽东会晤之后，报纸与北京的电视、广播立即充斥相关的报道和影像。中方亦竭尽所能地管制美国方面的新闻报道。美国记者的中国助手（同时是监督者）无时无刻不随侍在侧。饭店的职员检查垃圾桶以确保滴水不漏，没有东西被误丢，小心翼翼摆放回形针、空牙膏条、使用过的刮胡刀、复写纸。在工厂，厂长侃侃而谈，口中的统计数据令人叹为观止，并大力推崇毛主席的思想，可是一面对提问就变得胆怯畏缩。佩特行程所到的每个城市，都是由小女孩献花。当尼克松一行人要去参观明陵时，他们见到了精心彩排的场景：脸上擦脂涂粉的小孩，活蹦乱跳；衣着光鲜亮丽的家人在野餐，听着晶体管收音机播放革命歌曲；三五好友正在玩牌，似乎忘却刺骨的酷寒。尼克松之行结束后，眼尖的加拿大记者留意到，有位党干部拖着大袋子四处收拾收音机。“你们的新闻记者已经告诉我们这件事了，”周恩来稍后以近乎公开自责的态度告诉美国人，“我们承认这是错误的。”[4]

中国安排了一整套计划，打算通过工厂、学校等设施传达新中国的印象。美国记者抱怨没有关于尼、周会谈的严肃新闻，而且几乎没有与中国一般老百姓接触的机会。他们的报道，尤其像威廉·巴克莱这类保守派记者，下笔语多讽刺。尼克松担心他们的东道主会被这些抨击激怒。霍德曼请尼克松宽心；这些报道反而能让中国当局了解，他的政府在美国国内所面临的问题。随着马不停蹄的参访，美国记者也渐渐露出疲态。媒体团队没有一般情况会有的后援部队；电视台的管理人员因为登记时用的是一般记者身份，因此还被迫负责扛灯光。除此之外，他们还为了整理新闻报道传回美国，经常熬夜到三更半夜。美联社的摄影师德里克·哈尔斯蒂德（Dirck Halstead）不眠不休地工作，每晚大概只睡一小时。同他住在一起的中国助理，绝望地恳求他说："拜托，德克先生，你需要睡个觉！你再不睡觉会死的！"[5]

从政以来，尼克松一向就认为参访是浪费时间，所以派出他的夫人佩特代劳。行前，尼克松直率地对霍德曼说，他（尼克松）与周恩来会谈时，她可以像个"道具"陪同他，充当媒体记者报道的素材。尼克松夫人本分地为这趟中国行做准备。她的简报里，摘记了中国历史与文化的重点，她也读了一些毛泽东的诗，以及"小红书"里的精选引文。帕特·布坎南（Pat Buchanan）时任白宫讲稿撰写人，提供了一些问答样本，好让她与媒体记者交流意见。若是被问到所扮演的角色，布坎南建议她，可以说她在外会见中国人民，尼克松则全心致力于与中国领导人会谈的重要工作——她乐于成为总统团队的一员。[6]

自从承担照料其兄弟的责任以来，佩特·尼克松一直是个绝佳的团队成员。她的母亲、父亲先后于她十四岁、十八岁时过世。"年轻时生活还算蛮悲惨的，"佩特曾透露，"所以我不得不鼓舞每个人。我学会成为那样的人。"她靠打工完成大学学业，在惠特高中谋得一份教职，并在那里认识了年轻的律师尼克松。嫁给尼克松让她得到很多东西：一双她宠爱的女儿、地位、财富，最后是白宫。她是否渴望拥有这一切，则另当别论。

尼克松从政的头几年，她一直希望尼克松能放弃政治回到加州执业。尼克松有时会顺她的意、向她承诺，不过政治的诱惑力总是令他难以抗拒。当尼克松违逆她的心愿，下定决心争取 1952 年的副总统提名时，她是从电视上得知这项消息的。她一如往常尽责地辅选。尼克松从前的老师说："我从未见过有谁像她这么自律，忍受一个自己不想要的生活。"佩特从不让自己生病，从不埋怨常年四处奔波、夜夜下榻旅馆。尼克松是个尽心但不常在家的父亲，佩特几乎是独力扶养一双女儿。她认真扮演每一个角色：参议员的夫人，然后是副总统的夫人，有时甚至到了着魔的地步。成为第一夫人之后，她总是坚持亲自回复每一封收到的信。有些尼克松的幕僚认为她非常孤独，钦佩她的恬淡；其他人，如霍德曼，则认为她惹人恼怒，而且不可理喻的执拗。[7]

尼克松曾口授一些有关夫人的素材，给他那位尽责卖命的秘书萝丝·玛丽·伍兹（Rose Mary Woods）。他希望这些描述，也许能对一本女性杂志有所帮助。他骄傲地说："她具备伟大的人格特质和坚强的决心，她不是那种会借由在大庭广众下出糗来博取镁光灯的人。"尼克松从不当众流露对妻子的情感,这反映了他那一世代人以及他本身的冷淡。尼克松的确时常忽略佩特。1968 年大选时，厄立克曼注意到，飞机降落之前，尼克松一直坐在飞机的前舱，佩特则与一双女儿坐在后舱。"日复一日，一天四、五、六回，这一家人随同照相机的脚架和扬声器，集合又解散、解散又集合。"厄立克曼写道。尼克松担任总统后，与妻子更是聚少离多；想要放松休闲时，尼克松会伙同男性友人如雷博佐和罗伯特·阿普拉纳普（Robert Abplanalp）外出。华盛顿盛传佩特对尼克松发飙的传言，暗示她早已不再关心尼克松。与尼克松夫人初次见面时，基辛格盛赞她的夫婿。"你还没看透他吗？"佩特问道。尼克松的政敌会拿他的婚姻，作为他人格扭曲的另一明证。他们说，尼克松没有表达情感的能力。"他们试着爱对方，"杜鲁门的女儿玛格丽特（Margaret）

说，“但鸿沟依然存在，像黑洞一般，吸走了能让尼克松成为更人性化、更稳定的总统的美好情感。”玛格丽特和多数人一样，是从外人的角度在观察他们俩。或许最终，我们只能说，他们是一对工作伙伴，而佩特·尼克松的付出要比尼克松来得多。[8]

在中国时，她像平常一样卖力演出她的角色。她检查北京饭店的厨房，婉转地说，食物看起来还能吃。她在工厂问，这些工人如何制造他们的玻璃花？“难道他们可以一小片、一小片拼上去？”厂长解释他们必须根据设计步骤完成。她在医院里观看年迈病人针灸，并拥抱孩童。当向导赞美毛主席的伟大领导时，她会心一笑说：“哦，是的，我熟悉他的哲学。”她购买纪念品，买了锦缎送给女儿们、丝质滚绿边的睡袍送给尼克松。友谊商店的职员，以为她想必跟刚刚来过北京的伊梅尔达·马科斯（Imelda Marcos）一样，是贪得无厌的资本家，于是向她出示一件价值不菲的珠宝。她连忙把珠宝放下，以免被拍到照片。她偶尔也会展现另一种面貌。在长青人民公社时，她想知道眼前的猪属于什么品种。有位美国女性记者突然插嘴说是“男性沙猪”（male chauvinist）。包括尼克松夫人在内，所有人都笑了。[9]

星期二午后，她畅玩集楼阁、湖泊、庭园为一体，富丽堂皇的“夏宫”（颐和园），这座林园建于19世纪末，是清朝日薄西山时，由统治中国的专横太后慈禧下令修葺的。那天晚上，偕同尼克松，她与毛泽东的夫人江青会晤，江青特别为尼克松夫妇安排了一出新编现代京剧的表演。白天时，周恩来已警告尼克松要有心理准备，他说：“要将古典芭蕾和革命主题相结合是十分困难的。”周恩来讲到江青时措辞十分谨慎。“文革”期间的派系斗争，江青把整肃的矛头指向中国高层一位又一位领导人。[10]

江青个性一板一眼、自以为是、阴晴不定，而且有仇必报，是个危险的人物，“文化大革命”将她从阴影中带出，晋升至权力的核心。江青和她的激进派同伙（其中许多像她一样出身上海），响应毛泽东的号召，帮助中国摆脱旧文化，攻击从中作梗的所有“反革命分子”。江青和她的亲密“战友”（日后号称“四人帮”且同遭审判定罪）热切地率领共产党进行整肃。她们焚烧书籍，钳制中国传统的艺术形式，以及多数的外国文化。在他们看来，莫扎特、贝多芬太资产阶级化了，外国乐器也是一样。但是钢琴不在禁止之列，因为江青年轻时弹过钢琴。中国的导演们设法迎合“革命派”立下的新标准，不过标准变化多端导致徒劳无功，电影制作于是停摆。

尼克松见到江青时，她看起来像是个严苛的女家庭教师、监狱的典狱长，但 20 世纪 30 年代末，当她的身影在延安初次映入毛泽东的眼帘时，她是个风姿绰约的年轻演员。江青的美丽与刚毅，帮助她熬过生命的困顿。第一次世界大战前夕，一个小生意人与他的妾妇生下了江青，她祖籍山东，与孔子是同乡。她的母亲最终逃离鄙视她、毒打她的家族，为人帮佣讨生活，年少时的江青时常挨饿。江青说她就读的小学为做做样子，让一些穷人家的小孩入学，家境清贫的她老是被欺负。她从此痛恨上层阶级，鄙夷传统中国文化。

30 年代伊始，十六岁的江青爱上了戏剧。这是振奋人心的年代，中国人大量吸收新思潮与革命观念，而江青自己也进入了上海与北京的左派知识分子圈。随着她的私生活犹如一幕幕浪漫戏剧上演，她的戏剧生涯也逐渐展开。易卜生（Ibsen）《玩偶之家》（*A Doll's House*）剧中的“娜拉”（Nora），是江青最脍炙人口也是她记忆中最钟爱的角色。诚如江青总是对外宣称的，她一度成为共产党的地下党员。江青也曾遭上海的国民党警察短暂逮捕。有个传言甚嚣多年，说江青是以供出共产党人的名单来交换自由的。[11]

1937年，日军大举进攻上海，江青的演艺生涯顿挫，而她也才刚结束一段近期或许也是最认真的感情。身为已知的左派分子，她没有理由留下来，却有千百个理由该逃走，于是她和其他左派一同奔赴共产党的根据地延安。对比上百个熬过长征的革命女性，江青显得清新、有魅力。她为毛泽东所倾倒，毛讲课时，她总是入迷地坐在最前排，而且给他递爱慕的纸条。江青后来向一位美国学者透露，“我崇拜毛”。[12]

美满的婚姻只维持了几年。到了50年代末，毛泽东与江青渐渐各自过活。可以理解，或许因为如此，江青对轻蔑忽视比以前更为敏感，而且开始担忧自己的健康。她常为失眠所苦，便怪罪她的药丸被人动了手脚，她若觉得洗澡水过热，便说这是护士要伤害她的阴谋。毛泽东曾试图安抚她，不过效果不彰。江青是毛的得力秘书，而毛亦肯定江青全力以赴的工作态度，以及对他毫不保留的依赖。

江青的健康状况奇迹似的大有改善。她沉溺于刚掳获的权力，陶醉在大庭广众面前亮相，面对崇拜她的群众、以其言论为标题的旗帜以及拜求她指导的谄媚将领。她把自己塑造成新无产阶级文化的楷模。北京某高干在半夜里接到紧急电话待命，只为了接收江青的礼物：一篮她亲自种的大头菜，用特别的车子运来。江青缺乏自知之明到了令人匪夷所思的地步，竟邀请美国年轻学者罗克珊·维克特（Roxanne Witke），前往她位于广州的豪奢私人林园，在她煞有介事地布置各品种的兰花时，观看她的工作情形。

昔日嘲笑她的人，如今都得付出沉重的代价。江青放任红卫兵打击刘少奇的夫人王光美；刘少奇是党内的重要人物，在延安时期曾压抑江青，不让她有机会出头。王光美被控访问外国时穿着花式女装、戴项链，服饰资产阶级化。遭到整肃的王光美，穿着晚礼服，戴着金色乒乓球做成的项链，从哄堂大笑的人群面前游行走过。江青在上海时代的敌人甚至同事，无不头戴傻瓜帽游街。上海警察的档案遭销毁，可能掌握她过去罪证或她与国民党警察交涉细节的熟人，全遭到自称红卫兵的人抄家，每张纸片，甚至包括一个孩童上学的笔记，全被强行带走，送交江青销毁。[13]

江青抨击中国电影工业沉醉于守旧、谬误的价值观。电影产业全遭勒令停工，因为她太忙，抽不出时间思考心目中理想电影类型的指导原则。不过，她确实在中国戏剧方面有更多的成就。传统戏情节围绕着鬼魅神仙、历史人物、才子佳人发展，伴随其戏剧唱腔与身段基本上已不符合时代潮流。在江青的指导下，六出革命样板戏因此诞生。这是毛泽东过世前，中国唯一获准表演的剧目。尼克松一行人观赏的，就是其中一出革命样板戏。

江青这晚非成功不可。她特别派乔冠华去向尼克松说明戏码的剧情。江青还很苦恼该不该穿洋装，在 1972 年的中国，洋装被认为是资产阶级的象征，并不可取，中式套装才符合无产阶级的穿着。最终，她穿了件套装，在人民大会堂特设的剧院欢迎尼克松一行人。尼克松觉得江青问话时“语中带刺，咄咄逼人，令人不悦”。杰克・伦敦（Jack London）为何要自杀？尼克松为什么不早一点儿到中国来？尼克松也有自己的疑惑：这出戏是谁创作的？江青自豪地答复说：“人民群众创作的。”诚如江青日后对罗克珊·维克特所说：“不指望他（尼克松）能理解她（江青）为国家创造新样板戏所承担的个人责任。”[14]

或许是出于刻意安排，这出戏《红色娘子军》的场景设定在已经被统一的海南岛，而台湾则尚未回归祖国怀抱。翻译在美国人耳边轻声解释剧情，但这出戏并不难懂，因为好人——农民、共产党人、游击队员——看起来必定是一副高贵正直的模样，而反派角色——地主和他们的爪牙——阴沉的脸孔总是鬼鬼祟祟。尽管这出戏剧以宣传为重，但尼克松还是看得津津有味。“就制作的观点而言，毋庸置疑，这和我看过的所有芭蕾舞剧不相上下。”尼克松告诉记者。而同样看得兴味盎然的霍德曼认为，“难得见到P会在这类表演结束之后拍手鼓掌，这样的表演在国内必定会引起反感，但奇怪的是在这里似乎显得很恰当”。白宫先遣人员沃克带了几张中国唱片回国，他常以抖擞的精神模仿中国舞蹈娱乐友人，直到不小心失足跌倒被送到医院动膝盖手术。[15]

那晚大雪纷飞，隔天的星期三也是如此。美国人略带诧异地看着上千平民百姓，携带铲子、扫帚，外出清扫街道。那天晚间，中国人还准备另外的余兴节目，即他们最擅长的两项运动：乒乓球和体操。在场观众大多是军人与运动选手，全都穿着五颜六色的制服，井井有条地就座。观众在美国人鱼贯进入会场时大声欢呼喝彩。整个晚上，随着灯光排排扫过，他们继续在摄影机前用力鼓掌叫好。这训练有素的一幕令霍德曼印象深刻。

翌日，尼克松告诉记者，他从未看过如此精彩的运动比赛，声称这场表演“简直就是壮观”。在日记里，他的笔触则稍为阴郁：“不仅是我们，包括各国人民在内，都必须竭尽所能地努力，才能与中国人民巨大的能力、干劲、纪律相匹敌。”美国之后一定要和中国建立良好的关系。“否则的话，”他后来写道，“有一天，我们会遭遇世上史无前例、最令人闻风丧胆的强敌。”尼克松那晚睡得不太好，凌晨5点，他起来抽了根“长城牌”雪茄，并记下对这趟行程的想法。[16]

尼克松总是避免无谓的观光行程，但唯独长城行不容错过，因为这是绝佳的照相机会。星期二一大早，当在美国的国人回家坐定，正准备收看晚间新闻时，尼克松一行人，在周恩来与叶剑英元帅的陪同下，驱车前往盘旋北京以北的城墙。有关长城的神话不知凡几：这是从月球上肉眼唯一可见的人造建筑物；这是公元前2世纪，由秦始皇修葺、绵延四千英里的一流建筑群；自从竣工以来，长城便抵挡了蛮夷对世上最璀璨文明的威胁。纵然历经入侵与革命，只要长城在那儿，就象征着中国人坚忍不拔、人定胜天的意志不倒。诚如最近一本中国百科全书所说的，长城象征“中国民族的伟大力量”。事实上，长城在月球上是无法靠肉眼看到的，而且它是历经好几世纪的拼凑才完成的。有时候，长城被用来保护华夏文明，但在天下尚未统一的战国时期，长城则是各王国的自我防御工事。尼克松游览的那段长城并非由秦始皇所造，而是建于仅四百年前的明朝。[17]

北京附近的长城，逶迤盘旋山岭之上，景象还是十分壮观，而尼克松造访的那天晴空朗朗。尼克松不顾寒风料峭，并没有戴帽子，而他的随行人员也颤抖着陪同他攀行了一小段路。这群无畏的游客把雪球丢向山谷。美国媒体团团围住总统。克朗凯买来御寒的电子袜把他电得蹦蹦跳，于是他一路跳着跟进。白宫先遣队早已找好绝佳的摄影地点，现场转播的电视摄影机也在城墙的两处塔楼架好位置待命。镜头里，尼克松一一与在场的中国人握手。他告诉美国记者，“想象一下，扛着石头如何攀爬所有山头”。他对叶剑英元帅赞叹长城，并说很遗憾他们没有时间一路登上顶峰。“我们在北京不是已经有过峰会了吗？”叶剑英答复道，并引述毛泽东的话，“不到长城非好汉”。荣恩·齐格勒怂恿记者问问总统他对此的印象。总统肃穆地回道：“我想你们不得不说，这是令人叹为观止的城墙，而它必然是由伟大的人民所打造的。”然后，尼克松用从来到中国后就一再使用的认同口吻，继续说道：“能够打造像这般城墙的人民，自然有一段令人引以为傲的伟大过去，而拥有像这样过去的人民，必然也会有一个伟大的未来。”[18]

在长城待了十五分钟后，尼克松又驱车前往中国另一个建筑瑰宝——有一条笔直大道，两旁竖立石将与石兽的明陵。这时显然已对游览行程感到厌烦的尼克松，还是对记者挤出了一些总结观感。对比中国数千年的历史，明陵不算太古老，尼克松指出，但它是中国人民丰富历史的又一明证，“提醒世人，中国人民对其文化发展十分自豪”。千里迢迢从华盛顿来观赏长城与明陵是值得的。有位记者问他，建不建议美国人申请观光护照？尼克松说，建议。对苦于没有政经新闻可报道的记者们，这可是难得的一小口珍馐美馔。或许，双方已在两国交流上达成某些共识了。[19]

那晚，尼克松满腹牢骚，埋怨周恩来突然安排北京烤鸭宴的行程，要求霍德曼与基辛格把隔天早上的紫禁城行程时间缩短。也许，他们还可以缩短接下来各个宴会的敬酒时间。当基辛格指出后者可能会令中国东道主不快，尼克松接受了他的建议，不再坚持。星期五早上，尼克松驱车前往紫禁城，进行已是缩短后的一个半小时的参访。不过依霍德曼之见，尼克松已经见到他有必要看的，而且照了许多照片，说了许多可供人引用的句子。当尼克松看到一副皇帝戴来筛去谏言的耳塞时，他说："给我一副这个。"周恩来示意要他瞧瞧展示的古代餐具，其中包括金汤匙，尼克松对记者开玩笑说，他以为中国人只使用筷子。"你以为我们是怎么喝汤的？"周恩来反问道。[20]

由于一直无法好好睡觉，尼克松到了礼拜五已相当疲惫，脾气暴躁。他为此对霍德曼发牢骚，同时埋怨媒体界都不了解他。他也很担心公报的起草，尽管这几天基辛格与中方对口乔冠华废寝忘食地琢磨公报措辞，用语还是尚未定案。他自己和周恩来的会谈已失去动力，因为这时两人已道尽所有重要议题。那天午后，尼克松与周恩来谈了一个小时，他告诉周恩来，他已讲得差不多了。这两人漫无目的地闲聊非洲与中东局势。他们都同意利比亚是个奇怪的国家。周恩来纳闷说，为什么以色列不把占领区还给阿拉伯人？尼克松回答说，这十分困难，不过他保证基辛格一定会把有关这重要问题的微妙协商告知中国。

周恩来还借机强调中国对苏联的猜疑。一方面，他仍希望中苏关系能够改善；另一方面，他必须声明，中国是不会在武力恫吓下进行谈判的。令周恩来不解的是，像苏联这样的一等强国，似乎对中国感到畏惧。"病态。"尼克松附和说。周恩来建议，尼克松5月前往莫斯科出席高峰会时，希望总统能够澄清：中、美并无意勾串对付苏联。尼克松向周恩来保证他一定会的。而他也有求于周恩来。中国是否可以考虑释放约翰·唐尼（John Downey），这位中情局的飞行员，在二十年前飞越中国时被击落。唐尼的母亲又老又病。周恩来说，这或许有可能；唐尼近来的表现相当好。一年后，唐尼获释，重新展开他一度中断的生活，进入哈佛法学院就读，最后当上法官。[21]

尼克松借口时间差不多了，先行离去。这晚他要借人民大会堂宴请中方人员，而他想要亲自迎接客人。厨师虽由中方提供，但所有食材——举凡佛罗里达的橘子到加州的香槟——都是自美国空运而来的。每个桌上都摆着盖有总统印章的美国香烟，而令中国人大感惊讶的是，香烟盒上印有美国公共卫生局长发出的健康警语。席间，虽有乐团演奏悦耳的美国歌曲，如《顽皮男孩》（*Billy Boy*）、《她将绕山而来》（*She'll Be Coming Round the Mountain*），但气氛显得很压抑。尼克松静静坐着，只有当镜头对准他时，他才会回过神来与周恩来讲讲话。诚如有位记者所说，历经一个星期的种种，一切似乎有点儿虎头蛇尾。尼克松举杯敬酒，盛赞长城与中国人民，以及他们伟大的过去与伟大的未来，并提到在他与周恩来的会谈中，两人已开始拆除横亘在两国人民之间的那道墙。来自北越的两名记者不愿举起他们的杯子。周恩来回敬时表示同意，不过他说两国仍有一些重大的原则性分歧。谣言在记者团之间蔓延开来，说公报仍有麻烦。[22]

第十七章　观众的反应

当美国观众看着霍德曼在中国呈现的这场奇观，其他国家的观众也在看，从阿尔巴尼亚人的很受伤，到加拿大人的乐观其成，世界各地的反应并不一致。中国的盟邦，如朝鲜、北越，已逐渐倒向苏联阵营，他们虽然不免忧心忡忡，但却不敢口出恶言，唯恐与这个巨人邻居发生摩擦。在印度，甘地夫人发出警告，美国与中国不要妄想在东南亚地区串谋。与美国签署防御条约的亚洲国家和地区——韩国、日本、中国台湾、马来西亚、泰国、新加坡、菲律宾、新西兰、澳大利亚——如今纳闷美国的承诺究竟算什么。澳大利亚外长致函其驻美大使，“所谓美国是澳大利亚最好的朋友的说法，已不再获得大众支持”。向来用心经营与美国“特殊关系”的英国，因美国瞒着他们开启中国门户而愤愤不平。英国首相希思尤其受伤，他一直自认与尼克松关系匪浅。一位美国外交官说：“如此重大的政策调整，尼克松却没知会他，让他一直无法真正释怀。”自此之后，希斯就把更多的精力投注在改善英国与欧洲各国的关系上。[1]

尼克松在北京期间，美国记者约瑟夫·卡夫（Joseph Kraft）与俄国友人一起参加苏联大使馆的苏联“建军节”宴会。他形容“从未见过这么黯然神伤的派对”。苏联人十分明白尼克松之行的含义。卡夫告诉大使，尼克松希望他访问北京有助于改善两国即将展开的高峰会的气氛，这位大使存疑地说：“我们眼见为凭。”[2]

俄国人早在尼克松当选总统后，耳闻了美、中接触的风声，并一直忧心忡忡。苏联的秘密警察“克格勃”（KGB），意图借由发布假情报离间中美关系。1969年3月，苏联与中国双边开火的消息一曝光，“激动”的苏联驻华盛顿大使多勃雷宁告诉基辛格，他们都应该多多注意中国。那年秋天，多勃雷宁传达了一则勃列日涅夫给尼克松的郑重警告：美国若“有人”企图因中、苏冲突，在后者身上牟取利益，将是“十分严重的误判”。在他们私下会晤时，多勃雷宁也焦虑地向基辛格一再提出对美国意图的质疑。苏联媒体满是针对中国与“世界帝国主义”结盟的迫切警告。诚如基辛格在回忆录所说：“苏联拙劣的外交手腕，正好让我们好好思考我们的契机。”[3]

苏联人虽十分关切，但并未料到中美关系会突然出现突破。他们的想法是，美国与中华人民共和国长期为敌，况且还有越战从中作梗。所以，当尼克松要求提早与勃列日涅夫召开高峰会时，苏联方面却决定拖延。苏联人假定，尼克松比他们更需要这次高峰会的加持，因为改善对苏关系将有助于他竞选连任。苏联人还盘算借由搁置高峰会，在西柏林（仍是东西方世界的问题）以及日内瓦的关键“限制战略武器谈判”上，逼使美国人做出重大让步。

密访中国前一个月，基辛格与多勃雷宁有过会晤，后者还是推三阻四地找借口，拒不敲定美苏高峰会的时间。基辛格心想：“握有对手料想不到的牌，感觉实在很舒畅。”前往中国途中，基辛格得知消息，苏联人再度延迟高峰会。这让基辛格更无须忌惮，决心提早促成尼克松与中国领导人的会晤。或许是中方不愿无端触怒苏联，周恩来表示尼克松应该在拜访莫斯科之后再到中国来，基辛格则正好可解释说，尼克松若在访问莫斯科之前先到北京，那也是俄国人促成的，而不是美国人。[4]

基辛格密访中国，以及更糟糕的，尼克松本人将前往中国的消息宣布后，大大震撼了苏联的领导高层［多勃雷宁哀叹说，他们对苏联外面世界的认识，主要是来自《消息报》（*Izvestia*）与《真理报》（*Pravda*），可想而知，十分有限］。深刻疑惧中国的克里姆林宫，整体气氛忐忑不安，几乎可说是歇斯底里。苏联媒体最初不安地提到反苏联主义，并暗示美国境内的以色列游说团正在推动美国与中国的敦睦，原因不明。苏联官方的反应倒是明快扼要，警告美国切勿利用所建立的新关系对付苏联。苏联著名的北美事务专家乔治·阿巴托夫（Georgi Arbatov），力劝他的长官们保持冷静。在他们的首肯下，阿巴托夫发表文章称，只要美国人也有意愿改善他们和其他社会主义国家的关系，那么美、中的高峰会就没有什么好担心的。美国如果愿意推动军备控制、缓和区域冲突，那么开启中国门户也是好事一桩。这些讯息，如其所愿，美国人已经听进耳里——不论如何，美国人无意激怒苏联人，仅仅是要对他们施压。[5]

自中国返国之后，基辛格马上打电话给多勃雷宁，请他代尼克松转达讯息给勃列日涅夫：美国仍有诚意改善两国关系。尼克松的中国行并非针对任何第三国。几天后，基辛格邀请多勃雷宁到白宫共进晚餐，讨论他的中国行及其引申含义。基辛格安抚道：中国鲜少论及苏联，反而比较担心日本；这话自然是不完全真实的。基辛格说，多勃雷宁“近乎忧愁”地问道，是否因为苏联推迟他们与尼克松的高峰会，才使美国主动改善与中国的关系？基辛格并未直接回答，而是指出苏联对美国屡屡提出召开高峰会的反应，“不情愿、鄙夷”。基辛格对尼克松描述，多勃雷宁“对善意的拒绝几乎喜出望外”。苏联领导人真心想要召开高峰会，能不能在尼克松飞往北京之前召开？基辛格不为所动；与苏联的高峰会应该按照先后顺序来。基辛格仅答应多勃雷宁，莫斯科高峰会的召开日期，会选择在尼克松中国行之前对外公布。[6]

尽管日后尼克松与基辛格都对外宣称，基辛格密访中国的消息公布，使苏联领导人在其他议题的态度较为软化，但关于这番话的证据则是正反皆有。针对西柏林（主要是它与西德的政治和实存关系）的协商，在基辛格前往北京的时候，其实就已经底定。限制战略武器谈判，在1971年7月之后将获得突破性的进展，最终在1972年5月于莫斯科签署条约达到高潮，但某些重要议题在1971年春就已经达成共识了。或许，至多只能说苏联认清了与美国合作的必要性，并对感受到的侮慢更为敏感。当尼克松在北京首晚的筵席上举杯时，他敬的是美、中两国携手解决世界的问题。“这席话触碰了我们的痛处。”勃列日涅夫的翻译在回忆里说，“在这个等式关系中，苏联又该立足何处？”[7]

美国外交政策的新方向同样震撼日本人，因其危及50年代初日本与美国的协议。1952年，日本从美国占领中获得独立，日本同意加入美国在亚洲的“冷战”同盟，承诺与台湾的蒋介石签署条约。日本接受美国继续占领冲绳，并在自己的岛上设立军事基地，同时，日本同意抛弃昔日的军国主义政策。日本1946年的新宪法，明文排除使用武力来解决国际争端。美国则是投桃报李，以一纸安全条约确保日本的国防安全，并对日本工业敞开美国市场的大门。虽然中国是日本更为理想的市场，但日本的执政党自由民主党，认为向美国低头乃是势不可违（至少当时是如此），从而接受美国所设定之与中国的贸易限制，并且拒不承认中华人民共和国。50年代末的日本驻华盛顿大使潮海浩一郎，经常做相同的噩梦，亦即有天一觉醒来，他会发现美国已三百六十度彻底翻转中国政策，而未事先告知他的盟国。

到了60年代末，日本较之当年与美国达成协议时，已变得更为强大，也更有自信。越战动摇了日本人对美国国力的信心。对日本民意而言，美国占领冲绳逐渐成为一个烫手山芋，特别是当驻冲绳的美国大兵，时而传出强暴或施暴日本人等高度受人瞩目的事件。就美国方面而言，国会与民众又开始间歇性地仇视日本人。身为美国的盟友，不论其宪法如何规定，都应该帮助美国纳税人分摊一些负担，同时加强自我防卫的能力。不仅如此，日本产品一度是劣质品的代名词，如今已能生产优质的电子产品、纺织品，杀进美国市场，令美国消费者趋之若鹜。

尼克松十分喜欢日本，他多次造访日本，熟识不少日本政要。他抱着崇拜与不安的心情，眼看日本从战败戏剧性地逐渐复苏。“日本人就像虱子般遍及亚洲各地。”尼克松对希思这么说，“当务之急，是要确定我们可以为他们找到栖息之所。”日本人如果自行其是，好比第二次世界大战之前那样，对其邻国以及美国的利益，都会带来危险。

向来关注欧洲与美苏对抗的基辛格，从来都无心认识日本。基辛格虽然在他撰于70年代末的回忆录里，对日本有过抒情式的勾勒，晨雾袅绕群山，山谷一片翠绿，土地上复杂难以捉摸的居民，构成独树一帜的社会。但70年代初，他对日本人粗糙地概括而论。他告诉周恩来：“日本人能够做出突然且惊人的变化。他们在二三年内，从封建主义转而崇拜天皇。在三个月内，又从崇拜天皇过渡到民主政治。”基辛格也对日本问题缺乏兴趣。据说他曾以“小新力推销员”来形容日本的官员。再者，由于他与尼克松都对经济不感兴趣，所以一个凭仗强大经济而非军事力量的国家，自然不让他们觉得有重视的必要。如今面对“中央王国”的频频召唤，日本的重要性似乎就不如往昔了，不过仍是弃之可惜。尼克松就任总统头一年，在日本政策上的错误是出于漠视，而非敌意。[8]

日本首相佐藤荣作（1964 至 1972 年）向来认为，维系与美国的良好关系最符合日本利益，并准备重新签署下个十年的安全合约。对尼克松而言，他认为冲绳的状况是不必要的麻烦，自 1969 年起，即展开协商打算把冲绳归还给日本。双方同意，美国可以继续在冲绳驻军。遗憾的是，另外又生出两个问题：美国是否可以在冲绳部署核武器（对于世上唯一遭受核武器攻击的国家来说，这是一个敏感的议题），以及纺织品输出。基辛格说服尼克松把两个议题做有利的挂钩，用美国放弃部署核武器，交换日本对美纺织品输入的自愿配额（voluntary quota）。

直到 1969 年 11 月佐藤抵达华盛顿时，双方似乎已达成协议。日本首相口头承诺接受美国人对纺织品的限制，到了华盛顿之后，他又重申。尼克松承诺1972年归还冲绳，并自美军基地撤出核武器；佐藤在密信里，同意美国若遇上紧急状况，还是可以将核武器带回冲绳。另有尚未证实的奇怪传闻说，尼克松还暗示，日本如果决定发展自己的核武器，美国是可以理解的。据萨穆尔·赫许说，另一个同等怪异的补充是，基辛格与尼克松先后在北京会谈时，都曾威胁要放任日本成为核强权，以向中国施压，逼使中国与美国合作抗衡苏联，并保护日本。1975 年，尼克松在向“水门事件”特别起诉小组作证时也坦言说：“我告诉他们，如果你们试图阻扰我们防卫日本，我们就让他们走向核武化。”这传闻若是不假，则可以说明尼克松与基辛格，对于一个他们口口声声声称完全有能力再度成为侵略性军事强权的国家，态度有多么模棱两可。[9]

结果纺织业者与他们在政府内的同盟，发出排山倒海的反对声浪，佐藤在纺织议题上的承诺，超出了他的能力许可范围。有关冲绳条约的协商还在继续进行，不过尼克松没能得到他想要的纺织品配额条件。来自白宫的评论，或许出自尼克松本人，忧心日本滑向军国主义或共产主义化。私底下，尼克松提到“日本的背叛”。1971 年夏，基辛格启程密访中国前夕，美国与日本的关系已跌至谷底。[10]

由于担心走漏风声，尼克松、基辛格决定不告诉他们的盟友（或者，其实是他们自己的国务院）中国行一事，直到尼克松上电视公开宣布。亚历克西斯 · 约翰逊（Alexis Johnson），当时是主管政治事务的副国务卿，7 月 15 日奉召到圣克利门蒂，他发现“像往常一样被总统忽略”的罗杰斯气急败坏，下班后还在华盛顿四处找大使。约翰逊终于找到日本大使牛场信彦，牛场信彦高喊说：“艾利，潮海的梦魇成真了。”在日本，佐藤三分钟前被告知，美国大使则是躺在理发椅上从美军广播节目听到的消息。日本人既愤怒，又觉得备受羞辱。在华盛顿，一向冷静的牛场信彦，在国务院与格林有不愉快的对话，他谴责美国不信任日本。佐藤强颜振作，但还是忍不住泪眼向澳洲总理倾吐苦水，他说：“每一件他们要求的事，我都做了，但他们却叫我失望。”佐藤自己的政治地位严重受创，而依约翰逊之见，美、日政府从未恢复彼此先前的信任、信赖。[11]

日本应该早就猜到好像有什么事情即将发生。中美关系解冻的迹象在1971年已清晰可见，而美国外交官曾试着暗示日本人，对进一步的发展预做心理准备。有位日本外交官悲叹地对国务院的傅立民说：“如果我更仔细地听你说，这可能就不会如此令人震惊了。”那年春天，周恩来显然也暗示日本的贸易谈判代表，两国即将郑重展开协商。对日本人而言，美国人处理公开宣布的方法，就如同这趟行程的安排。日文于是出现一个新名词：ショッケ（Shokku，即“震撼”）。[12]

后续还有进展。1971年8月，尼克松对外宣布一整套处理通货膨胀和贸易赤字的方案。美国政府放弃金本位制度，有效让美元贬值，加重进口税率。尼克松心知肚明，这两项政策会伤害到日本。“我们会好好修理这群浑蛋。”他说。这第二次的“震撼”，导致日元对美元汇率大幅攀升，以及日本对美国的出口限制。然后，在10月，当基辛格二度前往中国，日本驻联合国代表发觉，他们竭尽所能支持美国代表维护台湾的代表权，而美国政府本身却弃械投降。可想而知，在这样的情势下，有鉴于美国的举动，佐藤政府认为拓展日本贸易与外交关系至中国大陆的时机已然成熟。[13]

尼克松、基辛格与日本修好，但并未全心全意地投入。9月，他们飞往安克雷奇，与从日本飞往欧洲而途经此地加油的裕仁天皇会晤。尼克松形容这次会晤是历史性的大事，是“沟通东西方的精神桥梁”。一个月后，基辛格语带轻蔑地对周恩来说：“不怎么深刻的对话，总理先生。”美国邀请佐藤于1972年1月前往华盛顿举行高峰会。私下与尼克松、基辛格二人对话时，佐藤彬彬有礼，但语多批判。日本较关心尼克松的中国行。基辛格说他在中国人面前立场坚定，告诉他们不要妄想美国会背弃对盟友的承诺。“我们没有任何交易。”尼克松突然插话说。

佐藤继续说，基辛格中国行公诸于世之后，大大震撼了日本人，他们认为这是背着日本偷偷安排的，这自然是不正确的。尼克松并不认错。依据他的看法，重要的是，今后两国必须就政策议题充分磋商。他留意到日本与中华人民共和国建立全面关系的步伐正在加快。“如果日本爬向中国或直奔中国，”尼克松警告说，“日本的协商立场便消失殆尽。”他并不担心日本会为了与中国建立全面性的外交关系而做出过多让步，只是担心日本会比美国早一步。在总统大选年，他不想要任何盟友和民主党人抢了风头。[14]

佐藤离开美国，对美日未来关系悲观以对。他自己的政治地位因一连串“ショッケ”的重创而难以挽回。他于1972年夏天辞去首相一职，田中角荣取而代之。在田中任内，日本迅速开启与中华人民共和国的关系。日本与美国的关系依然相当重要，但诚如一位资深官员在1971年底时所说：“我们必须认清，日本是一个亚洲国家。”[15]

如果美国政策的改弦更张，吓坏了日本人，那台湾的感受就好比地震来袭。自从杜鲁门保证协防台湾安全之后，台湾的国民党高层便自信满满而不明智地认定，美国是他们的永久朋友与保护人。他们忽略了较不受早年“冷战”以及朝鲜战争影响的美国新世代，正逐渐晋升政府部门、媒体界、学术圈。他们太仰赖中国游说团促使美国政府遵守承诺的能耐。他们并未察觉中国游说团对美国政府的影响力正逐渐式微，尽管他们应该留意到该组织的主导者突然于1969年去职，前往伦敦开始制作戏剧，而且《纽约时报》出现“一度强势的中国游说团”的措辞。国民党没有警告台湾人民，有朝一日美国可能见风转舵。而垂垂老矣、顽固的蒋介石，还是牢牢钳制媒体，封杀诸如以双重承认的方式解决联合国会籍问题的讨论。蒋介石宣称，“汉贼不两立”。[16]

随着美国政策翻转的迹象一一浮现——尼克松首度使用“中华人民共和国”，还有“乒乓外交”的出现——台湾领导阶层只是闷闷不乐、踌躇不决地观望。1971年夏天，当尼克松宣布基辛格已秘密访问北京，台北第一个反应是“完全不敢置信”。基辛格向台湾驻华盛顿“大使”沈剑虹保证：他与周恩来会晤时，强调美国不打算背弃他的忠诚盟邦与朋友。他并未针对台湾与中国达成秘密交易。基辛格二度启程飞往中国之前，又见了沈剑虹。基辛格说他不打算提起台湾问题，但周恩来有可能会提。无论如何，尼克松一定会清楚表示，美国与台湾的关系是“不容讨价还价的”。基辛格继续说，他本人在台湾有许多朋友，所以前往中国是“十分痛苦的”，不过他别无选择，只能接受这项任务。沈剑虹深表怀疑，这番话究竟是诚挚的心声，或者只是猫哭耗子假慈悲？

10月，基辛格二度中国行前夕，尼克松指派加州州长里根前往台北去向蒋介石解释。蒋介石不动如山，两眼直视前方。向来支持台湾不遗余力的里根日后说道，他很后悔出手相助尼克松。里根结束台湾行不久，台湾就被逐出联合国。更雪上加霜的是，许多国家转而承认中华人民共和国，而让台湾倍感羞辱。日本，这个台湾最有力的支持者、关系最密切的贸易伙伴，暗示他们已经开始与北京谈判了。对台湾人而言，岌岌可危的不光是他们的国际地位，还有他们刚刚取得的经济繁荣。[17]

就台湾人的立场而言，1971这一年只有少数值得高兴的事情。美国终于同意出售两艘潜艇给台湾海军，并与台湾举行联合军事演习，而这是自1968年搁置以来的首次联合军演。8月，第七舰队的旗舰访问台湾的港口。台湾当局安排歌舞杂耍节目的盛大欢迎会。这个月，还有一件大事让台湾人欢欣鼓舞，即台湾巨人少棒队赢得威廉波特少棒赛冠军。一千四百万的台湾人口，有三分之二都守着电视机观赏比赛。[18]

来自台湾的传言沸沸扬扬。10月中国行，基辛格获得自美国情报单位的警讯，他向周恩来示警，国民党可能利用他们的美制飞机制造事端："我们接获报告，台湾当局的参谋总部正在考虑派出一架R-104侦察机到中国领空，骚扰我们的政策、我们的谈判。"美国政府正试图阻止此事。周恩来说，这种飞机不时骚扰他们，不过他们认定，从台湾起飞的飞机，一般而言都是由国民党飞行员驾驶的。尼克松准备启程前往中国时，中国告知美方，据报告蒋介石可能利用涂上中华人民共和国标志的飞机，图谋击落空军一号。蒋介石的儿子，即作风较温和的蒋经国保证，尼克松访问中国期间，台湾海峡不会有任何不寻常的事件或动作。[19]

台湾人忐忑又惊叹地注视着霍德曼在北京的大戏。台湾有些人还是优哉游哉。"哦，离台北远吗？"有位农妇问道。台北媒体说，太平洋地区的人民不会再相信美国这个盟友。沈剑虹认为，尼克松根本不该前往中国。他也不了解尼克松与毛泽东会晤时，为什么要如此卑躬屈膝？他好像是在向皇帝磕头。首日晚宴上尼克松对各桌宾客一视同仁地敬酒，依沈剑虹的观点，那一幕尤其自贬身份："任何自重的东方客人都是不会这么做的。"尼克松结束中国行不久后，台湾当局发表大胆挑衅的声明，重申推翻中国大陆政权的决心。台湾政府也决定另觅新朋友。台湾"外交部长"说，他不排除"与魔鬼握手"。在台湾，谣言甚嚣尘上，说苏联可能租借台湾其中一个离岛作为海军基地。[20]

整体而论，台湾当局的反应较预期来得温和。有位美国外交官说，台湾老百姓的感受主要是困惑，以及对未来感到不安——因为当局并未让他们认识这一刻有可能到来。他们对尼克松中国行的反应，澳洲驻台北的大使报告说，是一种“面对木已成舟或无从挽救的无助感”。即便支持“台湾独立建国”的人，也渐渐感到孤立。[21]诚如美国外交官所说，难道他们会是“打乱华盛顿实现它的美国大战略的恼人残余”？

第十八章　上海公报

1972年，2月26日星期六，美国人已进入准备离开北京的最后阶段。自前一晚的晚宴以来，尼克松的低落情绪都没有好转。他坐在机场候机楼，周恩来礼貌性地请他瞧瞧墙上挂着的几幅中国画。尼克松想虚应故事，最后还是不得不看一看。他的笑容逐渐僵硬，然后消失。“你到底在说些什么鬼？”他唐突地说。如果中国总理能听懂，他也还是维持一贯的泰然自若。[1]

他们一同搭乘中国飞机（此议让特勤局非常介意）前往上海南边的杭州。中方坚持安排这趟行程，杭州是中国最美丽的城市之一。杭州山丘蓊郁，更重要的是有小桥、亭榭楼阁、庙宇的西湖，几世纪以来，西湖一直是中国骚人墨客最钟爱的主题。毛泽东久居西湖畔的别墅，特别喜欢在冬季时节移居此地。他还选择在杭州苦思他的“文化大革命”。美国人希望，毛泽东或许会在杭州二度与尼克松会晤。若有二度会晤，会使得这趟中国行更意味深远，同时可以平息罗杰斯的怨气，因为他还是对被排除在北京的那次会谈之外，耿耿于怀。基辛格私下与周恩来、乔冠华会谈时曾提出这项要求，不过被告知主席支气管炎发作，所以不太可行。最终，并没有二度会晤。[2]

为求弥补，双方在北京机场举行了第二次的全体会议，中方原本规划十五分钟的会议，但尼克松要求延长为半小时：“这可以让没机会出席私人会议的人，也有一种参与感。”尼克松和周恩来温言提到，他们会谈的气氛相当融洽，双方当然还存在着分歧，不过他们在建立共识方面已有很好的开端。尼克松还借此机会，再度提醒中方，不要相信美国媒体与政治人物所说的话。

周恩来说，或许可以请双方外长报告他们协商的结果。基辛格在回忆录里讽刺地说，这事所花的时间不长。罗杰斯抢先说话：他与中国外长姬鹏飞的会谈坦率、融洽，并有效澄清误解。譬如，中方十分关切他们可能需要在赴美签证上按指印，罗杰斯立刻打电话到华盛顿，向中方保证不再需要这道手续。“这是非常严肃、认真的态度。”周恩来评论说。会上并未提到公报，尽管公报内容的措辞用语终于在前一晚与中方敲定，起码尼克松、基辛格很有信心地这么认为。基辛格向乔冠华保证，只会私底下给罗杰斯看，而且到了杭州才会给他看。[3]

尼克松在回忆录里仅扼要提到公报的问题。双方都已同意，各自针对台湾表达自己的立场，起初中方对尼克松的意见充满火药味，“幸亏周恩来的谈判手腕，以及他的通情达理，中国人终于同意充分修改文字”。基辛格的回忆录，则花较多篇幅讲他认为锱铢必较、尔虞我诈的部分谈判。基辛格的会谈对象主要是乔冠华，周恩来偶或在场时也会加入对话，而从基辛格会谈的文字誊本，可见谈判的过程是何等艰巨。[4]

乔冠华是周恩来信赖的得力助手，而乔冠华也像他的上司一样，灵活、强悍，风采翩翩。和周恩来一样，乔冠华出身上层阶级，先后负笈日本、德国，在德国取得哲学博士的学位。乔冠华最初是在内战期间为周恩来效力，中国共产党掌政后，才加入外交部的行列。乔冠华也擅长折冲樽俎，他在朝鲜战争尾声的谈判中学得了一身好本领。1969 年中苏冲突后，就是由他率领中国团队与俄国人进行谈判。基辛格觉得乔冠华是可敬的对手。基辛格自己的助手洛德与何志立，出身国务院，在协商过程中鲜少插话。美国人对谈判桌另一边的人所承受的压力几乎一无所知。

公报的内容，大体上在基辛格、黑格先前抵华时就已确定，唯独三大问题仍悬而未决：贸易与交流，近日巴基斯坦与印度的冲突，以及台湾。虽然这份公报不同于一般公告，将由双方针对彼此的歧见各自抒发立场，不过他们仍有必要就实际上的措辞达成共识，并陈述他们有所共识的部分。在一连串会商之间的空当，不论是早晨还是深夜，当尼、周会谈或其他社交行程不需他们在场时，基辛格和乔冠华便抓紧时间，逐行审查公报的用语。他们在措辞与文法上与对方争辩。譬如，“应该”（should）这个字蕴含道德约束的含义吗？尼克松可否为共同声明世界革命的主张背书？（对此，他们同意仅仅提及“重大变化和巨大动荡”。）列为会谈者的美国人人名，应该包含中名（middle name）的首字母吗？与这个问题有关的尼克松否决了这项提议。

在字斟句酌的背后，还有更实际、更重要的议题。中美双方在重要问题上表达公开的立场，彼此间虽有歧异，不过也具体说明已达成了某些共识。人们将对公报的措辞详读、细究——莫斯科、河内、东京，世界各国的首都皆然。对于中美关系正常化的承诺，虽不具约束力，不过一旦公诸于世，想不信守也很难了。基辛格与乔冠华对话的文字誊本，呈现出他们精于谈判的卓越技巧。他们彼此保证绝不要弄诡计，并发誓会对对方全然坦白。他们也常常自说自话。这是一种巧妙的策略，基辛格说，双方可借此表明立场，但又不用对此提出承诺。很多时候，他们会厚脸皮地吹捧彼此。乔冠华感叹道，“我们的效率不如你们高”。基辛格说，中国人比起大部分美国人灵活多了。[5]

在南亚这个令人瞩目的议题上，美方只想表示南亚人民有权在不受武力威胁、不受外国干预的情况下，决定他们自己的前途，而中方则是希望强调印度必须遵守联合国的决议，自巴基斯坦所拥有的克什米尔领土上撤军。经过一番扼要讨论，双方同意以异于传统惯例的方式呈现联合公报：公报内容既有共同立场的陈述，同时双方也会在各自陈述的段落抒发己见。

有关贸易与交流的措辞相对容易解决，文中双方都同意，不论通过文化、学术或体育交流，一定要扩大两国人民的接触和认识。中方对外国人进入中国感到焦虑，而且对贸易与观光并不是特别热衷，但基辛格安抚中方，公报内容的这类措辞，只不过是用来装点门面的：“我们都知道，基本上它们毫无意义。”他承受国内促进两国人民交流的“感情”压力。“双边贸易可能的最大量，我们纵然再怎么努力，顶多也只占我们整体经济的极小份额。至于两国的交流，虽然很重要，但也不可能改变客观事实。”基辛格说，中国人是根深蒂固的革命家；即使是美国大学校园里的“空想家”，也不会对他们造成影响的。以我们现在所处 21 世纪的制高点观之，这是有趣的预言：如今沃尔玛（WalMart）每年自中国进口商品的总额约为一百八十亿美元，领先中华人民共和国其他贸易伙伴加拿大、俄罗斯、澳洲的任何一家公司；每年约有九十万美国人前往中国；而中国新时代领导人，许多都拥有美国大学的学历。[6]

台湾，不可避免地，是双方挑灯夜战的主要原因。也是台湾，让公报内容迟迟不能发布。根本的问题，在于中方希望美国人承认该岛是中国的一部分，这在基辛格、黑格先后抵华期间都未能获得解决。再者，中方也希望美国自台湾撤军一事，能提出明确的时间表。“因为你们都承认，”乔冠华在尼克松一行人抵华那天说，“台湾问题是中国人民自己的问题，所以在逻辑上，必然的结论是美国最终需要完全从台湾撤离军队。”美国人不可能承诺到这个地步；公开背弃台湾会给尼克松造成严重的内部问题，也会给美国在世界各地的盟邦留下恶劣印象。乔冠华以他所代表的民意，机灵地予以反击：中国人民对台湾议题有“十分强烈的感受”。

于是，基辛格故伎重施，又搬出他与尼克松先前用过的策略：他可以而且也愿意私下承诺。基辛格辩称，美国信守承诺不在台湾部署核武器，当然就是美国人会遵守约定的明证。当乔冠华逼使基辛格在公报上承认台湾是中国的一个省份时，基辛格反对道：“我们希望找出更模糊一点的文句组合，不是因为那会影响我们未来能做的，这点你很清楚，而是因为那会使我们事后看起来，并未在这点上屈服。”另一方面，当基辛格希望中方明白表示不会使用武力统一台湾时，乔冠华则坚持不退让：“坦白说，我们不能同意，原因是这根本违背了我们的原则——这属于内政。”[7]

在北京一周，双方慢慢达成共识。随着尼克松前往杭州的时间步步逼近，会议也更紧锣密鼓地进行。星期五，美国人待在北京的最后一个整天，基辛格与乔冠华共举行了四次会议，直到星期六凌晨才收尾定案。中方有关台湾的措辞重申中国长期以来的立场，亦即台湾是中国的一部分，而且台湾的命运是内政问题，双方在取得共识上相对快速。不过，因为美国人正在改变立场，美方关于台湾观点的四行文字，都经过激烈的讨价还价。美国人认识到海峡两岸的所有中国人都主张世界上只有一个中国，而且台湾是中国的一部分。一方面，句中使用的“认识到”（acknowledge）这个字，国务院有些官员认为不甚妥当，他们觉得美国应该仿效加拿大人的做法，只要说“注意到”（take note of）中国的立场即可。另一方面，基辛格则设法避免使用“承认”（recognize）这个字，因为这个字表示美国接受中国对台湾的主权宣称。[8]

基辛格同意声明美国的“最终目标”是撤离“全部”美国军队，不过他还是以台湾海峡紧张局势的缓和为前提条件。基辛格希望声明有朝一日中国人自行解决台湾问题时，美国“预计”（anticipate）撤离他的军队，乔冠华则希望用更强烈的字眼“会”（will）。最后，双方妥协的版本是“确认”（affirm）。尼克松与周恩来同意这些文字的更动。星期六清晨，公报内容终于定案。霍德曼打算在星期日晚上把公报内容透露给美国媒体，这时美国媒体正在为没有公报的相关新闻而焦躁不安。[9]

然而，焦躁不安的不仅仅是媒体而已。罗杰斯与其国务院幕僚，也因对公报的协商毫无置喙余地，而感到惶惶不可终日。来自国务院的何志立，是基辛格团队的一员，他知道自己必须效忠于基辛格，因此从未透露有关会谈进展的口风。当国务院针对台湾问题向基辛格提供某些措辞的建议时，基辛格只是向乔冠华出示这些机密备忘录，让他知道自己所面对的压力。在北京一周，基辛格还是会做做样子，咨询罗杰斯和他的幕僚，摘录部分公报内容给他们看，但是一直到启程前往杭州时，罗杰斯等人才在飞机上读到公报全文。在飞行途中，尼克松把公报全文交给罗杰斯。他本应该与周恩来比邻而坐，在回忆录里，他宣称这时他们已经可以“相当随意”地谈话，但事实是经过一番敷衍之后，尼克松便离开座位，行程剩余的时间他都和霍德曼在一起，抱怨记者难缠，以及他如何应付罗杰斯。[10]

在杭州，中方提醒美国人注意机场的候机大厦，他们自豪地说，这栋建筑物是一万名工人在四十天内建造而成的。眼尖的记者留意到主干道两旁的商店橱窗，不寻常地摆满消费商品，衣着光鲜的孩童在嬉戏，显然不在意呼啸而过的车队。尼克松下榻的宾馆位于“三潭映月”岛上。尼克松回忆说，他的住处“有些老旧，但干净”。杭州的春天提早降临，木兰花风华正茂。[11]

虽然觉得拘束，那天下午尼克松还是不能免俗地出外观光。在周恩来陪同导览下，尼克松与佩特乘船游览西湖，前往著名胜景“柳浪闻莺”。尼克松礼貌性地说，这里的风景看起来“就像是一张明信片”。陪同美国人的中国官员聊起船上的一篮水果。有位美国官员说，梨子尝起来味道就像是苹果。“我们也有味道吃起来像香蕉的梨子。”有位中国人自豪地答复。随着一行人散步穿过花园，尼克松夫人看着笼里的相思鸟咯咯笑。“真是卿卿我我啊。”她对周恩来说。周恩来则喃喃说了几句中文。尼、周共同审视了美国送给中国人民做礼物的美国杉树。周恩来担心美国杉树与其他树在一起太挤了。尼克松认为这树会慢慢成长。尼克松面对镜头笑容可掬，用中国人给的面包屑喂食鲤鱼。“我从没看过这么大的鲤鱼。”尼克松评论道。

基辛格心想，他的工作总算告一段落，便抽空在西湖最负盛名的景点之一散步。正当他凝视湖面，眺望远山，克朗凯突然出现。基辛格说他穿得好像要去极地探险，脖子上挂满各式各样的照相器材。四处都是媒体记者与摄影师。“真是一个可怕的下午，”资深记者、老中国通白修德说，“所有的安排都是为了电视台团队和摄影机，为了象征意义和操控，所有的姿势和位置都设定好、被监看，每位记者只分配到两平方英尺的观看空间。”

尼克松临时决定要在他下榻的宾馆召开记者会。冷得直打哆嗦的记者，站立在外头的平台上，尼克松则为这几天的新闻管制做法抱歉。他向记者们保证，这种密不透风的管制是应中方要求。他了解这造成了记者们工作上的困难。事实上，他将写信给他们的上司，建议给他们加薪。白宫摄影师迅速拍完全体照后，尼克松还一一邀请记者，分别与他合影留念。[12]

晚宴是未能免俗的，尼克松夫人愉快地与一位官夫人聊天，尼克松与周恩来则静静地坐着，有位记者说：“这时两人的表情就像受够了彼此。”尼克松与东道主，即当地的革命委员会主任，互相敬酒，“感谢老天，终于有一次简洁迅速”。尼克松说，杭州美景果然名不虚传。他期待中、美人民的未来以及他们的友谊同样光明美好。

尽管尼克松不见得知情，但在幕后，有关公报的风暴正在酝酿之中。那天下午，罗杰斯把公报定稿首度拿给他的幕僚看。他们马上就公报内容提出一连串的问题。公报内容提到台湾海峡两岸的所有中国人，都认为台湾是中国的一部分。这说法无视一群为数不少、支持独立的台湾人的存在。格林是主管东亚事务的资深官员，他看到美国陈述其亚洲责任的那段文字，大惊失色：“国务卿先生，这里有一个严重的问题。”公报列举美国对韩国、日本的防卫承诺，但并未提到与台湾的条约。这就好比朝鲜战争爆发前夕，当时的国务卿艾奇逊发表演说，表示美国的防卫范围，从北边靠近阿拉斯加的阿留申群岛，一直到南边的菲律宾，但最关键的是，并未包括韩国。自此之后，许多人认为这给了金日成和斯大林一个讯号，等于是说朝鲜可以恣意攻击韩国，而不必顾忌美国人的反应。当格林点出这不祥的对照时，罗杰斯大叫："我的天呀，你是对的。"[13]

在回忆录里，基辛格认为国务院所提的这些问题是鸡蛋里挑骨头，不屑一顾。多年之后，他忠贞的幕僚洛德还是认为，国务院要求修改公报内文的动机，部分是出自被排除在北京的关键谈判之外的呕气，部分则是借由坚持强硬立场来找碴儿："他们盘算这么一来，假使我们没有顺利完成使命，就会更加难堪。"国务院对公报文字的担忧，有些确实流于细琐，但其他担忧，尤其是美国放弃承担防卫台湾安全的责任，显然不是小事。那天午后，罗杰斯试图联络尼克松，但霍德曼语气坚定地表示，总统正在休息，不愿被打扰。霍德曼说，无论如何，尼克松已经批准公报了。[14]

晚宴上，新闻秘书齐格勒留意到格林心情郁结，一直在对他抱怨。齐格勒可能联络过霍德曼。罗杰斯本人也与尼克松谈过了。晚宴结束时，态势再清楚不过，公报内文势必要修改了。"真是一团糟，"白宫媒体顾问史卡利告诉格林，"这全都是你的缘故。"在宾馆里，穿着内衣的尼克松大动肝火。根据基辛格的描述，尼克松威胁说这是他最后一次理会国务院。抑或如格林所怀疑的，基辛格在台湾问题上措辞不佳，造成了一个棘手的状况，若不修正，势必会引起美国国内的反弹声浪。[15]

基辛格只好在那晚和乔冠华重启谈判。基辛格显然觉得很尴尬，起初他还想把要求的更动说得很无关紧要。他说，罗杰斯与国务院需要一种好像他们也对公报定稿有所贡献的感觉。让他们站到我们身边来也是个好主意；“叛变的官僚”会给他与尼克松制造许多麻烦。罗杰斯与他的同僚在遣词用字上小题大做。“所有中国人”（All Chinese）在英文上听起来有些可笑；公报或许可以用台湾海峡两岸的“中国人”（The Chinese）即可。意思都是一样的。乔冠华不置可否地说：“这是一点。现在请你继续。”基辛格提议更动几个文字与标点符号。基辛格也问是否可以在公报内容中说，罗杰斯与姬鹏飞的会谈很有帮助，和尼克松与周恩来的会谈一样。接着，基辛格触碰了问题的症结。

基辛格说，公报中有关美国对亚洲盟邦的承诺文字，有些模棱两可。它仅提到日本、韩国，并未包括菲律宾、泰国，但后两国也和美国签有共同防御条约。基辛格小心翼翼不敢提起台湾。他对乔冠华说：“你了解的，这也是你们要考虑的问题，因为我们如果只提到这两个国家，那整个太平洋地区的其他盟邦都会说‘那我们呢’？这样我们就得天天发表声明了。”或许，基辛格提议，解决问题的方法是，美国列出对所有盟邦的承诺义务，或者淡化对日本、韩国的特定言论，让它们看起来不具体涉及军事关系。

乔冠华让基辛格说完后，仅仅要求短暂休会，正如基辛格揣测的那样，乔冠华无疑是去找周恩来商量。私底下，乔冠华气急败坏。中国不是很需要这份公报，“美国人到中国来，就来要这份公报。尼克松大可像个游客来中国就好”。回来后，他刻意当着美国人的面动怒。乔冠华说，他以为开会只是讨论几个文体风格的问题。这份公报毕竟已经底定，而且经过双方最高领导人的同意。“今天一早送你回去的时候，我想说这事情终于解决了，松了一口气。”自从1971年基辛格首度拜访以来，中、美双方耗费很多时间与精力在台湾议题上。他们怎能在这时候重启协商呢？基辛格深深表达歉意。他的国务院同僚不理解中国人在协商时有多么诚挚，又是如何一再让步。乔冠华说：“如果你坚持你们的立场，那么今晚就没有必要再进一步讨论了。我们明天再来讨论这个问题，结果就是没有公报。”中方不会接受美国针对台湾所提出的种种建议，“没得谈，这不是措辞的问题”。

事实上，乔冠华已准备好继续协商了。如今的局面展现他们已朝更正常的关系踏出一大步，这对中、美双方都利益攸关。媒体已经披露公报正在协商中，若是没有这份公报，那么尼克松此行将被视为一大挫败。从星期六深夜到星期日清晨，这两人终于找到妥协的办法。乔冠华同意美国不指明所有对盟邦的承诺，仅提到美国与韩国保持“密切联系”(close ties)，并“支持”(support)韩国，以及与日本“现存的紧密纽带”(existing close bonds)。基辛格同意，美国放弃把“所有中国人”调整为“中国人”。乔冠华还要求另一个让步；他说，这是一个小小的翻译问题。公报中有个句子提到，双方都不“会在亚洲－太平洋地区谋求霸权”(will seek hegemony in the Asia-Pacific-region)，应该改为双方都不“应该”(should)。换言之，这不是一种允诺，乔冠华想要的是道德约束力。基辛格马上看出重点：修改后的措辞，可让中国随心所欲地谴责美国——只要美国行为稍有不检的话。又经过一番艰苦的谈判，以及少许的文字更动，双方终于有了可呈交尼、周二人过目的定稿。乔冠华以罕见的幽默感开玩笑说：“至于特定措辞，我们可以说，这是一份非常漂亮的文件。”2月27日一大早，尼克松被叫醒，他同意公报的内容。周恩来则打电话到毛泽东在北京的宅邸，由一位秘书朗读公报草案给主席听。主席也同意通过。[16]

那天稍后，精疲力竭的基辛格痛骂格林，让罗杰斯扰乱了公报签署。自从两人合作以来，格林首次回呛基辛格说："从什么时候开始，国务卿提供建设性批评，居然要被当作发牢骚？"罗杰斯向总统提出建言是恪尽职守。基辛格让步了。不论如何，尼克松指示罗杰斯确认他与国务院全力支持这份公报之后，罗杰斯如今又归队了。

那天，尼克松还有另一则好消息。来自美国国内的新闻报道说，优秀的民主党总统候选人马斯基参议员，在新罕布什尔州的记者会上，泪眼婆娑地否认他歧视该州人口庞大的法－加族群。霍德曼在日记里仅仅提到："相当有趣。"事实上，霍德曼相当清楚故事背后的故事，尼克松本人很可能也知情。马斯基攻击尼克松无法将美国带出越战的泥淖，颇能引起视听，所以他已成为"总统连任委员会"（Committee to Re-Elect the President）的头号目标，该委员会简称为 CREEP。CREEP 直接听命于尼克松，负责规划一系列平常的竞选活动，譬如募款、制作文宣，不过它另有黑暗的一面。年轻的加州律师唐纳·塞格瑞提（Donald Segretti）带领一班"捣蛋鬼"，专门骚扰民主党的竞选活动。他们的恶作剧并非无伤大雅的玩笑：他们用民主党信笺伪造信件，印制不实传单并散播民主党政治人物的耳语。除了马斯基泪洒新罕布什尔州的新闻之外，塞格瑞提团队还炮制他妻子酗酒、患有精神疾病的消息。自 1972 年 2 月的记者会之后，马斯基未能东山再起。不过，长远来看，沉溺在中国行胜利滋味的尼克松，万万没料到，这也使得他一步步走向"水门事件"。[17]

2 月 27 日星期六清晨，美国人与中国人搭乘周的专机前往上海。迎接他们的是中文的巨幅海报：“我们一定会解放台湾。”美国一行人下榻在雅致的锦江饭店，这栋建筑物是 30 年代由企业大亨维克多·沙逊爵士（Sir Victor Sassoon）打造的上海地标性大楼。尼克松住在顶楼，基辛格则住在下一层，罗杰斯与其国务院幕僚更次之。“没有人能避开这种象征性安排。”格林说。[18]

有别于北京与杭州的单调朴素，美国人发现这座城市的不同，令人喜悦。上海这座港埠，在新中国成立之前曾是洋人贸易、投资的中心，但新中国成立之后，上海的这种现象有所改观，不过诚如一位美国记者所写的，上海仍是一座“真正的城市”。即便是在 1972 年，上海女人就敢于涂口红，穿颜色鲜艳的衣服。上海街头人潮熙来攘往，商店里摆设项目繁多的商品，更胜北京或杭州。然而，美国人并不了解上海当局花了多少力气，才让这座城市的市容焕然一新——当地人奉命收起晾在公寓外的衣物。[19]

上海革命委员会的领导，为尼克松夫妇安排节目。佩特前往上海少年宫观赏儿童的活动，聆听学生乐团演奏《顽皮男孩》。“我们在这里认真读书，”佩特的年轻向导说，“然后回到我们的学校教导其他人，如毛主席所吩咐的。”不耐烦的尼克松则被带去“上海工业展览中心”，这栋建筑物以前是“中苏友好大厦”，欣赏中国的工业产品。机械是很危险的，尼克松说：“有时候你按按钮，也不会管用。”他注视着中国的打字机和一台早期的计算机。尼克松对周恩来说：“我懂哲学，但计算机对我而言太复杂了。”尼克松仰望共产主义先知们的巨幅肖像。“在美国，我们很少看到恩格斯（Engels）的相片。”他说道。尼克松透过放大镜看一块象牙，上头刻有毛泽东咏梅诗*的蝇头细书，毛泽东透过诗句传达梅花盛开的时候，也是它即将凋零时候的寓意。周恩来在北京时，也曾对尼克松引用这首诗，并解释这首诗的意思是指发起行动的人，并非总是享受成果的人。虽说尼克松率先重建美国与中国的关系，周恩来提醒道，“你可能等不到它成功的那天”。基辛格连忙插话说，“这是非常不可能的事情”。[20]

正当尼克松畅游上海时，基辛格与乔冠华则针对公报内容举行最后一次的会议。“你们那边还有什么新的问题要提出来吗？”乔冠华语带讽刺地问道。没有新的问题。不过，基辛格还有一个要求。他希望中方在行使裁量权时，能秉持与讨论公报相同的精神。“假如中国的国内宣传、或对外宣传、或中国友人，认为签署公报是美国的重大挫败或任何形式的挫败，会使我们的共同目标更难以实现。”乔冠华点头附和。基辛格还提醒中方几件事。他有可能在未来几周必须访问日本，不过这访问并无特别意义。比较重要的是，当天下午稍晚，他会邀集美国记者，召开记者会。在记者会上，他势必会被问到一些尴尬的问题，譬如他和尼克松是否与中方有任何秘密交易，或者公报内容是否涵盖所有讨论过的议题。这两个问题的答案，自然会是否定的。基辛格又补了一句“我会尽可能说实话”，引起一阵哄堂笑声。

基辛格预期，最难以回答的问题是美国对台湾安全的防卫承诺是否仍然有效。而他也必定会说，是的，承诺仍然有效，不过他会以尽可能低调的方式回答。假如有记者还是要打破砂锅问到底，那他只打算说，

---

* 全诗如下：风雨送春归，飞雪迎春到。已是悬崖百丈冰，犹有花枝俏。俏也不争春，只把春来报。待到山花烂漫时，她在丛中笑。

当他人还在中国土地上时，他不准备进一步评论这么敏感的问题。乔冠华问道："你确定会发生这种情况吗？"已交代《洛杉矶时报》（*Los Angeles Times*）一位记者提出必要问题的基辛格，向乔冠华保证不用担心。乔冠华说，他了解美国因与台湾条约而面临的难题，而且十分感激基辛格把他会如何处理这个问题，预先告知中方。"我们希望你会尽可能地谨慎。"[21]

下午5点30分，疲惫、忐忑不安的基辛格，站在上海工业展览中心的宴会大厅，向记者勾勒公报内容的梗概。整日工作发送新闻报道回美国的记者们，同样精疲力竭。起初，有些记者希望尼克松离华后，他们能在中国多留几天；可是，当那天晚上，传言在饭店里不胫而走，说中国官员在他们下榻的饭店逐房检查，记者们于是仓忙锁上房门。

为了表示善意，况且与国务院一同公布公报内容也是有益的，所以基辛格请格林联袂进行简报。关键的问题来了：美国为何没有在公报里重申与台湾的条约承诺？基辛格答复说，尼克松在年初给国会的外交政策报告，已提及美国维持与台湾的条约关系，他没有必要再多说什么，记者若是可以不在这个问题上穷追不舍，他会十分感激。令尼克松与霍德曼感到宽慰的是，媒体记者的报道虽谈不上极度热切，至少也算正面。然而，白宫幕僚群中的帕特・布坎南（日后成为知名保守派评论家）大感震惊，因为他认为这就是一场背叛。[22]

基辛格也有心平息国务院的怒气。他在记者会上给人一种印象，仿佛罗杰斯全程参与公报的协商。罗杰斯也因当天下午周恩来意外的来访，心情稍有平复。周恩来很清楚美国人彼此存有心结，以及国务院方面的委屈感受。中方传译员向他汇报，国务院官员对公报有所不满。离开北京之前，基辛格也在会谈中毫不遮掩地暗示，为“感觉受到忽略的人”做些事，不失为一个好主意。周恩来表示同意。周恩来告诉罗杰斯，说他身为中国的国务院总理，为了恪尽职守而使他们无法时常会晤，对此他感到相当可惜。“罗杰斯国务卿，你贡献良多，我们十分感激。”[23]

那晚，上海革命委员会为美国一行人举办在华的最后一次晚宴。萝丝·玛丽·伍兹长期追随尼克松，是个立场十分保守的秘书，她与布坎南彼此安慰，而让每个人都在等候。有人催她赶快时，她突然冒出一句话：“不要催我，反正我们都已经卖给这群浑蛋了，快一点、慢一点有什么差别？”周恩来与尼克松又是一番来回敬酒，或许还比平常干了更多茅台。东道主张春桥（“文革”期间青云直上，尔后与毛泽东的夫人江青并列“四人帮”）简短致辞，为伟大的中国人与伟大的美国人的友谊举杯。尼克松以费心打造的比喻回敬之，说双方筑了一个跨越一万六千英里海洋与二十年敌意的桥梁。在茅台的酒精催化下（起码基辛格是这么认为），尼克松竟失去控制，表示若有外国强权意图攻击中国，美国已准备好挺身防卫中国。他自豪地说，中美联合公报将成为明早国际间的头条新闻。毕竟，“这是改变世界的一周”。[24]

晚宴后，大多数美国人都在欣赏杂耍表演，基辛格和乔冠华又绕回熟悉的越南议题，基辛格说美国诚心诚意等着要自越南撤军，乔冠华则重申中国无意介入越南内政。午夜过后，这两人惺惺相惜地道别，乔冠华说：“也许你今晚可以好好休息了。”[25]

就寝之前，基辛格还有最后一项任务。霍德曼陪着兴奋莫名的尼克松，他打电话把基辛格找来总统套房。这三个人就这么聊到凌晨两点以后，尼克松又喝起茅台，细数一周以来的点点滴滴，称许基辛格恪尽职守促成这趟成功的中国行。“有点儿像把问题和胜利翻新，”霍德曼在日记里写道，“真正的突破，对究竟做了些什么不太了解，但真相终会大白于世。”基辛格像往常一样，觉得尼克松是在寻找认可和鼓励。而他与霍德曼也都满足了尼克松，基辛格说，这不光是因为他一心只想要睡觉，部分原因还在于“对这个孤独、饱受煎熬、缺乏安全感的人，油然而生一种奇特的怜悯”。这一夜终于要结束了，这三人伫立在尼克松套房的阳台，俯瞰脚下这座昏暗的伟大城市最后一眼。[26]

那晚，很多人都没能好好休息。克朗凯和其他美国记者一样，在睡梦中被敲门声吵醒。两位军官走了进来，送他一大盒糖果，敬礼，然后离去。自从基辛格首度访华之后，中国人便认为美国人爱吃糖果，因为每天糖果盒都空空如也，原来美国人是在囤积纪念品。基辛格一行人在北京时，钓鱼台国宾馆的服务员报告说，美国人连糖果带包装纸一起吃下肚，逗得毛泽东哈哈大笑。[27]

星期一早上，应尼克松之请，周恩来与他举行最后一次私人会谈。尼克松说，他要向周恩来再次保证，他们会谈的内容绝不会泄露出去，就连美国政府的其他人员也将无从得知。过去一周，他们两人促成了可观的进展；他希望未来当彼此有歧见时——这想必是一定会发生的，有鉴于他们代表两个如此不同的国家，他们应该在措辞上保持冷静，不要对个人发动攻击。尽管他们论及其他大国，譬如苏联、印度、日本，尼克松说，他也不打算对美国媒体或这些国家的领导人，透露他们的谈话内容。周恩来同意中、美不该对彼此做无谓的言辞攻击，但指出两国在许多地方还是存在歧见。这自然包括台湾，不过中国已有等待的心理准备。越南是最迫在眉睫的问题。让中国尤其感到悲哀的是，美国还在持续轰炸越南。基辛格插话说，他确信尼克松访问期间没有任何的轰炸。周恩来婉转但坚定地表示，轰炸还在继续。[28]

当尼克松离开饭店时，全体人员依照级别在车道旁列队。上海革命委员会的领导张春桥陪同尼克松前往机场，借机又帮这位外国人回顾了中国百年的耻辱。张春桥指着原是高尔夫球场的儿童乐园，当年那里曾经竖立一块告示牌，上头写着“中国人不准进入”。赶去买盆栽的霍德曼，险些错过车队。记者脱掉他们的睡衣长裤，把它们堆在芭芭拉·华特丝的床上，作为临别的玩笑。当华特丝排队等着向周恩来道别时，饭店的服务员急忙冲出来，拎着一大包臭气熏天的包包交给她。[29]

在机场，随着美国人的飞机起飞，一位中国工人将美国国旗拉下，上海人又连忙把他们的衣服晾到窗外。来自国务院的傅立民回忆他在飞机上陶陶然的心情时说：“我们达成目标，一种战略性目标。我们并未在台湾问题上让步太多。我们在其他国际议题上也维护了我们的立场。”次级记者所搭的那架“动物园飞机”，机上组员将整个机舱做了装饰，并准备特制的餐点和酒品。不过大部分乘客一入座就一路睡到了安克雷奇。在专机里，尼克松一直担心他与罗杰斯的问题，诚如他对霍德曼所说，要如何冷淡地打发他的国务卿？尼克松讨论基辛格回国后，在向媒体做详细背景简报时该说些什么。尼克松说，基辛格工作十分卖力，霍德曼应该记下来。霍德曼于是联络雷博佐，索讨他那本小黑名册里三十岁以下女性的电话号码作为给基辛格的奖赏。[30]

并非所有的美国人都直接返国，有五位记者要续留中国一阵子。格林和何志立紧接着启程向美国亚太地区的盟邦做简报。他们的工作是告诉大家，尼克松的中国行并未改变现状；事实上，盟邦的利益反倒因美中紧张关系的缓和而强化。然而，这不是容易使人接受的工作。韩国外长就不相信周恩来对尼克松的保证，说中国乐于见到朝鲜半岛的稳定，他们毕竟是朝鲜的坚定支持者。在台湾，蒋介石拒绝接见格林和傅立民，改由他的儿子代为接见。小蒋礼貌性地聆听，而且只提了几个问题。小蒋对于中、美会谈期间所发生的事，可能已经相当清楚了，因为派定的美国翻译之中，有一人是他的好友，两人才结伴打猎完没多久。

日本人尚未克服先前的"震撼"，而《上海公报》的消息一经披露，又大大震撼了他们。首相佐藤步出记者会，喃喃咒骂尼克松。格林无法让佐藤相信尼克松与中国之间没有秘密协议，或者美国与日本的友谊像以往一样牢固。在越南、老挝、柬埔寨，这些仰赖美国支持的国家，他们的反应是缄默不语。泰国、印度尼西亚、马来西亚政府表面上虽然客客气气，但实际上也都满心狐疑。

在菲律宾，美国人发现当地的气氛近乎歇斯底里。总统夫人伊美黛威胁要马上启程前往北京，与中国建立新的外交关系。格林与美国驻菲律宾大使被召至国会，解释何以美国放弃对台湾与中华人民共和国的一贯政策。他们抵达新加坡后，总理李光耀告诉何志立和格林，美国让他们的朋友陷入圈套。最后一站澳洲与新西兰的反应也大同小异。格林给澳洲人的印象尤其恶劣。澳洲外交部有位资深官员说："他要不是虚荣心作祟到某个程度而相信自己口中的一堆乐观谬论，就是谎话连篇地粉饰太平。"[31]

诸如此类的反应，并未减损这趟行程带给尼克松的心理满足感。他在华盛顿获得英雄式的欢迎。一万五千人聚集在安德鲁空军基地，等着看尼克松座机降落。尽管他与基辛格都颇有微词，不过新闻报道的内容大体上还是正面的。根据民意调查，尼克松的支持度蹿升至百分之五十六，这是他一年以来最高的民意支持度。接近七成的受访对象认为尼克松的中国行会是有建树的。回国后的翌日，尼克松会见他的阁员，告诉他们美国与中国有了“意义深远的新关系”。尼克松将注意力又转向苏联与令人头痛的越南，在国内事务方面，他逐渐聚焦在总统大选上。[32]

结论

1972年尼克松在中国的一周，是过程漫长、微妙的高潮，两个长期对峙的国家从此展开接触。诚如《上海公报》最后一刻的协商所清楚显示的，这个过程也很可能走向死胡同，两国关系也可能倒退回先前的冰封状态。双方都有理由松一口气，并对未来抱持审慎乐观的态度。中方尤其认定美国在台湾问题上的让步，有朝一日会随着美国裁减在台驻军，并结束对台湾的支持，而让台湾问题的解决水到渠成。或许没有人知道台湾将如何重返祖国怀抱，但这总是一定会实现的。就中国人的观点而言，同等重要的是，他们身为大国的地位已得到国际承认，如今在世界舞台上占有一席之地。就美国人的立场来看，他们期待国际均势结构的重组，能够让他们利用中国这个人口稠密、幅员广袤、潜力无穷的国家反制苏联，同时也作为对北越施压的一个新筹码。

在华盛顿特区外的安德鲁空军基地，副总统阿格纽率队盛大欢迎尼克松返国。《生活》杂志的记者休·塞迪（Hugh Sidey）说："我的天啊！这好比国王驾临。"在一次民调中，有百分之九十八的受访者知道尼克松访问中国一事，这是盖洛普（Gallup）民意调查有史以来的最高纪录。右派分子虽大肆挞伐，但效果微乎其微。气愤不平的白宫幕僚布坎南，以美国与中国建交出卖台湾为由，威胁要挂冠求去，但最终他并未真的辞职。保守派的记者威廉·巴克莱，受白宫邀请随尼克松一同前往北京，希望借此争取他的支持，结果他还是公开谴责《上海公报》，转而支持俄亥俄州的约翰·艾希布鲁克（John Ashbrook）；艾希布鲁克是个名不见经传的共和党众议员，有意挑战尼克松竞选连任。[1]

美国的盟邦都在窃窃私语——英国驻华盛顿大使说，“我们时代独特的和平气味”——不过，美国在世界上的整体地位，因为与中国的新关系而获得强化。一方面，的确，北越出其不意地于1972年3月攻击南越，另一方面，美国重新发动对北越几个目标的狂轰猛炸，有一阵子，轰炸的对象还包括河内及其港市海防，中国虽发声抗议，但除此之外什么也没做。5月，尼克松更进一步在海防的港口布雷，以阻挠北越人殷切期盼的苏联补给运达，而苏联表达形式上的抗议，可是并未付诸行动突破封锁，更重要的是，并未取消规划中的美苏高峰会。

基辛格与尼克松认定，苏联没有在海防问题上小题大做，并持续走向“缓和”（detente），主要原因是忌惮中国，唯恐美国倾向中国。苏联的确一直在苏中边界厉兵秣马。然而，不论如何，70年代初，苏联首要关心的是欧洲局势，苏联希望西方世界认可第二次世界大战结束后的边界。如此一来，就等于确认德国分裂的事实，以及苏联对其东欧附庸国的宰制。[2]

1972年5月，尼克松前往莫斯科，高峰会如期举行，整体气氛大致和睦。美、苏签署重要的“第一回合限制战略武器谈判”条约，美国同意根据该条约的基本原则处理双边关系。苏联还提议，两国承诺不使用核武器攻击对方。这倒是为苏联使用核武器攻击中国保留了可能性，基辛格适时告知中国苏联的提议，并保证除非苏联承诺不对中国使用核武器，否则尼克松是不会接受的。可想而知，中国对苏联的居心叵测，以及美苏“缓和”关系的所有进展，保持戒备心态。尔后，基辛格又两度前往中国，一次是在1973年2月，一次是11月，他不仅获准与毛泽东会晤，脸上有光，而且受到盛情款待。中方同意美、中互设“联络处”，朝两国关系正常化的方向大步前进，就种种面向而言，这联络处不啻形同大使馆的地位。

毛、周二人均表示对苏联的关切。基辛格先前曾倡议与中国建立防卫同盟，不过遭到中国的断然拒绝。如今，他听着毛泽东大谈苏联边界需要一个“水平”国家群，从美国、经中国，延伸至欧洲，以围堵苏联。11月中国行结束后，基辛格告诉尼克松，“中方的主要动机，仍然是他们对苏联的盘算”，中国把美国视为反苏的筹码。尼克松在基辛格的备忘录纸边写下眉批：“重点。”对他们两人而言，中国牌似乎如预期般产生效果，让苏联不敢越雷池一步，而且把中国拉进了美国阵营。[3]

1973年伊始，尼克松政府获悉更好的消息，越战终于结束了。基辛格与他在巴黎的谈判对手黎德寿达成协议，美国可望自越战脱身，留下显然有生存能力的南越，以及和平的老挝与柬埔寨。台湾感到胆战心寒，不过，诚如台湾驻华盛顿“大使”沈剑虹语带酸气所说的，美国出卖南越之后，也意味着他的“国家”暂时安全了；美国经不起一次抛弃所有盟邦的指责。[4]

然而，到了1974年，中国牌似乎已失去效力。美苏关系因为1973年10月的“赎罪日战争”（Yom Kippur War，犹太人的赎罪日是以色列国定假日）又急转直下，美国在战争中支持以色列，苏联则是以色列的阿拉伯国家对手的后盾。除此之外，苏联的犹太人移民问题，以及苏联对第三世界愈演愈烈的侵扰，也让美苏关系更为紧张。[5]

美中关系并未退回尼克松访中之前的状态，不过也没什么进展。《上海公报》承诺中、美两国将继续协商，以实现关系的全面正常化，不过在70年代中叶，这无疑是缘木求鱼，因为两国都各自面临重大的领导危机：尼克松努力想要保住总统大位，毛泽东则身体欠佳。

在他最光荣的胜利时刻，尼克松业已朝水门丑闻走近好几步，最终让自己名誉扫地。尼克松风光自中国返国之后不到四个月，1972年6月，与尼克松竞选委员会CREEP以及白宫本身关系匪浅的五个人被逮捕，事由是他们闯入民主党位于华盛顿特区市中心的水门大楼竞选总部，装置窃听器并偷窃文件。这消息最初见报时，不过是一则不起眼的新闻。随着记者开始挖掘水门窃案与尼克松竞选团队的直接关系，白宫与尼克松竞选团队的反应是销毁文件，否认一切指控，并控制新闻。根据霍德曼的看法，最初、也是最致命的错误，就是把“水门事件”视为公关灾难。每一回试图掩饰真相，反而是更进一步走向欲盖弥彰的全面曝光，只见尼克松与一干心腹非法行为不断，严重滥用政府权力。[6]

随着1972年总统大选一路升温，白宫的策略似乎奏效。国内头条新闻的焦点是民主党竞选团队的内讧。不具名的告密者报料，（民主党）副总统候选人、参议员托马斯·伊格尔顿（Thomas Eagleton）隐瞒曾经罹患抑郁症。霍德曼向尼克松保证，水门窃案的窃贼及其两名上司虽在9月被起诉，但一切都在掌控之中。所有人都拿到慷慨的封口费，守口如瓶。司法部也站在他们这一边，并不打算起诉其他人。不过，《华盛顿邮报》（*Washington Post*）的两名记者鲍勃·伍华德（Bob Woodward）、卡尔·伯恩斯坦（Carl Bernstein）正开始挖掘CREEP付费给窃贼的吸睛细节。[7]

那年秋天的尼克松志得意满。在共和党代表大会上，尼克松以一千三百二十七比一的票数获得提名，而民主党的总统候选人乔治·麦高文（George McGovern）则在民意支持度上远远落后尼克松。尼克松接受访问时提到，他希望未来四年的政绩能超越他前一个任期。他大胆主动出击，改善美中关系，让美国局面好转。盼望已久的越南和平也露出曙光。尼克松私下告诉白宫同僚们，他之后一定会跟他的敌人算账。他还告诉白宫顾问约翰·狄恩（John Dean）："这是他们自找的。"即便伍华德与伯恩斯坦10月的报道，披露塞格瑞提和他那班"捣蛋鬼"的卑鄙把戏，也没令尼克松烦心。"告死这些王八蛋。"他告诉霍德曼。[8]

11月，尼克松以压倒性的票数赢得总统大选。他满心欢喜地制订计划要整顿政府部门，并将决策权力再进一步集中至总统办公室。1973年元旦号的《时代》杂志，选了尼克松为年度风云人物。尼克松大喜过望，但也很不甘心要与基辛格分享这份殊荣。1973年1月9日，尼克松六十大寿，他接到人在巴黎的基辛格的电话贺礼：与北越的和平条约终于尘埃落定了。两天后，他写下对美国与自己的展望。他打算追求"缓和"，包括与苏联的新一轮限武谈判。也许，他还可以和平解决中东的争端。至于总统职务方面，则要"重建对政府机关的敬重"。就在这天，水门案展开审理。[9]

往后一年半，尼克松已无所遁形。1973年2月，参议院成立自己的调查委员会。3月，委员会公布自乱阵脚的其中一位窃贼的信，他表示闯空门前已有白宫高层官员事先知情。司法部也开始重新审理案情，调查隐匿的情节。曝光的内情愈来愈多：关于销毁证据，关于无所不在的非法窃听，以及关于其他窃贼四处搜罗尼克松政敌的罪状。4月，尼克松不得不让霍德曼与厄立克曼去职，他的“柏林围墙”已倒下。不过一切为时已晚，“水门事件”此时已是不可挽回的一桩大丑闻。随着特别检察官着手追查这令人遗憾的新闻，参议院的调查委员会也开始举行电视听证会。8月，消息传出，尼克松有好几小时的对话录音带。10月，特别检察官阿奇博尔德·考克斯（Archibald Cox）取得法院传票，要求尼克松交出相关录音带。尼克松不仅拒绝交出，还罢黜考克斯。这时，弹劾尼克松的声音开始出现。

据基辛格表示，到了1973年，“水门事件”已让尼克松没有办法专心做事，重创美国执行其外交政策的能力。那年春天消息传来，中方小心翼翼地打探尼克松还有多少权力。尼克松向来讨厌处理内政，现在他还被迫搁置热爱的国际事务，全心应付内政问题。更令他不快的是，他必须让基辛格担任更重要的角色。1973年8月，他勉为其难地任命基辛格担任国务卿。尼克松日后告诉基辛格的传记作家说：“面对‘水门事件’，我别无选择。”[10]

1973年年底，白宫释出部分录音带的文字誊本，不过还是扣住其他的录音带。1974年7月，最高法院全体一致判决尼克松必须交出录音带。三天后，众议院司法委员会通过（三项中的）第一项弹劾。8月8日，尼克松向国人宣布辞职。尼克松最后一次以总统身份与基辛格对话时，他如数家珍地回顾其外交政策的许多伟大时刻，其中包括敲开中国的大门。尼克松在回忆录里提到：“不知为何，未来即将发生的痛苦与失败，在那次谈话时，变得最为尖锐真实。自从做出决定之后，我发觉我从来没有像这一刻那么伤感。”尼克松打开久藏的白兰地，三年前，当收到周恩来来函邀请美国派特使前往中国时，他就是打开这瓶酒与基辛格干杯庆贺的，不过现在他们都没什么兴致了，仅仅浅酌而已。伤感的尼克松请基辛格帮他最后一个忙：他是否可以跪在他的身旁一起默祷？基辛格为此深深动容。[11]

福特取代阿格纽（1973年10月因逃税而辞职）成为副总统，如今成了尼克松的继任者，他续用基辛格担任国务卿。不过，福特不像基辛格那么热衷加速中国政策的步调。美国民意已从尼克松访华的初期激昂冷却下来。福特很担心共和党右派的动向，他们大都支持台湾，无意推动与中国关系的全面正常化，即便中国方面有此意愿。1975年福特访华，但成果有限。“我觉得这十分有益，”一位美国官员说，“不过，我无法解释为什么我会这么想。”[12]

中国人从来就无法理解“水门事件”，在与基辛格的一次长谈里，毛泽东把“水门事件”讲得云淡风轻。毛问道：“为什么你的国家，老是纠缠在毫无意义的水门问题上？”随后，毛泽东的传译解释说，她在翻译时淡化了毛泽东的原意，主席本来的措辞是“放屁”，引来中方一阵尴尬的笑声。毛泽东百思不得其解，“水门事件”没理由拉下一个总统。毛泽东自己的权力虽稳若泰山，不过他面对的是不同的挑战，他的健康江河日下。

1973年，一场政治运动竟以公元前6世纪的伟大哲学家孔子为箭靶。根据报纸文章的说法，孔子拥护封建主义，力劝君主拔擢经历丰富的官员，不论他们观念是否守旧。不知何故，恶名昭彰的林彪，据说也有相同的观点。然而，攻讦的真正对象，是江青及其同谋所恨之入骨的邓小平。邓小平是共产党元老，他突然从下放的农村被召回中央，担任副总理一职。周恩来则是另一个被打击的对象。江青热爱贝多芬的音乐人尽皆知。《人民日报》刊登一篇文章，点名抨击造访北京的费城交响乐团，演奏反革命的西方音乐，尤其是贝多芬的第六号交响乐曲。[13]

1975 年秋，基辛格与毛泽东最后一次会晤。定期前往中国的尼克松，几个月后最后一次向毛泽东致意，他很难过看到毛的健康持续恶化。尼克松满怀敬意地说："不管人们怎么评价毛泽东，但没有人能否认，直到最后一刻，他都是一位战士。"[14]

毛泽东弥留之际，中国对内、对外的政策仍悬而未决。乔冠华也愈来愈忐忑、消沉，他几度要求出使国外或退休都不能如愿。1976 年初，周恩来与世长辞。他的丧礼办得敷衍草率。中国人民以罕见的自发性宣泄，在慎终追远的清明节这天表达他们的情感：天安门广场上堆满悼念已故总理周恩来的花圈。暴跳如雷的江青告诉毛泽东这件事，并移除所有花圈。由于这时候的毛泽东只能咕哝地发声、字迹潦草地与人沟通，所以无法窥知毛泽东对这件事究竟了解多少。[15]

1976 年 7 月，一场大地震摇撼了华北。9 月 9 日，毛泽东咽下最后一口气。他的遗体，如今依旧躺在天安门广场的毛主席纪念堂里。人山人海的中国人，列队瞻仰毛泽东的遗容。许多人在入口处购买塑料花，对毛的遗像行传统的三鞠躬礼，然后离去。在出口处，贩卖的东西品项更多：明信片、徽章、盒子、绣有毛泽东红润脸颊的领巾，以及小红书造型的打火机。

毛泽东逝世后一个月，他生前选定的接班人华国锋，便与其军中战友联手采取行动。江青连同"四人帮"其他的激进派，以及众多追随者，全都被逮捕。中国逐渐扬弃"文革"的激进政策，开始慢慢走出梦魇。

干练的官员、厂长，结束下放的岁月重返工作岗位；大学重新开始运作；官方宣传机器宣称中国必须追求现代化。邓小平自南方返回中央，一步步成为中国最有领导力的人。改变的步调愈来愈快：设立经济特区鼓励外资；农民得以保留更多的生产所得；给予工人奖金提振工作诱因；以及愈来愈多获准成立的私营企业，其实根本是鼓励成立。政府如今打出新的口号："致富是光荣的。"往后三十年，中国的国内生产总值，平均每年最多有百分之十的增长，这是令人叹为观止的数字。

1980 年，"四人帮"终于受审。他们被指控犯下所有"文革"的罪行，并且也确实被定罪了，对所有参与"文革"的人而言，这样一劳永逸很方便。江青被形容是女魔头，不守妇道，现代"女皇"，意图篡夺权力。就连她钟爱的美国电影《乱世佳人》（*Gone With the Wind*），也被拿来作为例证，以显示江青就像郝思嘉（Scarlett o' Hara），想把男人控制在自己的掌心。江青被判处死刑，后减为无期徒刑，被监禁在北京以北、专门关押中国高干的监狱（秦城监狱），1991 年去世。

基辛格安然度过尼克松的白宫风暴，继任福特政府的国务卿。福特总统信任他、欣赏他，充分授权他主导美国的外交政策。1976 年，卡特当选总统，基辛格卷铺盖走人。他信心满满，预期哈佛大学会邀请他回去担任特聘教授，孰料哈佛校方只以基辛格的原职聘请他回任。基辛格拒绝了，不屑中带着一些苦涩。不过他还是得到丰厚的补偿：与第二任妻子南希（Nancy）在纽约拥有一栋公寓；在康乃狄克州有栋农舍；一个由达官贵人组成的人际圈；提供金融和媒体界咨询、索价不菲的顾问公司；以及享有美国卓越超群人士之一的恒久声誉。基辛格笔耕不辍：文章、专栏、三大册的回忆录，以及多本谈论国际关系的书。一遇有国际危机，媒体必定络绎不绝地向他请益。基辛格的评论辛辣、思路清晰、饶富兴味，不过他一直希望能重回公职，特别是1980年里根当选总统时，不过就是等不到官场的召唤。渐渐地，基辛格把心血转而投注在他主持的高级顾问公司。“基辛格事务所”（Kissinger and Associates）在纽约生意兴隆，提供时局分析，以及协助与各国政府打交道的服务，换得的报酬相当丰厚。随着中国开放对外贸易与外国投资，基辛格马不停蹄地协助美商在中国寻求门路。基辛格本领通天，可以为美商引介中国重要官员，包括邓小平本人。

基辛格的一生，多数时间都是个毁誉参半的争议性人物。但是，无论是志同道合之人还是不相为谋者，都认为基辛格从不让人感觉索然无味。[16]

尼克松于1974年黯然离开白宫。在尼克松的去职演讲中，诚如基辛格所说，他承认有错，但并不认为自己犯罪。他提醒听众，他为这个世界的安全与稳定付出很大心血，他说：“当我辞去总统职位后，我希望留给你们、留给国家的遗产，这点无疑胜过一切。”一个月后，福特总统赦免他可能涉及的种种违法行为。不像乔冠华，尼克松活得够久，还在世时就见到自己部分声誉的恢复。尼克松为重建声誉努力不懈。他撰写回忆录；回忆录里，他写“水门事件”，但把更多篇幅用于阐扬他总统任内的伟大成就，其中自然包括敲开中国大门。尼克松以平民身份多次造访中国、拜会中国领导人，而中方把“水门事件”看作微不足道的国内小事，总是以上宾之礼待之，盛情欢迎他。尼克松渐渐开始四处演讲，也重新开始接受访问。他针对外交事务，还有他所认识的世界级领袖，著书立说。他辞世前夕出版的最后一本书《超越和平》（*Beyond*

Peace），为美国如何在后“冷战”时代的国际政治中扮演角色提供建言。卡特总统向他请益，里根总统、老布什总统、克林顿总统，也都没有例外。1986 年，《新闻周刊》封面故事下有一个标题：“他回来了：尼克松恢复名誉。”[17]

1976 年，佩特·尼克松中风，但她并未告诉任何人，直到尼克松见她力不从心地张罗早餐才发觉。佩特仍保有陪丈夫走过人生起伏的强烈责任感，她于 1993 年辞世。一年后，尼克松亦于纽约一家医院撒手人寰，克林顿总统宣布当天为国殇日。尼克松的灵柩从纽约被送回加州，由多年前尼克松初访中国时所搭乘的那架空军一号运送，而负责筹备葬礼的是荣恩·沃克，他是那次世纪之旅的先遣人员之一。尼克松的遗体长眠在“尼克松纪念图书馆”（Richard M. Nixon Memorial Library）的佩特·尼克松墓旁，而图书馆就位于尼克松生长的约巴林达（Yorba Linda）附近。所有在世的卸任总统：福特、卡特、里根、老布什，及其夫人们，全都坐在第一排座位上，克林顿总统请求美国人宽恕尼克松，他说：“但愿从尼克松总统生命与职涯片断来评价他的日子能够告一段落。”伤感的基辛格发表哀悼辞。他承认尼克松犯了错，但盛赞他在外交政策方面的建树。尼克松从不会半途而废，基辛格说：“他独力擘画一个能够缓和长期敌意、增进历史情谊、带给人类新希望的国际秩序。”[18]

尼克松到死前都认为敲开中国大门是他一生中最伟大的成就之一，也许就是最伟大的。诚如 1993 年他最后一次造访中国所说：“历史会记得我两件事：‘水门事件’与敲开中国大门……我并不悲观，但‘水门事件’，这件愚蠢的事情，其历史评价将与我在这里的所作所为相提并论。”他希望他的主动已将美国与中国拉进一个合作关系，而且这种关系让两国均受益，也为亚洲带来稳定的局面。[19]

70 年代末，尼克松与基辛格以局外人的身份，目睹美中关系的全面正常化。那时，中、美两国的变化，为两国关系的全面正常化，创造出有利条件。两国都关切苏联的穷兵黩武与势力扩张。中国正在走出“文化大革命”的阴霾。中国未来二十年飞跃式发展的种子于焉埋下。师法外国、经商致富、个人主动创新，这一切不仅获得允许，事实上是备受鼓励。1978 年，卡特领导的民主党新政府决心促成中美关系的正常化，而北京也乐于接受。双方同意建立全面性的外交关系。美国终止与台湾的官方关系，撤出最后一批驻军，通知台湾终止防御条约。1979 年 1 月，邓小平在美国受到盛大欢迎。在得州，邓小平头戴牛仔帽、亲吻小孩的形象，深得美国电视观众的喜爱。美国以二十一响礼炮向邓小平致意，肯尼迪中心的乐团演奏《认识你真好》（*Getting to Know you*）。[20]

尼克松也见证了 80 年代末期，中美关系的转趋紧绷。自从初次接触以来，两国关系就起起落落，或许注定要彼此为敌，因为每一方都以自己的方式渴望成为对方的典范。每一方都倾向认为自己理有所据，比对方更有道德基础。他们很熟悉对方，但彼此总是缺乏了解。美国人希望中国人能更像他们，但中国人却屡屡让美国人“失望”。

1993 年 4 月，继二十年前初访中国之后，尼克松重返杭州。“这个地方的发展，”尼克松告诉随行人员，“实在令人难以置信。你们知道，我希望这与我有关。”然而，中国的持续繁荣，也给自己带来棘手的难题。美国消费者喜欢中国制产品的价格；美国劳工以及某些美商则否。在新的世纪，美国与中国的贸易逆差剧增，令人咋舌：单单 2005 年一年，就有近二千亿美元。随着中国经济持续性的快速成长，中国政府开始着手稳定来自非洲、中亚地区的原物料供应，特别是石油，而美国至今仍视这些为其所有。令美国人忧心的，不光只有中国崛起的经济实力。再者，根据官方的统计数据，过去十年来，中国的国防预算每年至少有百分之十的增长。在华盛顿，军方采取他们所谓的远程“对冲战略”（hedging strategy），以防患有朝一日，美、中可能爆发冲突。美国已悄悄提升太平洋地区的军备部署，鼓励日本强化战备。苏联虽已灰飞烟灭，但从悲观的角度来设想，或许美、中之间可能重演新“冷战”。[21]

当然，台湾依然是美、中悬而难决的问题。台湾既非独立，也没有回归祖国怀抱。美国人从未能全然舍弃在台湾的利益；没有了正式的官方关系，但两者之间的非正式关系仍然稳固，不论是贸易往来，或个人之间的接触，抑或美国不时向台湾出售军备。北京政府为此恼怒不已，还是坚持一贯的主张，亦即台湾必须回归祖国。遇有活跃的“台独”分子访美，北京政府就会给予愤怒的回应。2000年台湾“总统”大选，主张“台独”的候选人当选“总统”，中国政府郑重其事发出警告，以作为响应。今天的台湾，何不接受为期三十年到五十年的“中程协议”，在这个协议下，台湾放弃追求独立，北京则不对台动武？这种权宜的解决办法，它的危险之处在于给麻烦留了一扇门：大陆强硬的民族主义者，难道不会渐渐对台湾究竟属不属于中国感到不耐？事实上，已有不少警讯出现了：解放军潜艇不时在台湾海域出没，导弹试射军演，飞机飞越台湾上空。与中国关系不甚和睦的日本，若是决定有必要染指台湾，怎么办？届时美国又会面临怎样的选择？

中美当前的纷纷扰扰，迫使我们回顾历史，探索过去究竟铸下了怎样的错误。美国支持国民党到最后一刻或许是个错误的决定，不过，话又说回来，轻易背弃长期盟友所要付出的代价，也是不容小觑的。

如今，大多数人应该都会同意，70年代的突破早就应该出现；突破让双方各蒙其利，而他们的新关系，至今仍是稳定世界政局的力量。尽管如此，或许我们还是可以追问，美国的表现是否渴望过了头，是否让步太多？在不清楚能否见到毛泽东，上海公报能否底定之前，尼克松该不该贸然先造访中国？美国人该不该私下奉送这么多有关苏联的秘密资料，这会不会给人一种美国急于求成、联中制苏的印象？

美国人的一举一动让中国人满怀希望，但又不总是能符合期待。70年代的中国，既孱弱，又忧心其在世界的地位。美国人无意之间不仅让中国领导阶层感到放心，或许还加深了中国人的传统世界观，亦即中国是世界的中心。基辛格有必要这么谦恭，有时甚至近乎逢迎谄媚吗？在尼克松、基辛格二人与中方会谈时，选择启用中方翻译的决定，可能是一种便宜行事，一种安抚对方的表态。有必要为会谈中有美国翻译在场而多做解释吗？“我们会告诉媒体，”基辛格向周恩来预告，“我们有何志立在场核对你们的翻译。我要向你们的传译员表示歉意。唯有这么做，我们的人民才不会说我们让自己恳求你们的恩惠——而我们确实如此。”随着双方关系的日趋常态化，这也是自1972年初次愉快接触后的必然结果，中方对于美国仅视他们为众多大国之一，大感吃惊。中方怀疑白宫与国务院的政策各行其是；中方忧心忡忡，美国可能无法信守承诺。举例而言，尼克松与基辛格当初承诺给过了头，向中国保证美国会撤出驻台的军队，结果最后只是食言而肥。[22]

对尼克松与美国人而言，这趟行程既大胆勇敢，又充满戏剧性，让尼克松成为创造历史的主角，美国在中、苏之间扮演枢纽的角色。中国牌的效用不如美国人所预期，然而，只要是任何有自我意志的牌，通常都不太能奏效。苏联一度在与美国的协商中变得较为顺从，对中国的不安无疑在其间起了作用。北越没有停止战斗，最终在巴黎协商结束战争时，也并未做出太多让步。然而，中美新关系的确深化北越对中国人的疑虑，因而种下日后中国与新统一的越南兵戎相见的种子。

另一方面，尼克松访问中国，不啻承认中国在世界的重要地位，标志 60 年代的孤立状态的结束。尽管“文化大革命”在中国的影响一直延续到毛泽东去世，但 1976 年后中国的苏醒、振作，也是从这个时期开始。

我们今天理所当然地认为，不论中美关系如何跌宕起伏，两国终究会建立关系，而且认为 1949 至 1971 年间的空窗本非常态，所以不可能持续下去。然而，我们应该谨记，美国与古巴的长期对峙超过四十年，美国与伊朗的冰封关系亦持续近三十年。尼克松之所以能成行，是因为两国当下都有意愿，而且认为这是一个好主意。不过，还是需要有人来推动促成，而就这件事而言，总共需要四个人。尼克松和毛泽东，基辛格和周恩来。其中两人，胸怀必要的远见，拥有断然的决心，另外两个人，能干、沉稳、老练，促成远见的实现。在一次对话中，周恩来告诉基辛格一句古老的中国谚语：“有远见的人知道如何掌稳舵，否则他会被水淹没。”或者，几百年后，当史巴克（Mr.Spock）登上宇宙飞船，他会套用瓦肯星球（Vulcan）的古老谚语说：“只有尼克松能前往中国。”[23]

附录：

《中华人民共和国和美利坚合众国联合公报》

（《上海公报》）

1972年2月28日

应中华人民共和国总理周恩来的邀请，美利坚合众国总统理查德·尼克松自一九七二年二月二十一日至二月二十八日访问了中华人民共和国。陪同总统的有尼克松夫人、美国国务卿威廉·罗杰斯、总统助理亨利·基辛格博士和其他美国官员。

尼克松总统于二月二十一日会见了中国共产党主席毛泽东。两位领导人就中美关系和国际事务认真、坦率地交换了意见。

访问中，尼克松总统和周恩来总理就美利坚合众国和中华人民共和国关系正常化以及双方关心的其他问题进行了广泛、认真和坦率的讨论。此外，国务卿威廉·罗杰斯和外交部长姬鹏飞也以同样精神进行了会谈。

尼克松总统及其一行访问了北京，参观了文化、工业和农业项目，还访问了杭州和上海，在那里继续同中国领导人进行讨论，并参观了类似的项目。

中华人民共和国和美利坚合众国领导人经过这么多年一直没有接触之后，现在有机会坦率地互相介绍彼此对各种问题的观点，对此，双方认为是有益的。他们回顾了经历着重大变化和巨大动荡的国际形势，阐明了各自的立场和态度。

中国方面声明：哪里有压迫，哪里就有反抗。国家要独立，民族要解放，人民要革命，已成为不可抗拒的历史潮流。国家不分大小，应该一律平等,大国不应欺负小国,强国不应欺负弱国。中国决不做超级大国，并且反对任何霸权主义和强权政治。中国方面表示：坚决支持一切被压迫人民和被压迫民族争取自由、解放的斗争；各国人民有权按照自己的意愿，选择本国的社会制度，有权维护本国独立、主权和领土完整，反对外来侵略、干涉、控制和颠覆。一切外国军队都应撤回本国去。中国方面表示：坚决支持越南、老挝、柬埔寨三国人民为实现自己的目标所作的努力，坚决支持越南南方共和临时革命政府的七点建议以及在今年二月对其中两个关键问题的说明和印度支那人民最高级会议联合声明；坚决支持朝鲜民主主义人民共和国政府一九七一年四月十二日提出的朝鲜和平统一的八点方案和取消“联合国韩国统一复兴委员会”的主张；坚决反对日本军国主义的复活和对外扩张，坚决支持日本人民要求建立一个独立、民主、和平和中立的日本的愿望；坚决主张印度和巴基斯坦按照联合国关系印巴问题的决议，立即把自己的军队全部撤回到本国境内以及查谟和克什米尔停火线的各自一方，坚决支持巴基斯坦政府和人民维护独立、主权的斗争以及查谟和克什米尔人民争取自决权的斗争。

美国方面声明：为了亚洲和世界的和平，需要对缓和当前的紧张局势和消除冲突的基本原因作出努力。美国将致力于建立公正而稳定的和平。这种和平是公正的，因为它满足各国人民和各国争取自由和进步的愿望。这种和平是稳定的，因为它消除外来侵略的危险。美国支持全世界各国人民在没有外来压力和干预的情况下取得个人自由和社会进步。美国相信，改善具有不同意识形态的国与国之间的联系，以便减少由于事故、错误估计或误会而引起的对峙的危险，有助于缓和紧张局势的努力。各国应该互相尊重并愿进行和平竞赛，让行动作出最后判断。任何国家都不应自称一贯正确，各国都要准备为了共同的利益重新检查自己的态度。美国强调：应该允许印度支那各国人民在不受外来干涉的情况下决定自己的命运；美国一贯的首要目标是谈判解决；越南共和国和美国在一九七二年一月二十七日提出的八点建议提供了实现这个目标的基础；在谈判得不到解决时，美国预计在符合印度支那每个国家自决这一目标的情况下从这个地区最终撤出所有美国军队。美国将保持其与大韩民国的密切联系和对它的支持；美国将支持大韩民国为谋求在朝鲜半岛缓和紧张局势和增加联系的努力。美国最高度地珍视同日本的友好关系，并将继续发展现存的紧密纽带。按照一九七一年十二月二十一日联合国安全理事会的决议，美国赞成印度和巴基斯坦之间的停火继续下去，并把全部军事力量撤至本国境内以及查谟和克什米尔停火线的各自一方；美国支持南亚各国人民和平地、不受军事威胁地建设自己的未来的权利，而不使这个地区成为大国竞争的目标。

中美两国的社会制度和对外政策有着本质的区别。但是，双方同意，各国不论社会制度如何，都应根据尊重各国主权和领土完整、不侵犯别国、不干涉别国内政、平等互利、和平共处的原则来处理国与国之间的关系。国际争端应在此基础上予以解决，而不诉诸武力和武力威胁。美国和中华人民共和国准备在他们的相互关系中实行这些原则。

考虑到国际关系的上述这些原则，双方声明：

——中美两国关系走向正常化是符合所有国家的利益的；

——双方都希望减少国际军事冲突的危险；

——任何一方都不应该在亚洲—太平洋地区谋求霸权，每一方都反对任何其他国家或国家集团建立这种霸权的努力；

——任何一方都不准备代表任何第三方进行谈判，也不准备同对方达成针对其他国家的协议或谅解。

双方都认为，任何大国与另一大国进行勾结反对其他国家，或者大国在世界上划分利益范围，那都是违背世界各国人民利益的。

双方回顾了中美两国之间长期存在的严重争端。中国方面重申自己的立场：台湾问题是阻碍中美两国关系正常化的关键问题；中华人民共和国政府是中国的唯一合法政府；台湾是中国的一个省，早已归还祖国；解放台湾是中国内政，别国无权干涉；全部美国武装力量和军事设施必须从台湾撤走。中国政府坚决反对任何旨在制造“一中一台”、“一个中国、两个政府”、“两个中国”、“台湾独立”和鼓吹“台湾地位未定”的活动。

美国方面声明：美国认识到，在台湾海峡两边的所有中国人都认为只有一个中国，台湾是中国的一部分。美国政府对这一立场不提出异议。它重申它对由中国人自己和平解决台湾问题的关心。考虑到这一前景，它确认从台湾撤出全部美国武装力量和军事设施的最终目标。在此期间，它将随着这个地区紧张局势的缓和逐步减少它在台湾的武装力量和军事设施。

双方同意，扩大两国人民之间的了解是可取的。为此目的，他们就科学、技术、文化、体育和新闻等方面的具体领域进行了讨论，在这些领域中进行人民之间的联系和交流将会是互相有利的。双方各自承诺对进一步发展这种联系和交流提供便利。

双方把双边贸易看作另一个可以带来互利的领域，并一致认为平等互利的经济关系是符合两国人民的利益的。他们同意为逐步发展两国间的贸易提供便利。

双方同意，他们将通过不同渠道保持接触，包括不定期地派遣美国高级代表前来北京，就促进两国关系正常化进行具体磋商并继续就共同关心的问题交换意见。

双方希望，这次访问的成果将为两国关系开辟新的前景。双方相信，两国关系正常化不仅符合中美两国人民的利益，而且会对缓和亚洲及世界紧张局势作出贡献。

尼克松总统、尼克松夫人及美方一行对中华人民共和国政府和人民给予他们有礼貌的款待，表示感谢。

注　释

出处缩写说明

CWIHP（冷战国际历史工程）
Cold War International History Project
FRUS（《美国的外交关系》）
Foreign Relations of the United States
NARA（美国国家档案）
National Archives and Records Administration (US)
NPM（美国国家档案：尼克松总统文件工程）
Nixon Presidential Materials Project, National Archives and Records Administration
NSA（国家安全档案）
National Security Archive [http://www.gwu.edu/~nsarchiv/]
PCC（《打中国牌》〔纪录片〕）
Playing the China Card [documentary]
PRO（英国国家档案馆）
Public Record Office (UK)
RN（《*RN*：尼克松回忆录》）
RN: The Memoirs of Richard Nixon
USOH（美国外交口述历史全集）
US Foreign Affairs oral history collection
WHY（基辛格，《白宫岁月》）
Kissinger, *The White House Years*

序　言

1. *RN*, p. 580

第一章 启 程

1. Remark on Departure from the White House for a State Visit to the People' s Republic of China（白宫对前往中国人民共和国进行国事访问所发布的出发演说）, Richard Nixon, 17 February 1972, The Public Papers of Presidents of the United States, The American Presidency Project（尼克松，1972 年 2 月 17 日，美国总统公开文件，美国总统工程）
2. USOH, Supplement, Lord; Thomas, *Front Row*, p. 187; *RN*, p. 559
3. *RN*, p. 559
4. USOH, Supplement, Lord
5. *RN*, p. 284; *FRUS, Foundations*, pp. 2-10; Memorandum of Conversation（对话备忘录）, 22 February 1972, 2.10 p.m.-6.00 p.m., NSA, Nixon's Trip to China: Records Now Completely Declassified（尼克松中国行：纪录完全解密）, Doc. 1. p. 8.
6. Hoff, p. 6; Nixon, 'Asia after Vietnam', pp. 121, 123; Richard Nixon, 20 January 1969, The Public Papers of Presidents of the United States, The American Presidency Project（尼克松，1969 年 1 月 20 日，美国总统公开文件，美国总统工程）
7. Kissinger, *Diplomacy*, p. 729
8. White, p. 147
9. Brodie, p. 162; *FRUS*, *Foundations*, p. 43
10. USOH, Nichols; USOH, Green
11. *FRUS*, *Foundations*, p. 199; Memorandum for the President's Files（总统档案夹的备忘录）, 'Briefing of the White House Staff on the July 15 Announcement of the President' s Trip to Peking（白宫人员 7 月 15 日公布总统北京行的简报）', 19 July 1971（1971 年 7 月 19 日）, NSA, Electronic Briefing Book（电子简报书） No. 66, Doc. 41
12. *RN*, p. 1076; Ambrose, *Nixon*: *Triumph*, p. 26; Reeves, p. 145
13. *RN*, p. 45; Bundy, pp. 7-10; *FRUS*, *Foundations*, pp. 352, 142; Richard Nixon 20 January 1969, The Public Papers of Presidents of the United States, The American Presidency Project（尼克松，1969 年 1 月 20 日，美国总统公开文件，美国总统工程）
14. 请参见 Reeves, p. 25; Aitken, p. 241
15. Reeves, p. 156; Wicker, *One of Us*, pp. 76, 79; Ambrose, *Nixon*: *Education*, p. 459
16. Wicker, *One of Us*, p. 686; Haldeman, *Diaries*, p. 293
17. Haldeman, *Ends*, p. 60; Aitken, p. 239; Ehrlichman, p. 313 n. 1
18. 转引自 Wicker, 'Richard M. Nixon 1969-1974', p. 251; Brodie, p. 110
19. 转引自 Wicker, 'Richard M. Nixon 1969-1974', p. 253; USOH, Supplement, Feldman; Garment, p. 387; Wicker, *One of Us*, p. 653
20. Summers, p. 40; Ambrose, *Nixon*: *Education*, p. 351; Garment, p. 299; Summers, p. 96; Valeriani, p. 75
21. Ambrose, *Nixon*: *Triumph*, p. 326; *RN*, p. 573
22. Ambrose, *Nixon*: *Education*, pp. 669-71

23. 转引自 Ambrose, *Nixon*: *Education*, p. 359; 转引自 Wicker, ‘Richard M. Nixon 1969-1974’, pp. 250, 252; Garment, p. 298
24. Ambrose, *Nixon*: *Triumph*, p. 326; Rather and Gates, p. 245; USOH, Freeman; Haldeman, *Ends*, p. 73
25. Ambrose, *Nixon*: *Triumph*, p. 254; Summers, p. 326
26. Ambrose, *Nixon*: *Triumph*, p. 254; Haldeman, *Diaries*, p. 283; Ehrlichman, p. 268; Haldeman, *Ends*, p. 73; Haldeman, *Diaries*, p. 89
27. Kimball, p. 9; Haldeman, *Ends*, p. 72
28. Haldeman, *Ends*, p. 65; Ehrlichman, p. 67
29. Aitken, p. 240; Wicker, *One of Us*, p. 653
30. Ehrlichman, p. 294; Kalb, p. 267
31. *WHY*, pp. 1051, 1051-2; Reeves, p. 433, endnote; *RN*, pp. 557-9; Garment, p. 245
32. Holdridge, pp. 77-8; *WHY*, p. 1051; Haldeman, *Diaries*, p. 410
33. Kraft, p. 10
34. Haldeman, *Diaries*, p. 412

第二章 抵 达

1. 作者访问 John Fraser
2. 作者访问 John Burns; Kalb, p. 266
3. John Burns in the *Globe and Mail*, 7 October 1971
4. Osborne, pp. 23, 28
5. Kalb, p. 267
6. Kraft, p, 20
7. Osborne, p. 22; *WHY*, p. 1055; Holdridge, pp. 83-4; Haldeman, *Diaries*, pp. 412-13; 作者访问 Gordon Barass 与 John Fraser
8. Holdridge, p. 56; see also Frankel, p. 350
9. Short, *Dragon and the Bear*, p. 189; Leys, *Chinese Shadows*, p. 4
10. Brady, chs 4 and 5; Cradock, p. 27
11. Cradock, pp. 22-4; 作者访问 Gordon Barass
12. 作者访问 Gordon Barass 与 John Fraser

第三章 周恩来

1. *RN*, p. 560
2. Wilson, *Chou*, pp. 22, 23
3. *Ibid*., pp. 26, 24

4. Khrushchev, *Khrushchev Remembers* (1970), p. 372
5. Shao, pp. 6-15
6. Wilson, *Chou*, p. 35
7. *Ibid*., pp. 40-1
8. Shao, p. 51; Wilson, *Chou*, p. 48
9. Wilson, *Chou*, p. 58 and ch. 5 *passim*
10. Chang and Halliday, p. 73; Han, pp. 79, 85; Wilson, *Chou*, p. 120
11. Xu, p. 98; 作者访问章含之
12. Wilson, *Chou*, p. 17; *WHY*, pp. 743, 745, 744
13. Short, *Mao*, p. 419
14. Xu, p. 90
15. Fang and Fang, p. 100
16. Keith, pp. 24-5; Fang and Fang, p. 108; Memorandum of Conversation（对话备忘录）, 21 October 1971（1971 年 10 月 21 日）, 10.30a.m.-1.45 p.m., NSA, Electronic Briefing Book（电子简报书）No. 70, Doc. 11 , p. 19
17. Keith, p. 30

第四章　钓鱼台国宾馆

1. Haldeman, *Diaries*, p. 413; Chapin interview, *PCC* 文稿誊本 , 卷 47, p. 14
2. Strober and Strober, p. 124
3. *RN*, pp. 1055, 341
4. *FRUS*, *Foundations*, pp. 45-6, 45
5. Kissinger, *World Restored*, Introduction; *WHY*, p. 191; *FRUS*, *Foundations*, p. 44
6. Fried, *Day of Dedication*, p. 287
7. Kissinger, *World Restored*, pp. 317-18, 326
8. *WHY*, p. 598; Kissinger, *World Restored*, p. 329; Fallaci, p. 41
9. Isaacson, p. 128
10. *RN*, pp. 340-1
11. *WHY*, pp. 12, 14; Haldeman, *Diaries*, p. 22
12. *RN*, p. 341
13. Isaacson, p. 29
14. *Ibid*., p. 56n
15. Feeney, p. 165; USOH, Holdridge
16. 转引自 Strober and Strober, p. 125; Garment, pp. 186-7
17. Isaacson, pp. 100, 147
18. *Ibid*., pp. 601-2
19. *Ibid*., pp. 152-5; Hanhimäki, pp. 24-5; Bundy, pp. 54-5; Helms, pp. 382, 384

20. Isaacson, p. 193; Valeriani, p. 21
21. Valeriani, p. 14; Haldeman, *Diaries*, pp. 99, 189
22. Strober and Strober, p. 119; Price, p. 305; see also Hoff, pp. 152-3
23. 作者访问基辛格 ; *WHY*, pp. 163-5; Isaacson, p. 126; 请参见 USOH, Kreisberg
24. Haig, p. 257; *FRUS, Foundations*, p. 81; Haldeman, *Ends*, p. 91
25. *RN*, pp. 544-50; *WHY*, pp. 163, 194; Haldeman, *Diaries*, p. 189; Strober and Strober, p. 124; Haldeman, *Ends*, p. 84; Ambrose, *NIXOH: Triumph*, p. 480; Ehrlichman, pp. 310-11; Haldeman, *Diaries*, p. 555
26. Strober and Strober, p. 126; *RN*, p. 407; Hanhimäki, p. 26; Isaacson, p. 147
27. Isaacson, p. 145; Haldeman, *Ends*, p. 94; Isaacson, pp. 190-2; Strober and Strober, p. 125; Hoff, p. 155
28. Hoff, ch. 5; Isaacson, p. 140
29. Isaacson, p. 152; Dobrynin, pp. 198-200; Bundy, pp. 57-8
30. Conversation among President Nixon, Henry Kissinger and John Mitchell（尼克松总统、基辛格、米契尔的谈话）, 8 December 1971（1971 年 12 月 8 日）, Doc. 165, *FRUS, Nixon-Ford Administrations*, vol. E-7; Valeriani, p. 94; USOH, Holdridge; Kissinger, *World Restored,* p. 326; Chapin interview, *PCC* 文稿誊本 , 卷 46, p. 14
31. *WHY*, p. 1055; Memorandum for Henry A. Kissinger（给基辛格的备忘录）, 6 August, 1971（1971 年 8 月 6 日）, NSA, Electronic Briefing Book（电子简报书）No. 66, Doc. 35, p. 30; Memorandum of Conversation（对话备忘录）, 21 October 1971（1971 年 10 月 21 日）, NSA, Electronic Briefing Book（电子简报书）No. 70, Doc. 11, pp. 3, 8
32. USOH, Thayer; USOH, Green, ch. VI
33. USOH, Freeman; Ambrose, *Nixon*: *Education*, p. 618; *RN*, p. 339; Ehrlichman, p. 297
34. Strober and Strober, p. 128; USOH, Freeman
35. Isaacson, p. 198
36. Hersh, pp. 32, 33
37. Haldeman, *Diaries*, pp. 289, 253-4; 作者访问基辛格 ; Haldeman, *Diaries*, pp. 253-4
38. Haldeman, *Diaries*, p. 413; USOH, Freeman
39. Memorandum of Conversation（对话备忘录）, 21 October 1971（1971 年 10 月 21 日）, 10.30a.m.-1.45p.m., NSA, Electronic Briefing Book（电子简报书）No. 70, Doc. 11, p. 5

第五章 与毛会晤

1. Garver, *Foreign Relations*, p. 9
2. Luo, p. 155
3. Schram, *Political Thought*, p. 256
4. Hunt, *Genesis*, ch. 1
5. *WHY*, p. 1057; USOH, Supplement, Lord

6. Kraft, p. 20
7. *WHY*, p. 1058
8. USOH, Supplement, Lord
9. *WHY*, p. 1059; *RN*, p. 560; Burr, ed., *Kissinger Transcripts*, pp. 59, 60; *WHY*, pp. 1063-4
10. Burr, ed., *Kissinger Transcripts*, pp. 65, 62, 61; Teng and Fairbank, p. 19
11. Burr, ed., *Kissinger Transcripts*, pp. 61, 62, 60, 63
12. *Ibid*., pp. 59, 60
13. Burr, ed., *Kissinger Transcripts*, p. 64
14. *Ibid*., pp. 64, 65
15. *Ibid*., p. 65; *Niksong dangnian fanghua xianwei renzhi de neimu*
16. Heath, p. 495
17. Haldeman, *Diaries*, p. 414; USOH, Supplement, Lord; USOH, Freeman; *WHY*, p. 1057
18. *RN*, p. 561; Safire, p. 411; *WHY*, pp. 1058, 1059; 作者访问基辛格 ; USOH, Supplement, Lord
19. Strober and Strober, p. 136; *WHY*, p. 1061; Kalb, p. 270

第六章　毛泽东

1. Burr, ed., *Kissinger Transcripts*, p. 65; Ambrose, *Nixon: Triumph*, p. 454
2. Short, *Mao*, pp. 60-1; *Mao Zedong on Diplomacy*, pp. 419-20
3. Short, *Mao*, p. 33
4. *Ibid*., pp. 26-7, 33-4, 29
5. Short, *Mao*, p. 57
6. Schram, *Political Thought*. p. 143
7. *Ibid*, p. 94
8. Chang and Halliday, p. 269; *Khrushchev, Khrushchev Remembers: The Last Testament* (1974), p. 249
9. Short, *Mao*, p. 60
10. *Ibid*., p. 102
11. Chang and Halliday, p. 18
12. *Ibid*., pp. 144, 158-60
13. Short, *Mao*, pp. 382, 395; Chang and Halliday, p. 279; Short, *Mao*, p. 396
14. Smedley, p. 170
15. Chang and Halliday, p. 632; Short, *Mao*, p. 434; Jin, p. 51; Quan, p. 43;Ji, p. 14.
16. Short, *Mao*, p. 226; Chang and Halliday, pp. 83-91
17. Quan, pp. 44, 45-7
18. Short, *Mao*, p. 79; Chang and Halliday, p. 432n.
19. Schram, *Political Thought*, pp. 182, 253
20. Quan, p. 29

21. 作者访问 John Fraser; Holdridge, p. 84; Kraft, p. 22; Osborne, p. 25

第七章 长期冰封

1. Memorandum of Conversation（对话备忘录）, 21 February 1972（1972 年 2 月 21 日）, NSA, Record of Historic Richard Nixon-Chou En-lai Talks in February 1972 Now Declassified（尼克松—周恩来 1972 年 2 月历史会谈解密纪录）, pp. 4, 2, 6, 3, 5
2. *WHY*. p. 1070
3. Memorandum of Conversation（对话备忘录）, 21 February 1972（1972 年 2 月 21 日）, NSA, Record of Historic Richard Nixon-Chou En-lai Talks in February 1972 Now Declassified（尼克松—周恩来 1972 年 2 月历史会谈解密纪录）, pp. 5, 9, 6, 4
4. He, pp. 145, 155
5. Carter, p. 40
6. Hunt, *Genesis*, p. 168; Friedman, pp. 59-60
7. He, p. 147
8. *Mao Zedong on Diplomacy*, pp. 46-7
9. Chen Jian, *Mao's China and the Cold War*, ch. 2 *passim; Mao Zedong on Diplomacy*, pp. 73, 85
10. *Mao Zedong on Diplomacy*, p. 88; Garver, *Foreign Relations*, p. 8
11. *Mao Zedong on Diplomacy*, pp. 81, 70
12. Chen Jian, *Maa'China and the Cold War*, p. 40; Xu, p. 180; Lowe, p. 111
13. Chang, pp. 50-9; USOH, Holloway
14. Chang, pp. 67, 68
15. *Ibid*., p. 76
16. USOH, Kreisberg
17. USOH, Lutkins
18. USOH, Kreisberg
19. USOH, Green; USOH, Johnson
20. USOH, Levin
21. Zhai, *Dragon, the Lion and the Eagle*, pp. 7-8, 11; Shambaugh, p. 6
22. Arkush and Lee, pp. 254, 246ff
23. USOH, Thayer; 另外参见 USOH, Lacey; USOH, Lutkins; USOH, Johnson
24. USOH, Lutkins; USOH, Clough; USOH, Holdridge
25. He, p. 151
26. USOH, Clough; USOH, Supplement, David Fischer
27. USOH, Osborn; USOH, Holdridge; Luo, p. 162
28. USOH, Supplement, David Fischer

第八章 冲破格局

1. Memorandum of Conversation（对话备忘录）, 21 February 1972, NSA（1972年2月21日）, Record of Historic Richard Nixon-Chou En-lai Talks in February 1972 Now Declassified（尼克松—周恩来1972年2月历史会谈解密纪录）, p. 7
2. Garver, *Foreign Relations*, p. 155 and n. 28; Foot, 'Redefinitions', pp. 264-5
3. Shao, pp. 195-6
4. USOH, Grant
5. Cohen, pp. 190-1
6. USOH, Holdridge
7. Barnouin and Yu, p. 47
8. Chen Jian, *Mao's China and the Cold War*, pp. 221-9; Garver, *Foreign Relations*, pp. 291-2; *Mao Zedong on Diplomacy*, pp. 425, 426
9. Yan and Gao, p. 74; Barnouin and Yu, pp. 66-9; Brady, pp. 163-9
10. USOH, Green, ch. V, n.p.
11. *RN*, p. 353; Haldeman, *Diaries*, p. 519
12. Haldeman, DVD, 13 May, 1 July 1971
13. Haldeman, *Diaries*, p. 73; *FRUS*, *Foundations*, p. 110
14. Aitken, p. 244; Haldeman, *Diaries*, p. 108
15. Ford Library, Lord; *FRUS*, *Foundations*, p. 151
16. *FRUS*, *Foundations*, p. 154
17. *Ibid.*, pp. 56-7, 122; *WHY*, pp. 129-30
18. *WHY*, p. 192; Kissinger, *Years of Upheaval*, p. 70
19. *FRUS*, *Foundations*, p. 154; *WHY*, pp. 164, 712, 763-70

第九章 觥筹交错

1. USOH, Supplement, Lord
2. Xiong, 'Jiang Qing', p. 61
3. 作者访问 John Burns; Cronkite, p. 322; NPM, Dwight Chapin Files（查平档案）, Box 28, Folder Memoranda to Official/Unofficial Parties（官方/非官方备忘录夹）
4. USOH, Freeman
5. Mancall, p. 24; *Financial Times*, 7/8 May 2005
6. Holdridge, p. 79; Walker, pp. 237, 409-10
7. Walker, p. 229; Chen and Hong, pp. 310-11; *WHY*, p. 1069; Haig, p. 259
8. NPM, Dwight Chapin Files（查平档案）, Box 28, Folder Memoranda to Official/ Unofficial Parties（官方/非官方备忘录夹）; Haldeman, *Diaries*, p. 415; Holdridge, pp. 86-7

9. 作者访问 John Burns; Haldeman, *Diaries*, p. 59; Garment, p. 111
10. Ehrlichman, pp. 263-4, 273-4; Greenberg, p. 128; Chapin interview, *PCC* 文稿誊本，卷 46, p. 5
11. Greenberg, pp. 137, 146, 155; Ehrlichman, pp. 264-9
12. Memorandum of Conversation（对话备忘录），11 July 1971（1971 年 7 月 11 日），10.35 a.m.-11.55 a.m., NSA, Electronic Briefing Book（电子简报书）No. 66, Doc. 38, p. 5; Greenberg, p. 276; Frankel, p. 349; Memorandum for Henry A. Kissinger（给基辛格的备忘录），6 August 1971（1971 年 8 月 6 日），'Conversations with Chou En-lai, 10 July afternoon sessions(7 月 10 日下午阶段与周恩来的对话)', NSA, Electronic Briefing Book(电子简报书) No. 66, Doc. 35, pp. 18-19; Rather, *Camera Never Blinks*, p. 230
13. Wen, p. 1735
14. Holdridge, p. 70; 作者访问李秦（Li Qin，音译）
15. Memorandum of Conversation（对话备忘录），23 October 1971（1971 年 10 月 23 日），9.05 p.m.-10.05 p.m., NSA, Electronic Briefing Book（电子简报书）No. 70, Doc. 14, p. 8; Memorandum of Meeting（会谈备忘录），11.45 p.m., 7 January 1972（1972 年 1 月 7 日），NSA, Electronic Briefing Book（电子简报书）No. 70, Doc. 25, p. 4; Haig, pp. 262-3
16. Walker, pp. 308, 21, 246; Halstead, p. 6
17. Halstead, p. 4
18. Halstead, p. 5
19. Thomas, *Dateline*, p. 139; Thomas, *Front Row*, p. 187; Kraft, p. 9
20. Thomas, *Dateline*, pp. 140-1; Walker, p. 84
21. 作者访问于家傅（Yu Jiafu，音译）; Halstead, pp. 6-7
22. Hevia, p. 117 and ch. 5 *passim*
23. 文本可见于美国总统工程; Holdridge, p. 87
24. USOH, Freeman
25. 文本可见于美国总统工程
26. Haldeman, *Diaries* pp. 416, 415
27. Buckley, p. 87; 转引自 Hersh, p. 495
28. Holdridge, p. 87; 作者访问 John Burns
29. Haldeman, *Diaries*, pp. 415-16

第十章　展开行动

1. WHY, p. 187
2. 参见黑格访问，*Nixon's China Game*, PBS（美国公共电视台）网站
3. Kissinger interview, *PCC* 文稿誊本，I/V, p. 2; *WHY*, pp. 189-90
4. USOH, Nichols
5. *Ibid*.

6. USOH, Holdridge
7. *FRUS*, *Foundations*, p. 79
8. Department of State, Next Steps in China Policy（国务院，中国政策的下一步），6 October 1971（1971 年 10 月 6 日），NSA, China and the US, CH00079; Walters, p. 526; Holdridge, p, 32; Aijazuddin, p. 3; Secret Cable 2547（秘密电报 2547），12 August 1969, NSA, China and the US, CH00075; Secret Cable 2618（秘密电报 2618），18 August 1969（1969 年 8 月 18 日），NSA, China and the US, CH00077
9. National Security Study Memorandum（国家安全研究备忘录），NSSM 14, 5 February 1969（1969 年 2 月 5 日），NSA, China and the US, CH00043; *WHY*, p. 169; Hoff, pp. 196-7; Ma Jisen, p. 298
10. Mann, p. 22; Foot, 'Redefinitions', pp. 277-8, 280
11. Confidential Cable 1720（机密电报 1720），9 June 1969（1969 年 6 月 9 日），NSA, China and the US, CH00070; Chen Jian, *Mao's China and the Cold War*, p. 245; Mann, p. 62; Zhang Baijia, p. 68; Barnouin and Yu, pp. 99, 99-100
12. USOH, Supplement, Buche
13. 作者访问 John Fraser; Robert Edmonds; 作者访问 Chen Weiming
14. USOH, Jenkins; Ma Jisen, p. 326
15. Chen Jian, *Mao's China and the Cold War*, p. 250; *WHY*, p. 190; *RN*, p. 545
16. Chen Jian, *Mao's China and the Cold War*, pp. 250-2; Secret Memorandum of Conversation（对话秘密备忘录），21 February 1970, NSA, China and the US, CH00143
17. Mann, p. 24; Holdridge, p. 37; *WHY*, pp. 684-5, 692; Chen Jian, *Mao's China and the Cold War*, p. 252
18. Safire, pp. 206-7; *RN*, p. 546
19. Walters, pp. 526-7
20. *Ibid*., pp. 534-8, 529-30
21. Aijazuddin, p. 30; Ma Jisen, pp. 327-8; *WHY*, pp. 701-2; *Mao Zedong on Diplomacy*, p. 450; see, for example, Aijazuddin, pp. 58-9
22. *Mao Zedong on Diplomacy*, pp. 449-50; Holdridge, p. 41; *WHY*, pp. 702-3; *RN*, p. 547
23. Aijazuddin, pp. 42-3
24. *WHY*, pp. 701-2; *RN*, pp. 549-50; Aijazuddin, pp. 52-3; Memorandum of Conversation（对话备忘录），11 July 1971（1971 年 7 月 11 日），10.35 a.m.-11.55 a.m., NSA, Electronic Briefing Book（电子简报书）No. 66, Doc. 38, p. 3; *WHY*, p. 736; Isaacson, pp. 338-9
25. *RN*, p. 548; *WHY*, pp. 704-5
26. Ma Jisen, pp. 328-9; Chen and Hong, pp. 250-5; Ma Jisen, p. 329
27. USOH, Levin; Boggan interview, *PCC* 文稿誊本，I/V, p. 1; Chen Jian, *Mao's China and the Cold War*, p. 260
28. Chen Jian, *Mao's China and the Cold War*, p. 261; Zhang Baijia, p. 73
29. Ma Jisen, p. 230; USOH, Cunningham; Brown interview, *PCC* 文稿誊本，I/V, p. 5

30. Boggan interview, *PCC 文稿卷本* , I/V, pp. 18-19
31. Barnouin and Yu, pp. 103-4; *WHY*, p. 710
32. *Globe and Mail*, 15 April 1971
33. *Ibid.*; Boggan interview, *PCC 文稿卷本* , I/V, pp. 18-20; Chen Jian, *Mao's China and the Cold War*, p. 262
34. *WHY*, p. 710; copy in NSA, Electronic Briefing Book（电子简报书） No. 66, Doc. 15, Doc. 19
35. *RN*, p. 549; Haldeman, *Diaries*, p. 275; *WHY*, p. 721
36. *WHY*, pp. 716-17
37. Aijazuddin, pp. 58-9; Chen Jian, *Mao's China and the Cold War*, p. 263 n. 113; *WHY*, p. 725
38. Message for the Government of the Peoples Republic of China(给中华人民共和国政府的讯息）, 20 May 1971（1971 年 5 月 20 日）, NSA, Electronic Briefing Book（电子简报书） No. 66, Doc. 24; Chen Jian, *Mao's China and the Cold War*, pp. 264-5
39. *WHY*, pp. 726-7; Haldeman, *Diaries*, p. 295; *RN*, pp. 551-2; Mann, p. 29
40. *RN*, p. 552

第十一章 秘密访问

1. *RN*, p. 552
2. Aijazuddin, p. 67; *RN*, pp. 550; Isaacson, pp. 339-40; Haldeman, *Diaries*, p. 282; *WHY*, pp. 715-17; telecon e President/Mr. Kissinger（总统 / 基辛格先生电话会谈）, 8.18 p.m., 27 April 1971（1971 年 4 月 27 日）, NSA, Electronic Briefing Book（电子简报书） No. 66, Doc. 18
3. *RN*, p. 550; *WHY*, pp. 717, 734
4. USOH, Supplement, Farland; *WHY*, p. 738; Kissinger interview, *PCC 文稿卷本* , I/V, p. 18
5. Hilaly to Kissinger（希拉利致基辛格）, 19 June 1971（1971 年 6 月 19 日）, NSA, Electronic Briefing Book（电子简报书） No. 66, Doc. 29; Aijazuddin, pp. 102-5; USOH, Supplement, Farland
6. Zhang Baijia, pp. 74-5; Chen Jian, *Mao's China and the Cold War*, pp. 262-5
7. NPM, NSC Files, For the President's Files (Winston Lord) China/Vietnam Negotiations, Box 850, Folder 3, pp. 1-5
8. Memorandum for the President's Files（总统档案夹的备忘录）, 1 July 1971（1971 年 7 月 1 日）, NSA, Electronic Briefing Book（电子简报书） No. 66, Doc. 33; *WHY*, pp. 735-6
9. *WHY*, pp. 728-9; Hersh, pp. 466-76
10. Aijazuddin, p. 81 n. 25
11. *WHY*, p. 725; Brown interview, *PCC 文稿卷本* , I/V, p. 12; Hanhimäki, pp. 116-20, 124; Bundy, p. 233
12. *WHY*, p. 729; Holdridge, p. 52
13. 作者访问 Gordon Barass; USOH, Supplement, Lord

14. Wicker, *One of Us*, pp. 594-5; *WHY*, p. 749
15. Holdridge, p. 55; USOH, Supplement, Lord; *WHY*, p. 753
16. Haldeman, *Diaries*, pp. 289, 316
17. USOH, Holdridge; Chen and Hong, p. 266
18. 作者访问章含之
19. Memorandum of Conversation（对话备忘录）, 9 July 1971（1971 年 7 月 9 日）, Afternoon and Evening, NSA, Electronic Briefing Book（电子简报书） No. 66, Doc. 34
20. *Ibid*, p. 6
21. Chen Jian, *Mao's China and the Cold War*, p. 267; Barnouin and Yu, p. 107
22. Memorandum for the President（给总统的备忘录）, 14 July 1971（1971 年 7 月 14 日）, NSA, Electronic Briefing Book（电子简报书） No. 66, Doc. 40, p. 3; USOH, Supplement, Lord
23. Memorandum of Conversation（对话备忘录）, 10 July 1971（1971 年 7 月 10 日）, Afternoon, NSA, Electronic Briefing Book（电子简报书） No. 66, Doc. 35, pp. 9, 2-13, 7
24. *Ibid*., pp. 10, 13
25. *Ibid*., pp. 14-18
26. *Ibid*., pp. 18, 20
27. *Ibid*., pp. 21, 32; USOH, Supplement, Lord; USOH, Holdridge, pp. 59-60
28. USOH, Supplement, Lord; Bundy, p. 241
29. *WHY*, p. 751
30. *Ibid*., pp. 751-2
31. Memorandum of Conversation（对话备忘录）, 11 July 1971（1971 年 7 月 11 日）, Early Morning and Morning, NSA, Electronic Briefing Book（电子简报书） No. 66, Doc. 37, pp. 1-2; *WHY*, pp. 751-3; Barnouin and Yu, pp. 107-8; Chen Jian, *Mao's China and the Cold War*, p. 268
32. Memorandum of Conversation（对话备忘录）, 11 July, 1971（1971 年 7 月 11 日）, 10.35 a.m.-11.55 a.m., NSA, Electronic Briefing Book（电子简报书） No. 66, Doc. 38
33. *WHY*, p. 753; Memorandum for the President（给总统的备忘录）, 14 July 1971（1971 年 7 月 14 日）, NSA, Electronic Briefing Book（电子简报书） No. 66, Doc. 40, p. 2
34. Memorandum for the President（给总统的备忘录）, 14 July 1971（1971 年 7 月 14 日）, NSA, Beijing-Washington, Doc. 40, pp. 5, 6, 26; *WHY*, pp. 1055-6; Memorandum for the President（给总统的备忘录）, 14 July 1971（1971 年 7 月 14 日）, NSA, Electronic Briefing Book（电子简报书） No. 66, Doc. 40, p. 26; *WHY*, pp. 744-7; Valeriani, p. 95
35. USOH, Supplement, Farland; Green, in Green, Holdridge and Stokes
36. USOH, Supplement, Farland; *WHY*, pp. 755-6; Haig interview, *PCC* 文稿誊本, 2, p. 5; Henry Kissinger to General Haig（基辛格致黑格将军）, 11 July 1971（1971 年 7 月 11 日）, NSA, Electronic Briefing Book（电子简报书） No. 66, Doc. 39
37. *WHY*, p. 758; Haldeman, *Diaries*, pp. 318-20; Brandon, p. 278
38. *WHY*, p. 760; Ehrlichman, p. 293
39. USOH, Freeman; *WHY*, p. 761

40. Haldeman, *Diaries*, pp. 321, 323-4; *RN*, pp. 554-5; Bundy, pp. 240-1
41. Isaacson, p. 347; USOH, Galloway; Hanhimäki, pp. 144-5; Arbatov, p. 180; Wishnick, *Mending Fences*, pp. 58-9; Ma Jisen, p. 301
42. Hersh, p. 442; Kalb, p. 268
43. Chen Jian, *Mao's China and the Cold War*, p. 269; Hoxha, pp. 560, 577
44. Li Jie, pp. 60-1; Barnouin and Yu, p. 195; Kraft, p. 18; Li Danhui, p. 186; 作者访问 Yanhua Shi; Tao, Part II, p. 349

第十二章　准备就绪

1. Walker, pp. 183, 148, 167, 94
2. Walters, pp. 533-41; Memorandum of Conversation（对话备忘录）, 20 October 1971（1971 年 10 月 20 日）, 4.40-7.10 p.m., NSA, Electronic Briefing Book（电子简报书）No. 70, Doc. 10, p. 7; *WHY*, p. 775
3. Memorandum of Conversation（对话备忘录）, 23 October 1971（1971 年 10 月 23 日）, 9.05 p.m.-10.05 p.m., NSA, Electronic Briefing Book（电子简报书）No. 70, Doc. 14, p. 12
4. *WHY*, pp. 776-8; Diplomatic History Institute of the Chinese Ministry of Foreign Affairs, *Xin zhonggjuo wenjiao fengyun*, vol. 3, pp. 59-70 [available at NSA, Electronic Briefing Book（电子简报书）No. 70, Doc. 21, p. 3]
5. Chapin interview, *PCC* 文稿誊本, 卷 46, pp. 9-10; Diplomatic History Institute of the Chinese Ministry of Foreign Affairs, *Xin zhonggjuo wenjiao fengyun*, vol. 3, pp. 59-70 [available at NSA, Electronic Briefing Book（电子简报书）No. 70, Doc. 21, p. 6]; Chapin interview, *PCC* 文稿誊本, 卷 46, p. 28; *WHY*, p. 780
6. Memorandum of Conversation（对话备忘录）, 21 October 1971（1971 年 10 月 21 日）, 10.30 a.m.-1.45 p.m., NSA, Electronic Briefing Book（电子简报书）No. 70, Doc. 11, pp. 8-9; Walker, p. 164
7. Memorandum of Conversation（对话备忘录）, 21 October 1971（1971 年 10 月 21 日）, 10.30 a.m.-1.45 p.m., NSA, Electronic Briefing Book（电子简报书）No. 70, Doc. 11, p. 3; *WHY*, p. 778
8. Memorandum of Conversation（对话备忘录）, 22 October 1971（1971 年 10 月 22 日）, 4.15 p.m.-8.28 p.m., NSA, Electronic Briefing Book（电子简报书）No. 70, Doc. 13, p. 40; Diplomatic History Institute of the Chinese Ministry of Foreign Affairs, *Xin zhonggjuo wenjiao fengyun*, vol. 3, pp. 59-70 [available at NSA, Electronic Briefing Book（电子简报书）No. 70, Doc. 21, pp. 7-8]; Chen Jian, *Mao's China and the Cold War*, pp. 271-2
9. Memorandum of Conversation（对话备忘录）, October 24, 1971（1971 年 10 月 24 日）, 10.28 a.m.-1.55 p.m., NSA, Electronic Briefing Book（电子简报书）No.70, Doc. 15, pp. 3-11
10. Diplomatic History Institute of the Chinese Ministry of Foreign Affairs, *Xin zhonggjuo wenjiao*

fengyun, vol. 3, pp. 59-70 [available at NSA, Electronic Briefing Book（电子简报书） No. 70, Doc. 21, pp. 9]; *WHY*, pp. 781-4; Memorandum of Conversation（对话备忘录）, 24 October 1971（1971 年 10 月 24 日）, 10.28 a.m.-1.55 p.m., NSA, Electronic Briefing Book（电子简报书）No. 70, Doc. 15, p. 25; Memorandum of Conversation（对话备忘录）, 24 October 1971（1971 年 10 月 24 日）, 9.23 p.m.-11.20 p.m., NSA, Electronic Briefing Book（电子简报书） No. 70, Doc. 16, pp. 3-11

11. Henry A. Kissinger, Memorandum for The President（基辛格，给总统的备忘录）, from My October China Visit: Drafting the Communiqué（根据我 10 月访中：公报起草）, p. 5, in Briefing Books I and II, The NPM-NSC Files, For the President' s Files (Winston Lord) China/Vietnam Negotiations, Box 846; *WHY*, pp. 782-4; Chen Jian, *Mao' s China and the Cold War*, p. 272 n. 153
12. Chapin interview, *PCC* 文稿卷本, 卷 46, pp. 14-15
13. Bostdorff, pp. 31-56; Memorandum of Conversation（对话备忘录）, 10 July 1971（1971 年 7 月 10 日）, Afternoon, NSA, Electronic Briefing Book（电子简报书） 66, Doc. 35, p. 17; Xiong, 'Mao Zedong', p. 13; USOH, Supplement, Feldman
14. NSSM 107 Issues paper: The Entire U.N. Membership Question and U.S.-China Policy（NSSM 107 号文件：整个联合国会籍问题和美中政策）, 9 February 1971（1971 年 2 月 9 日）, NSA, Collection: China and the United States, CH00201; NSSM-106: United States China Policy, NSA, Collection: China and the United States, CH00202; Memorandum of Conversation（对话备忘录）, 10 July 1971（1971 年 7 月 10 日）, Afternoon, NSA, Electronic Briefing Book（电子简报书） No. 66, Doc. 35, p. 17
15. USOH, Supplement, Feldman; Christopher H. Phillips interview, *PCC* 文稿卷本, 2/1
16. Conversation among President Nixon, Secretary of State William Rogers, and National Security Adviser Henry Kissinger, 30 September 1971（尼克松总统、罗杰斯国务卿、国家安全事务助理基辛格 1971 年 9 月 30 日的对话）以及 Conversation between President Nixon and National Security Adviser Henry Kissinger, 30 September 1971（尼克松总统与国家安全事务助理基辛格 1971 年 9 月 30 日的对话）, NSA, Electronic Briefing Book（电子简报书） No. 70, Documents 7 and 8
17. Phillips interview, *PCC* 文稿卷本, 2, 2-3; Haldeman, *Diaries*, pp. 368-9
18. 转引自 Isaacson, p. 352
19. Barnouin and Yu, p. 65; Xiong, 'Mao Zedong', pp. 18-19
20. Zhang Hanzhi, p. 279; USOH, Thayer; 作者访问 Yanhua Shi; Telegram from the Mission to the United Nations to the Department of State（致国务院的联合国任务电报）, 20 November 1971（1971 年 11 月 20 日）, *FRUS, United Nations*, 1969-1972, pp. 886-8
21. Interview with Mohammad Khan, *Nixon' s China Game*, PBS（美国公共电视台）网站
22. Van Hollen, pp. 339-61
23. 请参见 Paper Prepared by the National Security Council' s Interdepartmental Group for Near East and South Asia for the Senior Review Group（国家安全事务委员会跨部门小组针对近

东与南亚准备给资深评估小组的文件）, Washington, undated [April 1971?], *FRUS*, *Nixon-Ford Administrations*, vol. E-7, Doc. 132; Study Prepared in Response to National Security Study Memorandum 133（为响应国家安全研究备忘录 133 而准备的研究）,Washington, 10 July 1971, *FRUS*, *Nixon-Ford Administrations*, vol. E-7, Doc. 140

24. *WHY*, pp. 860-1, 866-7

25. Memorandum of Conversation（对话备忘录）, 10 July 1971（1971 年 7 月 10 日）, 12.10 p.m.-6.00 p.m., NSA, Electronic Briefing Book（电子简报书）No. 66, Doc. 35, p. 11; Memorandum for the President from Henry Kissinger（基辛格给总统的备忘录）, 14 July 1971（1971 年 7 月 14 日）, NSA, Electronic Briefing Book（电子简报书）No. 66, Doc. 40, p. 20; Memorandum for the President from Henry A. Kissinger（基辛格给总统的备忘录）, 11 November 1972（1972 年 11 月 11 日）, NSA, Electronic Briefing Book（电子简报书）No. 70, Doc. 20, p. 27

26. Conversation among President Nixon, Henry Kissinger and John Mitchell(尼克松总统、基辛格、米契尔的谈话）, 8 December 1971（1971 年 12 月 8 日）, *FRUS*, *Nixon-Ford Administrations*, vol. E-7, Doc. 165; Van Hollen, pp. 353-7

27. Conversation among President Nixon, Kissinger and Sultan Kahn（尼克松总统、基辛格、苏丹汗的谈话）, 15 November 1971（1971 年 11 月 15 日）, *FRUS, Nixon-Ford Administrations,* vol. E-7, Doc. 154

28. Conversation among President Nixon, Henry Kissinger and John Mitchell(尼克松总统、基辛格、米契尔的谈话）, 8 December 1971（1971 年 12 月 8 日）以及 Conversation among President Nixon, Kissinger and Haig（尼克松总统、基辛格、黑格的谈话）, Washington, 12 December 1971（华盛顿，1971 年 12 月 12 日）, *FRUS*, *Nixon-Ford Administrations*, vol. E-7, Docs 165 and 177

29. Conversation among President Nixon, Kissinger and Haig(尼克松总统、基辛格、黑格的谈话）, Washington, 12 December 1971（华盛顿，1971 年 12 月 12 日）, *FRUS*, *Nixon-Ford Administrations*, vol. E-7, Doc. 177; Bundy, pp. 279-80 and n. 99; Memorandum of Conversation（对话备忘录）, 10 December 1971（1971 年 12 月 10 日）, NSA, Electronic Briefing Book（电子简报书）No. 70, Doc. 23

30. *WHY*, pp. 913, 917-18; Isaacson, pp. 394-6; Haldeman, *Diaries*, pp. 391-7

31. Brown interview, *PCC* 文稿誊本 I/V, pp. 13-15, 20-1; USOH, Freeman

32. ‘Nixon’s Visit to China’; Barnouin and Yu, p. 109

33. Haig, pp. 263-4; 作者访问章含之, Beijing, 21 April 2005（北京，2005 年 4 月 21 日）; interview with Zhang Hanzhi, *Nixon's China Game*, PBS website

34. Memorandum of Conversation（对话备忘录）, 25 October 1971（1971 年 10 月 25 日）, 9.50 p.m.-11.40 p.m., NSA, Electronic Briefing Book（电子简报书）No. 70, Doc. 18, p. 14; Haig, pp. 259-61

35. Haig, pp. 260-1; Memorandum of Conversation（对话备忘录）, 3 January 1971（1971 年 1 月 3 日）, Midnight, NSA, Electronic Briefing Book（电子简报书）No. 70, Doc. 24, pp. 1-2

36. Memorandum of Conversation（对话备忘录）, 3 January 1971（1971 年 1 月 3 日）, Midnight, NSA, Electronic Briefing Book（电子简报书）No. 70, Doc. 24, pp. 4-6; 'Haig' s Preparatory Mission for Nixon's Visit to China in January 1972（1972 年 1 月黑格为尼克松访中的准备任务）', *Xin zhonggjuo wenjiao fengyun*, vol. 3, pp. 71-82, translation available NSA, Electronic Briefing Book（电子简报书）No. 70, Doc. 26
37. 作者访问章含之; Memorandum of Conversation（对话备忘录）, 7 January 1971（1971 年 1 月 7 日）, 11.45 p.m., NSA, Electronic Briefing Book（电子简报书）No. 70, Doc. 25, pp. 3-4, 6
38. Memorandum of Conversation（对话备忘录）, 3 January 1971（1971 年 1 月 3 日）, Midnight, NSA, Electronic Briefing Book（电子简报书）No. 70, Doc. 24, pp. 6-7, 9
39. 'Haig' s Preparatory Mission for Nixon's Visit to China in January 1972（1972 年 1 月黑格为尼克松访中的准备任务）', *Xin zhonggjuo wenjiao fengyun*, vol. 3, pp. 71-82, translation available NSA, Electronic Briefing Book（电子简报书）No. 70, Doc. 26; Memorandum of Conversation（对话备忘录）, 7 January 1971（1971 年 1 月 7 日）, 11.45 p.m., NSA, Electronic Briefing Book（电子简报书）No. 70, Doc. 25, pp. 4-5
40. 作者访问章含之; Haig interview, *PCC* 文稿誊本, 2/33, p. 15
41. Walker, p. 9

第十三章　言归正传

1. *WHY*, pp. 1071-2
2. Haldeman, *Diaries*, p. 416
3. *WHY*, pp. 1070-1; *RN*, p. 570
4. *WHY*, p. 1070; Memorandum of Conversation（对话备忘录）, Monday 21 February 1972（1972 年 2 月 21 日星期一）, 4.15 p.m.-5.30 p.m., NPM, National Security Council Files, HAK Office Files, Box 92, Country Files-Far East; Dr Kissinger' s Meetings in the PRC during the Presidential Visit, February 1972, pp. 2-4
5. Chapin interview, *PCC* 文稿誊本, 卷 47, p. 19; Ma Jisen, pp. 378-9
6. USOH, Freeman
7. Memorandum of Conversation（对话备忘录）, 24 February 1972（1972 年 2 月 24 日）, 5.15 p.m.-8.05 p.m., NSA, Record of Historic Richard Nixon-Chou En-lai Talks in February 1972（尼克松—周恩来 1972 年 2 月历史会谈解密纪录）, Doc. 3, pp. 10-11
8. Memorandum of Conversation（对话备忘录）, 21 February 1972（1972 年 2 月 21 日）, 5.58 p.m.-6.55 p.m., NSA, Record of Historic Richard Nixon-Chou En-lai Talks in February 1972（尼克松—周恩来 1972 年 2 月历史会谈解密纪录）, Doc. 1
9. Solomon, p. 77
10. Reeves, p. 436; NPM, White House Special Files. President's Personal Files, Box 7, Folder 'China Notes'
11. Memorandum for the President from Henry A. Kissinger（基辛格给总统的备忘录）, Your

Encounter with the Chinese（你和中国人的遭遇）, 5 February 1972（1972 年 2 月 5 日）, pp. 1-3, NPM, National Security Council Office Files, For the President’s Files (Winston Lord) China/Vietnam Negotiations, Box 847, Briefing Book V

12. Memorandum for the President（给总统的备忘录）, 19 February 1972（1972 年 2 月 19 日）, in NPM, National Security Council Office Files, For the President’s Files (Winston Lord) China/Vietnam Negotiations, Box 847, Briefing Book IV

13. Memorandum of Conversation（对话备忘录）, 22 February 1972（1972 年 2 月 22 日）, 2.10 p.m.-6.00 p.m., NSA, Nixon’s Trip to China: Records Now Completely Declassified（尼克松的中国行：完整解密纪录）, Doc. 1, pp. 4-5

14. *Ibid*., pp. 6-7, 9-10, 11-12

15. *Ibid*., pp. 17-18, 31

16. Kazuo, pp. 532-4

17. Memorandum of Conversation（对话备忘录）, 23 February 1972（1972 年 2 月 23 日）, 2.00 p.m.-6.00 p.m., NSA, Nixon’s Trip to China: Records Now Completely Declassified（尼克松的中国行：完整解密纪录）, Doc. 2, pp. 2-11

18. 请参见 Memorandum of Conversation（对话备忘录）, 9 July 1971（1971 年 7 月 9 日）, 4.35 p.m.-11.20 p.m., NSA, Electronic Briefing Book（电子简报书）No. 66, Doc. 34, p. 29; Memorandum of Conversation（对话备忘录）, 11 July 1971（1971 年 7 月 11 日）, 10.35 a.m.-11.55 a.m., NSA, Electronic Briefing Book（电子简报书）No. 66, Doc. 38, p. 14

19.Memorandum of Conversation（对话备忘录）, 23 February 1972（1972 年 2 月 23 日）, 2.00 p.m.-6.00 p.m., NSA, Nixon’s Trip to China: Records Now Completely Declassified(尼克松的中国行：完整解密纪录）, Doc. 2, pp. 18-19; Memorandum of Conversation（对话备忘录）, 24 February 1972（1972 年 2 月 24 日）, 5.15 p.m.-8.05 p.m., NSA, Nixon’s Trip to China: Records Now Completely Declassified（尼克松的中国行：完整解密纪录）, Doc. 3, pp. 26-7; Memorandum for the President（给总统的备忘录）, 11 November 1972（1972 年 11 月 11 日）, NSA, Electronic Briefing Book（电子简报书）No. 70, Doc.20, p.4

20. Memorandum of Conversation（对话备忘录）, 22 February 1972（1972 年 2 月 22 日）, 2.00 p.m.-6.00 p.m., NSA, Nixon’s Trip to China: Records Now Completely Declassified(尼克松的中国行：完整解密纪录）, Doc. 1, pp. 14-17; Memorandum of Conversation（对话备忘录）, 23 February 1972（1972 年 2 月 23 日）, 2.10 p.m.-6.00 p.m., NSA, Nixon’s Trip to China: Records Now Completely Declassified（尼克松的中国行：完整解密纪录）, Doc. 2, pp. 3-4, 23-4, 26-7

21. Memorandum of Conversation（对话备忘录）, 22 February 1972（1972 年 2 月 22 日）, 2.10 p.m.-6.00 p.m., NSA, Nixon’s Trip to China: Records Now Completely Declassified（尼克松的中国行：完整解密纪录）, Doc. 1, p. 13; Memorandum of Conversation（对话备忘录）, 23 February 1972（1972 年 2 月 23 日）, 2.00 p.m.-6.00 p.m., NSA, Nixon’s Trip to China: Records Now Completely Declassified（尼克松的中国行：完整解密纪录）, Doc. 2, pp. 20-3, 28-31; Goh, pp. 475-502, 480

22. Topping, p. 396; Valeriani, p. 89
23. Memorandum of Conversation（对话备忘录）, 22 February 1972（1972 年 2 月 22 日）, 2.10 p.m.-6.00 p.m., NSA, Nixon’s Trip to China: Records Now Completely Declassified（尼克松的中国行：完整解密纪录）, Doc. 1, pp. 14-15, 18-19
24. Memorandum of Conversation（对话备忘录）, 10 July 1971（1971 年 7 月 10 日）, Afternoon, NSA, Electronic Briefing Book（电子简报书）No. 66, Doc. 35, pp. 28-9; Memorandum of Conversation（对话备忘录）, 11 July 1971（1971 年 7 月 11 日）, 10.35 a.m.-11.55 a.m., NSA, Electronic Briefing Book（电子简报书）No. 66, Doc. 38, p. 9; NSA, Electronic Briefing Book（电子简报书）No. 70, Doc. 13, p. 36; Lord to Kissinger（罗德致基辛格）, 15 December 1971（1971 年 12 月 15 日）, NSA, Electronic Briefing Book（电子简报书）No. 70, Doc. 23, p. 2
25. *Ibid.*, pp. 14-18

第十四章 绊脚石：台湾

1. NPM, White House Special Files, President’s Personal Files, Box 7, Folder ‘China Notes’; *WHY*, p. 705
2. *RN*, pp. 344, 523; *WHY*, pp. 705, 766; Yahuda, *passim*; Wang, pp. 157, 159-64
3. Memorandum of Conversation（对话备忘录）, 11 July 1971（1971 年 7 月 11 日）, 10.35 a.m.-11.55 a.m., NSA, Electronic Briefing Book（电子简报书）No. 66, Doc. 38, p. 11; Memorandum of Conversation（对话备忘录）, 9 July 1971（1971 年 7 月 9 日）, Afternoon and Evening, NSA, Electronic Briefing Book（电子简报书）No. 66, Doc. 34, p. 13; Green, Holdridge and Stokes, p. 124
4. Barnouin and Yu, p. 183
5. Fenby, pp. 498, 43, 387
6. *Ibid.*, 187; Spence, pp. 526-7, 529; Tucker, *Taiwan, Hong Kong, and the United States*, pp. 32-3; Memorandum of Conversation（对话备忘录）, 9 July 1971（1971 年 7 月 9 日）, Afternoon and Evening, NSA, Electronic Briefing Book（电子简报书）No. 66, Doc. 34, pp. 9-10
7. Tucker, *Taiwan, Hong Kong, and the United States*, pp. 62-72; Garver, *Sino-American Alliance*, ch. 6
8. USOH, Holdridge
9. USOH, Osborn; USOH, Grant
10. USOH, Katrosh
11. Chen Jian, *Mao’s China and the Cold War*, pp. 179-81; Tucker, *Taiwan, Hong Kong, and the United States*, pp. 42-3; *Mao Zedong on Diplomacy*, pp. 264-72; Taylor, p. 243; Garver, *Sino-American Alliance*, pp. 137-8; *Mao Zedong on Diplomacy*, p. 266
12. USOH, Green, ch. 1; Garver, *Sino-American Alliance*, p. 139; *Mao Zedong on Diplomacy*, p. 428
13. Chen Jian, *Mao’s China and the Cold War*, p. 199; Tucker, *Taiwan, Hong Kong, and the United*

States, p. 43

14. Memorandum of Conversation（对话备忘录）, 24 February 1972（1972 年 2 月 24 日）, 5.15 p.m.-8.05 p.m., NSA, Record of Historic Richard Nixon-Chou En-lai Talks in February 1972（尼克松—周恩来 1972 年 2 月历史会谈解密纪录）, Doc. 3, p. 7

15. *Ibid*., pp. 14-15

16. Tucker, 'Taiwan Expendable?', p. 116

17. Taylor, p. 297; see also *FRUS*, *Foundations*, pp. 208-9; telecon, The President/Mr Kissinger, 18(?) April 1971, NSA, Electronic Briefing Book（电子简报书）No. 145, Doc. 5; Memorandum for the President' s File（总统档案夹的备忘录）, 1 July 1971（1971 年 7 月 1 日）, NSA, Electronic Briefing Book（电子简报书）No. 66, Doc. 33

18. NPM, NSC Files, For the President' s Files (Winston Lord) China/Vietnam Negotiations, Box 850, Folder 3, p. 3; *WHY*, p. 749

19. PRO, FCO 21/824, Memorandum from L. J. Wilder, 30 July 1971（1971 年 7 月 30 日）; Romberg, p. 26

20. 请参见 Memorandum for the President from Henry A. Kissinger（基辛格给总统的备忘录）, 10（?）December-1970（1970 年 12 月 10〔? 〕日）; NSA, Electronic Briefing Book（电子简报书）No. 66, Doc. 6; Record of a Discussion with Mr. Henry Kissinger on 16 December 1970（1970 年 12 月 16 日与基辛格先生的讨论纪录）, Electronic Briefing Book（电子简报书）No. 66, Doc. 7; Accinelli, pp. 11-25

21. 参见 NSA, Electronic Briefing Book（电子简报书）No. 66, Docs 34-8 and NSA, Electronic Briefing Book（电子简报书）No. 70, Docs 10-15; Memorandum of Conversation（对话备忘录）, 9 July 1971（1971 年 7 月 9 日）, NSA, Electronic Briefing Book（电子简报书）No. 66, Doc. 34, p. 16; Memorandum of Conversation（对话备忘录）, 10 July 1971（1971 年 7 月 10 日）, NSA, Electronic Briefing Book（电子简报书）No. 66, Doc. 35, pp. 15-17, 19

22. NSA, Electronic Briefing Book（电子简报书）No. 66, Doc. 34, pp. 12, 13; Doc. 38, p. 10; Memorandum of Conversation（对话备忘录）, 21 October 1971（1971 年 10 月 21 日）, NSA, Electronic Briefing Book（电子简报书）No. 70, Doc. 11, pp. 13, 20-34; Barnouin and Yu, pp. 185-7

23. Chen Jian, *Mao's China and the Cold War,* p. 267; USOH, Green, ch. V

24. Memorandum of Conversation（对话备忘录）, 10 July 1971（1971 年 7 月 10 日）, NSA, Electronic Briefing Book（电子简报书）66, Doc. 35; Memorandum of Conversation（对话备忘录）, 11 July 1971（1971 年 7 月 11 日）, 10.35 a.m.-11.55 a.m., NSA, Electronic Briefing Book（电子简报书）No. 66, Doc. 38, p. 10; Memorandum of Conversation（对话备忘录）, 24 October 1971（1971 年 10 月 24 日）, 10.28 a.m.-1.55 p.m., NSA, Electronic Briefing Book（电子简报书）No. 70, Doc. 15, p. 25; Memorandum of Conversation(对话备忘录), 24 October 1971(1971 年 10 月 24 日）, 9.23 p.m.-11.20 p.m., NSA, Electronic Briefing Book（电子简报书）No. 70, Doc. 16, p. 8

25. Memorandum of Conversation（对话备忘录）, 26 October 1971（1971 年 10 月 26 日）,

5.30 a.m.-8.10 a.m., NSA, Electronic Briefing Book（电子简报书）No. 70, Doc. 19, p. 10; Opening Statement -First Private Meeting with Prime Minister Chou En-lai（开场白—与周恩来总理的第一次私下会晤）, p. 2, NPM, NSC Files, For the President's Files (Winston Lord) China/Vietnam Negotiations, Box 847; Memorandum from Henry A. Kissinger to the President（基辛格给总统的备忘录）, 8 February 1972（1972 年 2 月 8 日）, Taiwan section, pp. 5 [尼克松手写评论], 8: Memorandum from Henry A. Kissinger to the President（基辛格给总统的备忘录）, 7 February 1972（1972 年 2 月 7 日）, Taiwan, p. 2, Briefing Papers for the China Trip（中国行的简报文件）, Briefing Book V, NARA, From the NPM-NSC Files, For the President's Files (Winston Lord) China/Vietnam Negotiations, Box 847

26. NPM, White House Special Files, President's Personal Files, Box 7, Folder 'China Notes', 15 February 1972（1972 年 2 月 15 日）; Memorandum of Conversation（对话备忘录）, 22 February 1972（1972 年 2 月 22 日）, 2.10 p.m.-6.00 p.m., NSA, Nixon's Trip to China: Records Now Completely Declassified（尼克松的中国行：完整解密纪录）, Doc. 1, pp. 4-5, 23; Memorandum of Conversation（对话备忘录）, 24 February 1972（1972 年 2 月 24 日）, 5.15 p.m.-8.05 p.m., NSA, Nixon's Trip to China: Records Now Completely Declassified（尼克松的中国行：完整解密纪录）, Doc. 3, p. 6

27. Memorandum of Conversation（对话备忘录）, 24 February 1972（1972 年 2 月 24 日）, 5.15 p.m.-8.05 p.m., NSA, Nixon's Trip to China: Records Now Completely Declassified(尼克松的中国行：完整解密纪录）, Doc. 3, pp. 10-12; Memorandum of Conversation（对话备忘录）, 22 February 1972（1972 年 2 月 22 日）, 2.10 p.m.-6.00 p.m., NSA, Nixon's Trip to China: Records Now Completely Declassified（尼克松的中国行：完整解密纪录）, Doc.1, p. 6

28. Memorandum of Conversation（对话备忘录）, 28 February 1972（1972 年 2 月 28 日）, 8.30 a.m.-9.30 a.m., NSA, Nixon's Trip to China: Records Now Completely Declassified（尼克松的中国行：完整解密纪录）, Doc. 7, pp. 8-10

第十五章　中南半岛

1. NPM, White House Special Files, President's Personal Files, Box 7, Folder 'China Notes', 15 February 1972（1972 年 2 月 15 日）, p. 23

2. Bundy, pp. 78-9; Morris, pp. 12-15

3. Chen Jian, 'China's Involvement in the Vietnam War', p. 385; Li Danhui, p. 177

4. Memorandum of Conversation（对话备忘录）, 22 February 1972（1972 年 2 月 22 日）, 2.10 p.m.-6.00 p.m., NSA, Nixon's Trip to China: Records Now Completely Declassified（尼克松的中国行：完整解密纪录）, Doc. 1, p. 21; Walters, p. 546; Mann, p. 39

5. Memorandum of Conversation（对话备忘录）, 9 July 1971（1971 年 7 月 9 日）, Afternoon and Evening, NSA, Electronic Briefing Book（电子简报书）No. 66, Doc. 34, pp. 21-5, 30-4; Memorandum of Conversation（对话备忘录）, 10 July 1971（1971 年 7 月 10 日）,

Afternoon, NSA, Electronic Briefing Book（电子简报书）No. 66, Doc. 35, pp. 10, 23-4

6. Memorandum of Conversation（对话备忘录）, 21 October 1971（1971 年 10 月 21 日）, 10.30a.m.-1.45 p.m., NSA, Electronic Briefing Book（电子简报书）No. 70, Doc. 11, p. 17; Memorandum of Conversation（对话备忘录）, 21 October 1971（1971 年 10 月 21 日）, 4.42 p.m.-7.17 p.m., NSA, Electronic Briefing Book（电子简报书）No. 70, Doc. 12, p. 21; Memorandum for the President from Henry A. Kissinger（基辛格给总统的备忘录）, Your Encounter with the Chinese（你和中国人的遭遇）, 5 February 1972（1972 年 2 月 5 日）, p. 6; Briefing Papers for the China Trip（中国行的简报文件）, Briefing Book V, From the NPM-NSC Files, For the President' s Files (Winston Lord) China/Vietnam Negotiations, Box 847

7. Memorandum of Conversation（对话备忘录）, 9 July 1971（1971 年 7 月 9 日）, Afternoon and Evening, NSA, Electronic Briefing Book（电子简报书）No. 66, Doc. 34, pp. 33-4

8. My Talks with Chou En-lai（我和周恩来的谈话）, Memorandum for the President from Henry A. Kissinger（基辛格给总统的备忘录）, NSA, Electronic Briefing Book（电子简报书）No. 66, Doc. 40, pp. 15-16; Zhai, *China and the Vietnam Wars*, p. 196; Westad *et al.*, p. 178

9. Yum, p. 75; Barnouin and Yu, p. 189

10. Memorandum of Conversation（对话备忘录）, 22 February 1972（1972 年 2 月 22 日）, 2.10 p.m.-6.00 p.m., NSA, Nixon' s Trip to China: Records Now Completely Declassified(尼克松的中国行：完整解密纪录）, Doc. 1, pp. 22-27; Memorandum of Conversation（对话备忘录）, 24 February 1972（1972 年 2 月 24 日）, 5.15 p.m.-8.05 p.m., NSA, Nixon' s Trip to China: Records Now Completely Declassified（尼克松的中国行：完整解密纪录）, Doc. 3, pp. 16-17

11. Memorandum of Conversation（对话备忘录）, 24 February 1972（1972 年 2 月 24 日）, 5.15 p.m.-8.05 p.m., NSA, Nixon' s Trip to China: Records Now Completely Declassified（尼克松的中国行：完整解密纪录）, Doc. 3, pp. 22-3

12. *Ibid*., pp. 16-19; Memorandum of Conversation（对话备忘录）, 28 February 1972（1972 年 2 月 28 日）, 8.30 a.m.-9.30 a.m., NSA, Nixon' s Trip to China: Records Now Completely Declassified（尼克松的中国行：完整解密纪录）, Doc. 7, p. 8; Green, Holdridge and Stokes, p. 130: Haig, p. 261

13. Li Danhui, pp. 198-9, 199-202

第十六章　霍德曼的杰作

1. Rather and Gates, p. 245; *Globe and Mail*, 28 February 2006

2. Kalb, p. 274; Haldeman, *Diaries*, pp. 363-4

3. Chancellor, p. 94

4. Cronkite, p. 324; Haldeman, *Diaries*, p. 419; Haldeman, DVD, 25 February 1972; *Globe and Mail*, 25 February 1972; Memorandum of Conversation（对话备忘录）, 26 February 1972（1972 年 2 月 26 日）, NSA, Record of Historic Richard Nixon-Chou En-lai Talks in February 1972（尼克

松—周恩来 1972 年 2 月历史会谈解密纪录）, Doc. 6, p.5

5. Halstead, p. 10

6. Haldeman, *Diaries*, p. 364; NPM, White House Special Files, Staff Member and Office Files, Dwight Chapin Files, Box 26

7. Ambrose, *Nixon*: *Education*, pp. 95, 585-6; Summers, p. 36; Ehrlichman, pp. 56-8; Walker, p. 183

8. Safire, p. 607; Ehrlichman, pp. 55-6; Hersh, p. 109; Summers, p. 35

9. Osborne, p. 29; Thomas, *Front Row*, p. 190; Reeves, p. 451; 作者访问章含之

10. Memorandum of Conversation（对话备忘录）, 22 February 1972（1972 年 2 月 22 日）, 2.10 p.m.-6.00 p.m., NSA, Nixon's Trip to China: Records Now Completely Declassified（尼克松的中国行：完整解密纪录）, Doc. 1, p. 1

11. Witke, *Comrade Chiang Ch'ing*, pp. 46-50; Witke, 'The Last Days of Madame Mao', pp. 142, 144; Terrill, pp. 17-22

12. Witke, *Comrade Chiang Ch'ing,* p. 187; Terrill, pp. 135-6; Chang and Halliday, pp. 204-6

13. Terrill, pp. 237, 239-41; 250-3

14. 作者访问章含之; Chang and Halliday, p. 627; *RN*, p. 570; Witke, *Comrade Chiang Ch'ing*, p. 370

15. *RN*, p. 570; Haldeman, *Diaries*, p. 417; Walker, p. 40

16. Haldeman, *Diaries*, p. 418; Fang and Fang, pp. 117-18; *RN*, pp. 572, 577

17. Lovell, pp. 10-13, ch. 6, and *passim*

18. Cronkite, pp. 322-3; Kraft, p. 31; Chen and Hong, p. 313; Lovell, p. 11

19. Kraft, pp. 31-2

20. Haldeman, *Diaries*, p. 419; Haldeman, DVD, 25 February 1972（1972 年 2 月 25 日）; Kalb, pp. 276-7; 作者访问 John Burns

21. Memorandum of Conversation（对话备忘录）, 25 February 1972（1972 年 2 月 25 日）, 5.45 p.m.-6.45 p.m., NSA, Record of Historic Richard Nixon-Chou En-lai Talks in February 1972（尼克松—周恩来 1972 年 2 月历史会谈解密纪录）, Doc. 5; Lilley, pp. 167-8

22. Halstead, pp. 8-9; Kalb, p. 277; Walker, pp. 47, 154; Kraft, p. 34; *Globe and Mail*, 26. February 1972

第十七章　观众的反应

1. Doran and Lee, p. 730; USOH, Supplement, Galloway

2. Kraft, p. 29

3. Gaiduk, p. 228; *WHY*, pp. 172-3, 192-3, 268, 688; Arbatov, p. 180

4. Gaiduk, p. 229; Dobrynin, pp. 208, 217-18; *WHY*, pp. 731, 737; p. 8; Memorandum for the President（给总统的备忘录）, 14 July 1971（1971 年 7 月 14 日）, NSA, Electronic Briefing Book（电子简报书）No. 66, Doc. 40, p. 8

5. Dobrynin, pp. 218-19, 225; Soviet Press Comments on President Nixon’s Visit to China（苏联媒体评论尼克松总统的中国行）, 30 July 1971（1971 年 7 月 30 日）, PRO, FCO 21/824; Wishnick, *Mending Fences*, p. 59; Arbatov, pp. 180-2
6. Dobrynin, pp. 226-8; *WHY*, p. 766; *FRUS*, *Foundations*, pp. 327-8
7. Bundy, pp. 250-9; Strober and Strober, p. 132; Su, Chi, p. 562 n. 14
8. *FRUS, Foundations*, p. 353; Schaller, pp. 2-3; *WHY*, pp. 321-5; Memorandum of Conversation（对话备忘录）, 22 October 1971(1971 年 10 月 22 日）, NSA, Electronic Briefing Book(电子简报书）No. 70, Doc. 13, p. 22
9. Schaller, ‘The Nixon “Shocks”’, p. 7; Bundy, pp. 142-4; Hersh, pp. 380-1; Giffard, pp. 170-1
10. Schaller, ‘The Nixon “Shocks”’, pp. 8-9
11. Schaller, ‘The Nixon “Shocks”’, pp. 11-12; Johnson, p. 554; Brown interview, *PCC* 文稿卷本, I/V, pp. 9-10
12. Schaller, ‘The Nixon “Shocks”’, p. 12; USOH, Freeman
13. Hoff, pp. 140-1; Reeves, p. 341; Schaller, ‘The Nixon “Shocks”’, p. 16
14. Memorandum of Conversation（对话备忘录）, 22 October 1971（1971 年 10 月 22 日）, 4.40 p.m.-7.10 p.m., NSA, Electronic Briefing Book（电子简报书）No. 70, Doc. 13, p. 23; NPM, National Security Council Files, January 1972（1972 年 1 月）, Japan SATO San Clemente, Box 925, VIP Visits
15. Schaller, ‘The Nixon “Shocks”’, p. 17
16. Bachrack, pp. 261, 265; Tucker, ‘Taiwan Expendable?’, p. 129
17. Shen (Myers, ed.), pp. 70, 73-7; Tucker, ‘Taiwan Expendable?’, pp. 127, 132, 134; Mann interview, *PCC* 文稿卷本, I/V, 卷 43, p. 13
18. Taylor, p. 307; Garver, *Sino-American Alliance*, pp. 276-7
19. Memorandum of Conversation（对话备忘录）, 23 October 1971（1971 年 10 月 23 日）, 9.05 p.m.-10.05 p.m., NSA, Electronic Briefing Book（电子简报书）No. 70, Doc. 14, p. 2; Tucker, ‘Taiwan Expendable?’, p. 126; Walters, p. 546; 作者访问 Richard Solomon; Taylor, p. 308
20. Jacobs, p. 102; Shen (Myers, ed.), p. 79; Garver, *Sino-American Alliance*, p. 275; Kalb, p. 282; Taylor, p. 309
21. Doran and Lee, p. 696; USOH, Supplement, Gleysteen

第十八章 上海公报

1. Haldeman, DVD, 26 February 1972（1972 年 2 月 26 日）
2. Haldeman, *Diaries*, p. 418; *Globe and Mail*, 26 February, 1972; Memorandum of Conversation（对话备忘录）, 21 February 1972（1972 年 2 月 21 日）, 4.15 p.m.-5.30 p.m., p. 9, 以及 Memorandum of Conversation（对话备忘录）, 25 February 1972（1972 年 2 月 25 日）, 9.34 a.m.-10.58 a.m., p. 10, NPM, National Security Council Files, HAK Office Files, Country

Files-Far East, Box 92, Dr Kissinger's Meetings in the PRC during the Presidential Visit（总统访问期间基辛格博士在中华人民共和国的会谈）, February 1972（1972 年 2 月）

3. *WHY*, p. 1081; Memorandum of Conversation（对话备忘录）, 25 February 1972（1972 年 2 月 25 日）, 5.45 p.m.-6.45 p.m., NSA, Record of Historic Richard Nixon-Chou En-lai Talks in February 1972（尼克松—周恩来 1972 年 2 月历史会谈解密纪录）, Doc. 5, pp. 1-2; Memorandum of Conversation（对话备忘录）, Saturday 26 February 1972（1972 年 2 月 26 日星期六）, NSA, Record of Historic Richard Nixon-Chou En-lai Talks in February 1972（尼克松—周恩来 1972 年 2 月历史会谈解密纪录）, Doc 6; Memorandum of Conversation（对话备忘录）, 25 February 1972, 4.50 p.m.-5.25 p.m. 以及 Memorandum of Conversation（对话备忘录）, 25-26 February 1972（1972 年 2 月 25 至 26 日）, 10.30 p.m.-1.40 a.m., NPM, National Security Council Files, HAK Office Files, Country Files-Far East, Box 92, Dr Kissinger's Meetings in the PRC during the Presidential Visit（总统访问期间基辛格博士在中华人民共和国的会谈）, February 1972（1972 年 2 月）
4. *RN*, p. 571; *WHY*, pp. 1074-80
5. Memorandum of Conversation（对话备忘录）, 24 February 1972（1972 年 2 月 24 日）, 9.59 a.m.-12.42 a.m., pp. 6, 19, NPM, National Security Council Files, HAK Office Files, Country Files-Far East, Box 92, Dr Kissinger's Meetings in the PRC during the Presidential Visit（总统访问期间基辛格博士在中华人民共和国的会谈）, February 1972（1972 年 2 月）; *WHY*, p. 1077
6. Memorandum of Conversation（对话备忘录）, Thursday 24 February 1972（1972 年 2 月 24 日星期四）, 9.59 a.m.-12.42 a.m., p. 22, NPM, National Security Council Files, HAK Office Files, Country Files-Far East, Box 92, Dr Kissinger's Meetings in the PRC during the Presidential Visit（总统访问期间基辛格博士在中华人民共和国的会谈）, February 1972（1972 年 2 月）
7. Memorandum of Conversation（对话备忘录）, Tuesday 22 February 1972（1972 年 2 月 22 日星期四）, 10.05 a.m.-11.55 a.m., pp. 7-9, 10; Memorandum of Conversation（对话备忘录）, 24 February 1972（1972 年 2 月 24 日）, 9.59 a.m.-12.42 a.m., pp. 18, 20, NPM, National Security Council Files, HAK Office Files, Box 92, Country Files-Far East, Dr Kissinger's Meetings in the PRC during the Presidential Visit（总统访问期间基辛格博士在中华人民共和国的会谈）, February 1972（1972 年 2 月）
8. USOH, Supplement, Gleysteen; Garver, *Sino-American Alliance*, pp. 271-2
9. Memorandum of Conversation（对话备忘录）, Thursday 24 February 1972（1972 年 2 月 24 日星期四）, 9.59 a.m.-12.42 a.m., p. 19, 以及 Memorandum of Conversation（对话备忘录）, Friday 25 February 1972（1972 年 2 月 25 日星期五）, 9.34 a.m.-10.58 a.m., pp. 7-8, NPM, National Security Council Files, HAK Office Files, Box 92, Country Files-Far East, Dr Kissinger's Meetings in the PRC during the Presidential Visit（总统访问期间基辛格博士在中华人民共和国的会谈）, February 1972（1972 年 2 月）; Haldeman, *Diaries*, pp. 419-21; *RN* p. 572
10. Haldeman, DVD, 25 and 26 February 1972; Memorandum of Conversation（对话备忘录）, Tuesday 22 February 1972（1972 年 2 月 22 日 星期二）, 10.05 a.m.-11.55 a.m., p. 7,

NPM, National Security Council Files, HAK Office Files, Box 92, Country Files-Far East, Dr Kissinger's Meetings in the PRC during the Presidential Visit（总统访问期间基辛格博士在中华人民共和国的会谈）, February 1972（1972 年 2 月）

11. *RN*, p. 573; *Globe and Mail*, 28 February 1972
12. Thomas, *Front Row*, p. 190; *New York Times*, 27 February 1972（1972 年 2 月 27 日）; *Globe and Mail*, 28 February 2006（2006 年 2 月 28 日）; Osborne, p. 29; *WHY*, p. 1082; Kraft, pp. 35-6
13. Tyler, pp. 138-9; USOH, Green, ch. VI
14. Tucker, *China Confidential*, p. 274; USOH, Green, ch. VI
15. USOH, Green, ch. VI; *WHY*, p. 1083; Tyler, p. 140
16. Memorandum of Conversation（对话备忘录）, Saturday 26 February-Sunday 27 February 1972（1972 年 2 月 26 日星期六至 2 月 27 日星期日）, 10.20 p.m.-1.40 a.m., NPM, National Security Council Files, HAK Office Files, Box 92, Country Files-Far East, NSC, NPM, Dr Kissinger's Meetings in the PRC during the Presidential Visit（总统访问期间基辛格博士在中华人民共和国的会谈）, February 1972（1972 年 2 月）; *WHY*, pp. 1083-4; 作者访问章含之
17. USOH, Green, ch. VI; Haldeman, *Diaries*, p. 422
18. USOH, Green, ch. VI; *Globe and Mail*, 28 February 1972
19. Kraft, p. 37; Zhang Hanzhi, p. 256; *Globe and Mail*, 28 February 1972（1972 年 2 月 28 日）; *New York Times*, 28 February 1972（1972 年 2 月 28 日）
20. *Globe and Mail*, 28 February 1972（1972 年 2 月 28 日）; *New York Times*, 28 February 1972（1972 年 2 月 28 日）; Memorandum of Conversation（对话备忘录）,23 February 1972（1972 年 2 月 23 日）, 2.00 p.m.-6.00 p.m., NSA, Nixon's Trip to China: Records Now Completely Declassified（尼克松的中国行：完整解密纪录）, Doc. 2, pp. 14-15
21. Memorandum of Conversation（对话备忘录）, 27 February 1972（1972 年 2 月 27 日）, 11.30 a.m.-1.55 p.m., pp. 7-8, 10-11, NPM, National -Security Council Files, HAK Office Files, Country Files-Far East, Box 92, Dr Kissinger's Meetings in the PRC during the Presidential Visit（总统访问期间基辛格博士在中华人民共和国的会谈）, February 1972（1972 年 2 月）; Green, Holdridge and Stokes, pp. 146-7
22. Kalb, pp. 280-1; Kraft, pp. 38-9; Halstead, p. 10; *New York Times*, 28 February 1972（1972 年 2 月 28 日）; USOH, Green, ch. VI; Haldeman, *Diaries*, p. 422; Tyler, p. 143
23. Memorandum of Conversation（对话备忘录）, 25 February 1972（1972 年 2 月 25 日）, 4.50 p.m.-5.25 p.m., p. 6, NPM, National Security Council Files, HAK Office Files, Country Files-Far East, Box 92, Dr Kissinger's Meetings in the PRC during the Presidential Visit（总统访问期间基辛格博士在中华人民共和国的会谈）, February 1972（1972 年 2 月）; Zhang Hanzhi, pp. 251-2; 作者访问章含之
24. Tyler, p. 143; *WHY*, p. 1069
25. Memorandum of Conversation（对话备忘录）, Sunday 27 February-Monday 28 February 1972（1972 年 2 月 27 日星期日至 2 月 28 日星期一）, 11.05 p.m.-12.30 a.m., pp. 1-3,

NPM, National Security Council Files, HAK Office Files, Country Files-Far East, Box 92, Dr Kissinger's Meetings in the PRC during the Presidential Visit（总统访问期间基辛格博士在中华人民共和国的会谈）, February 1972（1972 年 2 月）

26. Haldeman, *Diaries*, p. 422; *WHY*, p. 1086
27. Cronkite, p. 325; 作者访问章含之
28. Memorandum of Conversation（对话备忘录）, Monday 28 February 1972（1972 年 2 月 28 日星期一）, 8.30 a.m.-9.30 a.m., NSA, Record of Historic Richard Nixon-Chou En-lai Talks in February 1972（尼克松—周恩来 1972 年 2 月历史会谈解密纪录）, Doc. 7, pp. 3-5, 8-11
29. Holdridge, p. 95; Reeves, p. 457; Haldeman, DVD, 28 February 1972; Halstead, p. 10
30. *Globe and Mail*, 28 February 1972; Zhang Hanzhi, p. 256; USOH, Freeman; Halstead, p. 10; Haldeman, DVD, 28 February 1972（1972 年 2 月 28 日）
31. Holdridge, pp. 98-102; USOH, Green, ch. VII; Taylor, p. 308; USOH, Freeman; Welfield, p. 310; Doran and Lee, pp. 710, 731
32. Chancellor, p. 91; Haldeman, *Diaries*, p. 423

结论

1. *Life*, 72/9 (10 March 1972), pp. 11-12; Foot, *Practice of Power,* p. 107; Tyler, pp. 143-4
2. Hamilton, p. 117; Bundy, pp. 314-21; *WHY*, pp. 1118-19, 1122, 1142, 1146; *RN*, pp. 881-3; Kozyrev, pp. 267-76
3. Bundy, pp. 322-7; Burr, ed., *Kissinger Transcripts*, pp. 68-70; Wang Zhongchun, pp. 158-64; Memorandum for the President from Henry A. Kissinger（基辛格给总统的备忘录）, 2 March 1973（1973 年 3 月 2 日）; Memorandum for the President from Henry A. Kissinger（基辛格给总统的备忘录）, 19 November 1973（1973 年 11 月 19 日）, NSA, China and the United States, 1960-1998, Doc. CH00259 and Doc. CH00277
4. Shen (Myers, ed.), pp. 13, 184-5
5. Holdridge, pp. 118-21, 124-6
6. Haldeman, *Diaries*, p. 472
7. Reeves, pp. 519-20, 526
8. *Ibid.*, pp. 527, 531-2
9. *Ibid.*, pp. 558-9
10. Kissinger, *Years of Upheaval*, p. 122; Isaacson, p. 503
11. *RN*, p. 1076; Kissinger, *Years of Upheaval*, p. 1210
12. Harding, pp. 48, 64
13. Holdridge, pp. 143-50; Short, *Mao*, pp. 606-11
14. Short, *Mao*, pp. 621-2; USOH, Supplement, Gleysteen; Nixon, *Leaders*, p. 239
15. Ma Jisen, pp. 379-86; Short, *Mao*, pp. 620-4
16. Isaacson, pp. 708-9; ch. 33 *passim*

17. Kissinger, *Years of Upheaval*, p. 1212; *RN*, p. 1083; Summers, p. 485
18. Brodie, p. 470; Summers, pp. ix-xi; *New York Times*, 28 April 1994
19. Crowley, p. 159
20. Tyler, pp. 275-8
21. Crowley, p. 159; *Wall Street Journal*, 20 April 2006
22. Mann, chapters 1 and 2; Bundy, pp. 523-4; Memorandum of Conversation（对话备忘录）, Monday 21 February 1972（1972 年 2 月 21 日星期一）, 4.15 p.m.-5.30 p.m., NPM, National Security Council Files, HAK Office Files, Box 92, Country Files-Far East, Dr Kissinger’s Meetings in the PRC during the Presidential Visit（总统访问期间基辛格博士在中华人民共和国的会谈）, February 1972（1972 年 2 月）, p. 4
23. Memorandum of Conversation（对话备忘录）, 20 October 1971（1971 年 10 月 20 日）, 4.40 p.m.-7.10 p.m., NSA, Electronic Briefing Book（电子简报书）No. 70, Doc. 10; *Star Trek VI: The Undiscovered Country*

参考书目

档案数据

英　国

Public Record Office, Surrey (PRO)

Foreign and Commonwealth Office (FCO) 21: 818, 823, 824, 825, 828, 833, 982, 983

美　国

The American Presidency Project http://www.presidency.ucsb.edu/index.php

The Public Papers of the Presidents of the United States (Public Papers found on The American Presidency Project - or also at http://www. gpoaccess.gov/pubpapers/index.html)

National Archives and Records Administration (NARA)

Nixon Presidential Materials Project (NPM) [Archives II (College Park, Maryland), 2006; by 2008 these materials will be in the Nixon Presidential Library, Yorba Linda, California]

National Security Council Files (NSC)

White House Special Files, Staff Member and Office Files, Dwight Chapin Files, Box 28

Japan SATO San Clemente, Box 925

'For the President' s Files (Winston Lord) China/Vietnam Negotiations' : Box 846, Box 847, Box 850

HAK Office Files: Country Files - Far East, Box 92

The National Security Archive (NSA), The George Washington University, Washington, DC, 2005

Collection: China and the United States: From Hostility to Engagement, 1960 - 1998

U.S. Japan Project

Record of Historic Richard Nixon-Chou En-lai Talks in February 1972, Now Declassified

Nixon’s Trip to China: Records Now Completely Declassified

Electronic Briefing Books

Briefing Book 66: ‘The Beijing-Washington Back-Channel and Henry Kissinger’s Secret Trip to Beijing September 1970-July 1971’

Briefing Book 70: ‘Negotiating US Chinese Rapprochement’

Briefing Book 145: ‘New Documentary Reveals Secret U.S., Chinese Diplomacy Behind Nixon’s Trip’

US Department of State

Foreign Relations of the United States (FRUS) [Washington, DC, 2005] http://www.state.gov

Nixon-Ford Administrations, vol. E-7, Documents on South Asia, 1969-1972

访问和口述历史

作者访问

Gordon Barass, London, 14 July 2003（戈登·巴拉斯，伦敦，2003 年 7 月 14 日）

John Burns, Toronto, 7 November 2003（约翰·柏恩斯，多伦多，2003 年 11 月 7 日）

Chen Weiming, Shanghai, 24 April 2005（陈维明〔音译〕，上海，2005 年 4 月 24 日）

Robert Edmonds, Toronto, 1 January 2004（罗勃·埃德蒙，多伦多，2004 年 1 月 1 日）

John Fraser, Ottawa, 8 February 2004（约翰·斐希尔，渥太华，2004 年 2 月 8 日）

Edward Heath, Salisbury, UK, 2 December 2004（爱德华·希斯，萨里斯柏里，英国，2004 年 12 月 2 日）

Jia Qingguo, Beijing, 19 April 2005（贾清国〔音译〕，北京，2005 年 4 月 19 日）

Henry Kissinger, Paris, 15 and 18 May 2003（亨利·基辛格，巴黎，2003 年 5 月 15、18 日）

Herbert Levin, New York, 6 November 2003（赫伯特·列文，纽约，2003 年 11 月 6 日）

Li Qin, Beijing, 20 April 2005（李秦〔音译〕，北京，2005 年 4 月 20 日）

Winston Lord, telecon, 19 July 2004（温斯顿·罗德，电访，2004 年 7 月 19 日）

Arthur Menzies, Ottawa, 28 February 2005（明明德，渥太华，2005 年 2 月 28 日）

Michael Richardson, London, 2 June 2004（麦克·理查德森，伦敦，2004 年 6 月 2 日）

Peter Rodman, Washington, 8 November 2004（彼得·罗德曼，华盛顿，2004 年 11 月 8 日）

Blair Seaborn, Ottawa, 28 February 2005（布莱尔·史鹏，渥太华，2005 年 2 月 28 日）

John Small, Ottawa, 28 February 2005（约翰·史莫，渥太华，2005 年 2 月 28 日）

Yanhua Shi, Beijing, 20 April 2005（石杨华〔音译〕，北京，2005 年 4 月 20 日）

Richard Solomon, Washington, 9 November 2004（理查德·所罗门，华盛顿，2004 年 11 月 9 日）

Yu Jiafu, Beijing, 20 April 2005（于家傅〔音译〕，北京，2005 年 4 月 20 日）

Zhang Hanzhi, Beijing, 21 April 2005（章含之，北京，2005 年 4 月 21 日）

美国外交口述历史全集

Frontline Diplomacy: The US Foreign Affairs oral history collection, ed. Marilyn Bentley and Marie Warner [USOH]

Ralph Clough（高立夫）
William J. Cunningham（威廉·康宁罕）
David Dean（丁戴维）
Charles Freeman（傅立民）
Lindsey Grant（林赛·格兰特）
Marshall Green（马歇尔·格林）
John H. Holdridge（何志立）
Jerome K. Holloway（杰洛米·何洛威）
Walter E. Jenkins（华特·詹金斯）
Richard E. Johnson（理查德·琼森）
Ralph J. Katrosh（拉夫·卡楚许）
Paul Kreisberg（保罗·克莱斯堡）
John Lacey（约翰·雷希）
Herbert Levin（赫伯特·利瓦伊）
Winston Lord（温斯顿·罗德）
Larue Lutkins（拉卢·路特金斯）
Robert L. Nichols（罗勃·尼克拉斯）
David Osborn（戴维·奥斯本）
Harry Thayer（哈利·戴尔）

增　补

John A. Buche（约翰·巴克）
Joseph S. Farland（约瑟夫·法兰）
Harvey Feldman（费浩伟）
David Fischer（戴维·费斯可）
William J. Galloway（威廉·盖洛威）
William H. Gleysteen（来天惠）
Winston Lord（温斯顿·罗德）

福特总统图书馆

Gerald R. Ford Library
Winston Lord interview, 19 October 1977（温斯顿·罗德，1977 年 10 月 19 日）

纪录片

Playing the China Card: Nixon and Mao (Documentary) [*PCC*]
Transcripts, Archives, British Library of Political and Economic Science, London School of Economics
Tim Boggan（提姆·波根）
William Brown（威廉·布朗）
Dwight Chapin（德怀特·查平）
Henry A. Kissinger（亨利·基辛格）
Christopher H. Phillips（克里斯多福·菲利普）

Nixon's China Game (Documentary)
PBS website http://www.pbs.org/wgbh/amex/china/index.html
Alexander Haig（亚历山大·黑格）
Mohammad Khan（穆罕默德汗）
Zhang Hanzhi（章含之）

专书与论文

Accinelli, Robert, 'In Pursuit of a Modus Vivendi: The Taiwan Issue and Sino-American Rapprochement, 1969-1972', in William C. Kirby, Robert S. Ross and Gong Li, eds, *Normalization of US-China Relations: An International History*. Cambridge, MA, and London, 2005.

Aijazuddin, F. S., *From a Head, through a Head, to a Head: The Secret Channel between the US and China through Pakistan*. Karachi, 2000.

Aitken, Jonathan, 'The Nixon Character', Presidential Studies Quarterly 26/1 (Winter 1996): 239-48.

Ambrose, Stephen E., *Nixon: The Education of a Politician 1913-1962*. New York, 1987.

—, *Nixon: The Triumph of a Politician 1962-1972*. New York, 1989.

Arbatov, Georgi, *The System: An Insider's Life in Soviet Politics*. New York, .1992.

Arkush, R. David and Leo Ou-fan Lee, *Land without Ghosts: Chinese Impressions of America from the Mid-Nineteenth Century to the Present*. Berkeley, 1989.

Bachrack, Stanley D., *The Committee of One Million: China Lobby Politics, 1953-1971*. New York, 1976.

Barmé, Geremie R., *Shades of Mao: the Posthumous Cult of the Great Leader*. Armonk, NY, 1996.

Barnouin, Barbara and Changgen Yu, *Chinese Foreign Policy During the Cultural Revolution*. London and New York, 1998.

Bloodworth, Dennis and Ching Ping Bloodworth, *The Chinese Machiavelli: 3, 000 Years of Chinese Statecraft*. New York, 1976.

Bostdorff, Denise M., ‘The Evolution of a Diplomatic Surprise: Richard M. Nixon’ s Rhetoric on China, 1952-July 15, 1971’ , *Rhetoric & Public Affairs* 5/1 (March 2002); 31-56.

Brady, Anne-Marie, *Making the Foreign Serve China: Managing Foreigners in the People's Republic*. Lanham, 2003.

Brandon, Henry, *Special Relationships: A Foreign Correspondent's Memoirs from Roosevelt to Reagan*. New York, 1988.

Brodie, Fawn, *Richard Nixon, the Shaping of his Character*. New York, 1981.

Buckley, William E, *Inveighing We Will Go*. New York, 1972.

Bundy, William P., *A Tangled Web: The Making of Foreign Policy in the Nixon Presidency*. New York, 1998.

Burr, William., ‘Sino American Relations, 1969: The Sino-Soviet Border War and Steps Towards Rapprochement’ *Cold War History* 1/3 (2001): 73-112.

—, ed., *The Kissinger Transcripts: The Top Secret Talks with Beijing and Moscow*. New York, 1998.

Carter, Carolle J., *Mission to Yenan: American Liaison with the Chinese Communists 1944-1947*. Lexington, KY, 1997.

Chancellor, John, ‘Prime Time in China: Who Produced the China Show?’ , *Foreign Policy*, 7 (Summer, 1972).

Chang, Gordon H., *Friends and Enemies: The United- States, China, and the Soviet Union, 1948-1972*. Stanford, CA, 1990.

Chang, Jung and Jon Halliday. *Mao: The Unknown Story*. London, 2005.

Chen, Feng and Lin Hong, *Zhongmei Jiaofeng Dajishi, 1949-2001*. Beijing, 2001.

Chen, Jian, ‘China’ s Involvement in the Vietnam War, 1965-69’ , *China Quarterly* 142 (June 1995): 356-87.

—, *Mao's China and the Cold War*. Chapel Hill, NC, 2001.

Chen, Jian and David L. Wilson. “All Under the Heaven Is Great Chaos” : Beijing, the Sino-Soviet Border Clashes, and the Turn Toward Sino-American Rapprochement, 1968-69’ , *Cold War International History Project Bulletin* 11 (Winter 1998): 157-75.

Cohen, Warren I., *America's Response to China: A History of Sino-American Relations*. New York, 2000.

Cradock, Percy, *Experiences of China*. London, 1994.

Crowley, Monica, *Nixon in Winter*. New York, 1998.

Dobrynin, Anatoly, *In Confidence: Moscow's Ambassador to America's Six Cold War Presidents (1962-1086)*. New York, 1995.

Doran, Stuart and David Lee, eds, *Documents on Australian Foreign Policy: Australia and Recognition of the People's Republic of China, 1949-1972.* Canberra, 2002.

Edmonds, R. B. 'China Trip Diary 2004' . Unpublished, copy lent to author.

Ehrlichman, John, *Witness to Power: The Nixon Years*. New York, 1982.

Fallaci, Oriana, *Interview with History*, trans. John Shepley. New York, 1976.

Fang, Percy Jucheng and Lucy Guinong J. Fang, *Zhou Enlai: A Profile*. Beijing, 1986.

Feeney, Mark, *Nixon at the Movies*. Chicago, 2004.

Fenby, Jonathan, *Chiang Kai Shek: China's Generalissimo and the Nation He Lost*. New York, 2003.

Foot, Rosemary, *Practice of Power: American Relations with China since 1949*. Oxford, 1995.

—, 'Redefinitions: The Domestic Context of America' s China Policy in the 1960s' , in Robert S. Ross and Jiang Changbin, eds, *Re-Examining the Cold War: U.S.-China Diplomacy 1954-1973.* Cambridge, *MA., 2001.*

—, 'Prizes Won, Opportunities Lost: The US Normalization of Relations with China, 1972-1979' , in William C. Kirby, Robert S. Ross and Gong Li, *Normalization of U.S.-China Relations: An International History*. Cambridge, MA, 2005.

Foreign Relations of the United States, 1969-1976, vol. I: Foundations of *Foreign Policy, 1969-1972,* ed. Louis J. Smith and David H. Herschler. Washington, DC, 2003.

—, vol. V: *United Nations, 1969-1972*, ed. Evan M. Duncan. Washington, DC, 2004.

Frankel, Max, *The Times of my Life and my Life with the Times*. New York, 1999.

Fried, Albert, ed., *A Day of Dedication: The Essential Writings and Speeches of Woodrow Wilson*. New York, 1965.

Friedman, Edward, 'Maoist and Post-Mao Conceptualizations of China' in Samuel S. Kim, ed., *China and the World: Chinese Foreign Policy Faces the New Millennium.* Boulder, CO, 1998.

Gaiduk, Ilya V., *The Soviet Union and the Vietnam War*. Chicago, 1996.

Garment, Leonard, *Crazy Rhythm: My Journey from Brooklyn, Jazz and Wall Street to Nixon's White House, Watergate and Beyond.* New York, 1997.

Garver, John W., *China's Decision for Rapprochement, with the United States 1965-1971*. Boulder, CO, 1982.

—, *Foreign Relations of the People's Republic of China*. Englewood Cliffs, NJ, 1993.

—, *The Sino-American Alliance: Nationalist China and American Cold War Strategy in Asia.* Armonk, NY, 1997.

Giffard, Sydney, *Japan among the Powers 1890-1990*. New Haven, CT, 1994.

Goh, Evelyn, *Constructing the U.S. Rapprochement with China, 1961-1974: From 'red menace' to 'tacit ally'*. Cambridge, 2005.

—, 'Nixon, Kissinger, and the 'Soviet Card' in the U.S. Opening to China, 1971-1974' , *Diplomatic History* 29/3 (June 2005): 475-502.

Goldstein, Lyle J., 'Return to Zhenbao Island: Who Started Shooting and Why it Matters', *China Quarterly* 168 (December 2001): 985-97.

Goncharov, Sergei Nikolaevich, John W Lewis and Xue Litai, *Uncertain Partners: Stalin, Mao, and the Korean War*. Stanford, CA, 1993.

Gong, Li, *Deng Xiaoping Yu Meiguo*. Beijing, 2004.

Green, Marshall, 'The Evolution of US-China Policy 1956-1975' in Marshall Green, John H. Holdridge and William N. Stokes, *War and Peace with China*, Bethesda, MD, 1994.

—, John H. Holdridge and William N. Stokes, *War and Peace with China*. Bethesda, MD, 1994.

Greenberg, David, *Nixon's Shadow: The History of an Image*. New York, 2003.

Haig, Alexander Meigs, with Charles McCarry, *Inner Circles: How America Changed the World: A Memoir*. New York, 1992.

Haldeman, Harry R., with Joseph DiMona, *The Ends of Power*. Montreal, 1978.

—, *The Haldeman Diaries: Inside the Nixon White House*. New York, 1994.

Hamilton, K. A., 'A "Week that Changed the World": Britain and Nixon's China Visit of 21-28 February 1972', *Diplomacy and Statecraft* 15/1 (March 2004): 117-135.

Han, Suyin, *Eldest Son: Zhou Enlai and the Making of Modern China, 1898-1976*. New York, 1994.

Hanhimaki, Jussi M., *The Flawed Architect: Henry Kissinger and American Foreign Policy*. New York, 2004.

Harding, Harry, *A Fragile Relationship: The United States and China since 1972*. Washington, DC, 1992.

He, Di, 'The Most Respected Enemy: Mao Zedong's Perception of the United States', *China Quarterly* 137 (1994): 144-58.

Heath, Edward, *The Course of my Life: My Autobiography*. London, 1998.

Helms, Richard, with William Hood, *A Look Over my Shoulder: A Life in the Central Intelligence Agency*. New York, 2003.

Hersh, Seymour M., *The Price of Power: Kissinger in the Nixon White House*. New York, 1983.

Hevia, James L., *Cherishing Guests from Afar: Qing Guest Ritual and the Macartney Embassy of 1793*. Durham, NC, 1995.

Hoff, Joan, *Nixon Reconsidered*. New York, 1994.

Holdridge, John H., *Crossing the Divide: An Insider's Account of the Normalization of U.S.-China Relations*. Lanham, MD, 1997.

Hoxha, Enver. *Reflections on China*, vol. I: *1962-1972, Extracts from the Political Diary*. Tirana, 1979.

Hsüeh, Chün-tu, ed., *China's Foreign Relations: New, Perspectives*. New York, 1982.

Hsüeh, Chün-tu and Robert C. North, 'China and the Superpowers: Perception and Policy', in Chün-tu Hsüeh, ed., *China's Foreign Relations*: *New Perspectives*. New York, 1982.

Hunt, Michael H., *The Making of a Special Relationship: The United States and China to 1914*. New York, 1983.

—, *The Genesis of Chinese Communist Foreign Policy*. New York, 1996.

Hunt, Michael H. and Niu Jun, eds, *Toward a History of Chinese Communist Foreign Relations 1920s-1960s*. Washington, DC, 1995.

Isaacson, Walter, *Kissinger: A Biography*. New York, 1992.

Jacobs, J. Bruce, 'Taiwan 1972: Political Season', *Asian Survey* 13/1 (January, 1973): 102-12.

Ji, Chaozhu, 'Reminiscences of a Harvard Man Who Served for 17 Years as Premier Zhou Enlai's Principal Interpreter'. Unpublished paper presented at the China Institute, New York, 27 January 2004.

Jin, Qiu, *The Culture of Power: The Lin Biao Incident in the Cultural Revolution*. Stanford, CA, 1999.

Johnson, U. Alexis, *The Right Hand of Power. Englewood Cliffs,* NJ, 1984.

Kalb, Marvin L., *Kissinger*. Boston, 1974.

Kazuo, Ogura, 'The "Inscrutables" Negotiate with the "Inscrutables"; Chinese Negotiating Tactics vis-a-vis the Japanese', *China Quarterly* 79 (September 1979): 529-52.

Keith, Ronald C., *The Diplomacy of Zhou Enlai*. Basingstoke, 1989.

Kennedy, Scott S., ed., *China Cross Talk: The American Debate over China Policy since Normalization*. Lanham, MD, 2003.

Khrushchev, Nikita Sergeevich, *Khrushchev Remembers*, trans./ed. Strobe Talbott. Boston, 1970.

—, *Khrushchev Remembers: The Last Testament*, trans./ed. Strobe Talbott. Boston, 1974.

Kim, Samuel S., ed., *China and the World: Chinese Foreign Policy Faces the New Millennium*. Boulder, Colo., 1998.

Kimball, Jeffrey P., *Nixon's Vietnam War*. Lawrence, KS, 1.998.

Kirby, William C., Robert S. Ross and Gong Li, eds., *Normalization of U.S-China Relations: An International History*. Cambridge, MA, 2005.

Kissinger, Henry, A *World Restored: Metternich, Castlereagh and the Problems of Peace 1812-22*. Boston, 1973.

—, *The White House Years*. Boston, 1979.

—, *Years of Upheaval*. Boston, 1982.

—, *Diplomacy*. New York, 1994.

Kozyrev, Vitaly, 'Soviet Policy toward the United States and China', in William C. Kirby, Robert S. Ross and Gong Li., eds, *Normalization of US-China Relations: An International History*. Cambridge, MA, 2005.

Kraft, Joseph, *The Chinese Difference*. New York, 1973.

Leys, Simon, *Chinese Shadows*. New York, 1977.

—, *The Burning Forest: Essays on Chinese Culture and Politics*. New York, 1985.

Li, Baojun, *Dangdai Zhongguo Waijiao Gailun*. Beijing 1999.

Li, Danhui, 'Vietnam and Chinese Policy toward the United States', in William C. Kirby, Robert S. Ross and Gong Li, eds, *Normalization of U.S.-China Relations: An International History*. Cambridge, MA. 2005.

Li, Jie, 'China's Domestic Politics and the Normalization of Sino-U.S. Relations, 1969-1979', in

William C. Kirby, Robert S. Ross and Gong Li, eds, *Normalization of U.S.-China Relations: An International History*. Cambridge, MA, 2005.

Lilley, James R., with Jeffrey Lilley. *China Hands: Nine-Decades of Adventure, Espionage and Diplomacy in Asia*. New York, 2004.

Lovell, Julia. *The Great Wall: China against the World 1000 BC-AD 2000*. Toronto, 2006.

Lowe, Peter, *Containing the Cold War in Asia: British Policies towards Japan, China, and Korea,* 1948-53. New York, 1997.

Luo, Yingcai, *Chen Yi De Feichang Zhilu*. Beijing, 2004.

Ma, Jisen, *The Cultural Revolution in the Foreign Ministry of China*. Hong Kong, 2004.

McFarlane, Robert C., with Zofia Smardz, *Special Trust*. New York, 1994.

Mancall, Mark, 'The Persistence of Tradition in Chinese Foreign Policy', *Annals of the American Academy of Political and Social Science* 349 (September 1963): 14-26

Mann, James, *About. Face: A History of America's Curious Relationship with China, from Nixon to Clinton*. New York, 1999.

Mao Zedong on Diplomacy. Beijing, 1998.

Mitter, Rana, *A Bitter Revolution: China's Struggle with the Modem World*. Oxford, 2004.

Morris, Stephen J., 'The Soviet-Chinese-Vietnamese Triangle in the 1970s: The View from Moscow', *Cold War International History Project Working Paper* 25. Washington, DC, 1999.

National Intelligence Council, *Tracking the Dragon: National Intelligence Estimates on China during the Era of Mao, 1948-1976*. Washington, DC, 2004.

Naughton, Barry, 'The Third Front: Defence Industrialization in the Chinese Interior', *China Quarterly* 115 (September 1988); 351-86.

Nixon, Richard M., 'Asia after Vietnam', *Foreign Affairs* 46/1 (October 1967); 111-36.

—, *The White House Transcripts: Submission, of Recorded Presidential Conversations to the Committee on the Judiciary of the House of Representatives by President Richard Nixon*. New York, 1974.

—, *RN: The Memoirs of Richard Nixon*. New York, 1978

—, *Leaders*. New York, 1982.

Osborne, John, *The Fourth Year of the Nixon Watch*. New York, 1973.

Ostermann, Christian F., 'New Evidence on the Sino-Soviet Border Dispute 1969-71', *The Cold War in Asia: Cold War International History Project Bulletin 6-7* (Winter 1995/6): 188-90.

Pollock, Jonathan D., 'Chinese Attitudes towards Nuclear Weapons, 1964-9', *China Quarterly* 50 (April-June 1972): 244-71.

Price, Raymond, *With Nixon*. New York, 1977.

Quan, Yanchi, *Mao Zedong: Man, Not God*. Beijing, 1992.

Rather, Dan, with Mickey Herskowitz, *The Camera Never Blinks: Adventures of a TV Journalist*. New York, 1977.

Rather, Dan and Gary Paul Gates, *The Palace Guard*. New York, 1974.

Reeves, Richard, *President Nixon: Alone in the White House*. New York, 2001.

Robinson, Thomas W and David Shambaugh, eds, *Chinese Foreign Policy: Theory and Practice.* Oxford, 1994.

Romberg, Alan D., *Rein in at the Brink of the Precipice: American Policy toward Taiwan and U.S-PRC Relations*. Washington, DC, 2003.

Ross, Robert S., 'From Lin Biao to Deng Xiaoping: Elite Instability and China' s U.S. Policy' , *China Quarterly* 118 (June 1989): 265-99.

—, ed., *China, the United States and the Soviet Union: Tripolarity and Policy Making in the Cold War.* Armonk, NY, 1993.

Ross, Robert S. and Jiang Changbin, eds, *Re-Examining the Cold War: U.S.-China Diplomacy 1954-1973*. Cambridge, MA, 2001.

Safire, William, *Before the Fall: An Inside View of the Pre-Watergate White House.* Garden City, NY, 1977.

Schaller, Michael, *The United States and China in the Twentieth Century*, 2nd edn. New York, 1990.

—, 'The Nixon "Shocks" and U.S.-Japan Strategic Relations, 1969-1974' , National Security Archives, US-Japan Project, Working Paper 2, 1996.

—, 'Détente and the Strategic Triangle, Or "Drinking your Mao Tai and Having Your Vodka Too" ' , in Robert S. Ross and Jiang Changbin, eds, *Re-Examining the Cold War: U.S.-China Diplomacy 1954-1973*. Cambridge, MA, 2001.

Schoenhals, Michael, 'The Central Case Examination Group, 1966-79' , *China Quarterly* 145 (March 1996): 87-111.

Schram, Stuart, *Mao Tse-tung*. London, 1967.

—, *The Political Thought of Mao Tse-tung*. New York, 1977.

Shambaugh, *David L., Beautiful Imperialist: China Perceives America, 1972-1990.* Princeton, NJ, 1991.

Shao, Kuo-kang, *Zhou Enlai and the Foundations of Chinese Foreign Policy*. New York, 1996.

Share, Michael, 'From Ideological Foe to Uncertain Friend: Soviet Relations with Taiwan, 1943-82' , *Cold War History* 3/2 (January 2003): 1-34.

Shen, James H. C., Robert Myers, ed., *The U.S. & Free China: How the U.S. Sold Out Its Ally.* Washington, DC, 1983.

Short, Philip, *The Dragon and the Bear: China and Russia in the Eighties.* New York, 1982.

—, *Mao: A Life*. London, 2004.

Smedley, Agnes, *Battle Hymn of China*. New York, 1975.

Solomon, Richard H., *Chinese Negotiating Behavior: Pursuing Interests through 'Old Friends'.* Washington, DC, 1999.

Spence, Jonathan D., *The Search for Modem China*. New York, 1990.

Strober, Gerald S. and Deborah H. Strober. *Nixon: An Oral History of his Presidency.* New York, 1994.

Strong, Tracy B. and Helene Keyssar, 'Anna Louise Strong: ree Interviews with Chairman Mao Zedong', *China Quarterly* 103 (September 1985): 489-509.

Su, Chi, 'U.S. China Relations: Soviet Views and Policies', *Asian Survey* 23/5 (May 1983): 555-79.

Su, Ge, *Meiguo Duihua Zhengce Yu Taiwan Wend.* Beijing, 1998.

Summers, Anthony. *Arrogance of Power: The Secret World of Richard Nixon*. New York, 2000.

Suri, Jeremi, *Power and Protest: Global Revolution and the Rise of Détente.* Cambridge, MA, 2003.

Tao, Wenzhao, *Zhongmei Guanxishi, 1972-2000,* Parts II and III. Shanghai, 2004.

Taubman, William, *Khrushchev: The Man and his Era*. New York, 2003.

Taylor, Jay, *The Generalissimo's Son: Chiang Ching-kuo and the Revolutions in China and Taiwan.* Cambridge, MA, 2000.

Teiwes, Frederick C., 'Mao and his Lieutenants', *Australian Journal of Chinese Affairs* 19/20 (January-July 1988): l-8o.

Teng, Ssu-Yü and John K. Fairbank, *China's Response to the West: A Documentary Survey, 1839-1923.* New York, 1967.

Terrill, Ross, *Madame Mao: The White-Boned Demon.* Stanford, CA, 1999.

Thomas, Helen, *Dateline: White House.* New York, 1975.

—, *Front Row at The White House: My Life and Times.* New York, 1999.

Topping, Seymour, *Journey between Two Chinas*. New York, 1972.

Tucker, Nancy Bernkopf, *Taiwan, Hong Kong, and the United States, 1945-1992*: *Uncertain Friendships.* New York, 1994.

—, *China Confidential: American Diplomats and Sino-American Relations 1945-1996*. New York, 2001.

—, 'Taiwan Expendable? Nixon and Kissinger Go to China', *Journal of American History* 92/1 (June 2005): 109-35.

—, ed. *Dangerous Strait: The U.S.-Taiwan-China Crisis*. New York, 2005.

Tyler, Patrick, A *Great Wall: Six Presidents and China: An Investigative History.* New York, 1999.

Valeriani, Richard, *Travels with Henry*. Boston, 1979.

Van Hollen, Christopher, 'The Tilt Policy Revisited: Nixon-Kissinger Geopolitics and South Asia', *Asian Survey*, 20/4 (April 1980); 339-61.

Walker, Anne Collins, *China Calls: Paving the Way for Nixon's Historic Journey to China*. Lanham, MD, 1992.

Walters, Vernon A., *Silent Missions.* Garden City, NY, 1978.

Wang, Zhongchun, 'The Soviet Factor in Sino-American Normalization, 1969-1979', in William C. Kirby, Robert S. Ross and Gong Li, eds, *Normalization of U.S.-China Relations: An International History.* Cambridge, MA, 2005.

Welfield, John, *An Empire in Eclipse: Japan in the Post-War American Alliance System: A Study in the Interaction of Domestic Politics and Foreign Policy.* London, 1988.

Westad, Odd Arne, ‘History, Memory, and the Languages of Alliance-Making’ in Odd Arne Westad, Chen Jian, Stein Tønnesson, Nguyen Vu Tungand and James G. Hershberg, eds, ‘77 Conversations Between Chinese and Foreign Leaders on the Wars in Indochina, 1964-1977’, *Cold War International History Project Working Paper No. 22*. Washington, DC, May 1998: 8-19.

Westad, Odd Arne, Chen Jian, Stein Tønnesson, Nguyen Vu Tungand and James G. Hershberg, eds, ‘77 Conversations between Chinese and Foreign Leaders on the Wars in Indochina, 1964-1977’, *Cold War International History Project Working Paper No. 22*. Washington, DC, 1998.

White, Theodore Harold, *America in Search of Itself: The Making of the President 1956-1980*. New York, 1982.

Whiting, Alien S., ‘Review: Sino-American Détente’. *China Quarterly* 82 (June 1980): 334-41

Wicker, Tom, *One of Us: Richard Nixon and the American Dream*. New York, 1991.

—, ‘Richard M. Nixon 1969-1974’, *Presidential Studies Quarterly* 26/1 (Winter 1996): 249-58.

Wilson Dick, *Chou: The Story of Zhou Enlai 1898-1976*. London, 1984.

Wishnick, Elizabeth, ‘In the Region and in the Center: Soviet Reactions to the Border Rift’, *Cold War International History Project Bulletin*, 6-7 (Winter 1995/6): 194-201.

—, *Mending Fences: The Evolution of Moscow's China Policy from Brezhnev to Yeltsin. Seattle*, WA, 2001.

Witke Roxane, *Comrade Chiang Ch'ing*. Boston, MA, 1977.

—, ‘The Last Days of Madame Mao’, *Vanity Fair* 54/12 (December, 1991); 134-53.

Xiang, Liling, *Zhongmei Guanxishi Quanbian*. Shanghai, 2002.

Xie, Yixian ed, *Dangdai Zhongkuo Waijiao Shi, 1949-2001*, 2nd edn. Beijmg, 2002.

Xiong, Xianghui, ‘Jiang Qing Xiang Nikesong Xianyinqin’, *Bainianchao*, 1 (1999).

—, ‘Mao Zedong “meiyou xiangdao” de shengli: huiyi woguo huifu zai lianheguo xiwei de guocheng’, *Bainianchao*, 1 (1999).

Xu, Jingli, *Jie Mi*: *Zhongguo Waijiao Dangan*. Beijing, 2005.

Yahuda, Michael, ‘The Significance of Tripolarity in China’ s Policy toward the United States Since 1972’, in Robert S. Ross, ed., *China. the United States and the Soviet Union: Tripolarity and Policy Making in the Cold War*. Armonk, NY, and London, 1993.

Yan, Jiaqi and Gao Gao, *Turbulent Decade: A History of the Cultural Revolution*, trans./ed. D. W Y. Kwok. Honolulu, 1996.

Yan, Wen, *Chaoyue Duikang: Zhongmei Sand Dachongtu*. Beijing, 1998.

Yang, Gongsu, *Dangdai Zhongkuo Waijiao Lilun Yi Shijan, 1949-2001*. Hong Kong, 2002.

Yang, Kuisong, ‘Changes in Mao Zedong’ s Attitude toward the Indochina War, 1949-1973’, *Cold War International History Project Working Paper No. 34*. Washington, DC, 2002.

Zhai, Qiang, *The Dragon, the Lion and the Eagle: Chinese-British-American Relations, 1949-1958*. Kent, Ohio, 1994.

—, *China and the Vietnam Wars, 1950-1975*. Chapel Hill, NC, 2000.

Zhang, Baijia, 'The Changing International Scene', in Robert S. Ross and Jiang Changbin, eds, *Re-Examining the Cold War: U.S.-China Diplomacy, 1954-1973*. Cambridge, MA, 2001.

Zhan, Hanzhi. *Chuanguo Houhou De Dahongmen*. Shanghai, 2002.

Zhihua, Shen, 'Sino-Soviet Relations and the Origins of the Korean War: Stalin's Strategic Goals in the Far East', *Journal of Cold War Studies* 2/2 (Spring 2000); 44-68.

当代新闻报纸

Financial Times《金融时报》(伦敦)

Globe and Mail《环球邮报》(多伦多)

Wall Street Journal《华尔街日报》(纽约)

New York Times《纽约时报》(纽约)

网　站

Halstead, Dirck, 'With Nixon in China: A Memoir', *Digital Journalist* 501 (January 2005), 15 July 2006. http://dirckhalstead.org.

The American Presidency Project, 1999-2005, John Wooley and Gerhard Peters, 15 July, 2006. http://www.presidency.ucsb.edu/index.php

Yum, Jennifer, 'A Tenuous Alliance: The Evolution of Sino-Vietnamese Relations in the Second Indochinese War', Wellesley College, *International Relations Council Journal* 2 (Spring 2005), 15 July 2006. http://www.wellesley.edu/ Activities/homepage/ircj/currentissue.html

The National Security Archive, 1995-2006, The George Washington University, 15 July 2006. http://www.gwu.edu/~nsarchiv

Niksong dangnian fanghua xianwei renzhi de neimu. http://www.phoenixtv.com/ home/news/society/200310/23/1245 59.html

'Nixon's China Game: Interview Transcripts', *PBS: The American Experience.* 2004-6. PBS Online by WGBH Educational Foundation, 15 July 2006. http://www.pbs.org/wgbh/ amex/china/filmmore/reference/interview/ index.html

US Department of State. The Office of Electronic Information, Bureau of Public Affairs. 15 July, 2006. http://wrivw.state.gov

其　他

Star Trek VI: The Undiscovered Country. Dir. Nicholas Meyer. Pert. William Shatner, Leonard Nimoy, DeForest Kelley. 1991. DVD. Paramount Pictures, 2004.

Haldeman Diaries, CD-ROM. New York: Sony Electronic Publishing, 1994.